D1593024

Sección de Obras de Sociología

LA INTIMIDAD COMO ESPECTÁCULO

Traducción de
PAULA SIBILIA Y RODRIGO FERNÁNDEZ LABRIOLA

PAULA SIBILIA

LA INTIMIDAD COMO ESPECTÁCULO

FONDO DE CULTURA ECONÓMICA

México - Argentina - Brasil - Colombia - Chile - España
Estados Unidos de América - Guatemala - Perú - Venezuela

Primera edición, 2008
Primera reimpresión, 2009

Sibilia, Paula
 La intimidad como espectáculo - 1a ed. 1a reimp. - Buenos Aires : Fondo
de Cultura Económica, 2009.
 325 p. ; 21x14 cm. (Sociología)

 Traducido por: Rodrigo Fernández Labriola
 ISBN 978-950-557-754-5

 1. Sociología. I. Fernández Labriola, Rodrigo, trad. II. Título
 CDD 301

Ilustración y armado de tapa: Juan Balaguer
Foto de solapa: Eric Lecerf

D.R. © 2008, FONDO DE CULTURA ECONÓMICA DE ARGENTINA S.A.
 El Salvador 5665; 1414 Buenos Aires
 fondo@fce.com.ar / www.fce.com.ar
 Av. Picacho Ajusco 227; 14738 México, D.F.

ISBN: 978-950-557-754-5

Comentarios y sugerencias:
editorial@fce.com.ar

Fotocopiar libros está penado por la ley.

Prohibida su reproducción total o parcial por cualquier medio
de impresión o digital, en forma idéntica, extractada o
modificada, en español o en cualquier otro idioma, sin la
autorización expresa de la editorial.

IMPRESO EN ARGENTINA - PRINTED IN ARGENTINA
Hecho el depósito que marca la ley 11.723

ÍNDICE

I. EL SHOW DEL *YO*

Me parece indispensable decir quién soy yo. [...] La desproporción entre la grandeza de mi tarea y la pequeñez de mis contemporáneos se ha puesto de manifiesto en el hecho de que ni me han oído ni tampoco me han visto siquiera. [...] Quien sabe respirar el aire de mis escritos sabe que es un aire de alturas, un aire fuerte. Hay que estar hecho para ese aire, de lo contrario se corre el peligro nada pequeño de resfriarse.

FRIEDRICH NIETZSCHE

Mi personaje es atractivo por diferentes motivos; de hecho, [en mi *blog*] tengo como público a las madres, a las chicas de mi edad, los hombres maduros, los estudiantes de Derecho, entre otros. Además, a la gente le gusta como escribo. [...] Creo que soy honesta y cero pretenciosa. La gente re-valora que uno sea honesto y sabe que lo que lee es verdad, que no es una pose. [...] No soy una delikatessen (para pocos), sino un Big Mac (para muchos).

LOLA COPACABANA

¿CÓMO se llega a ser lo que se es? Esto se preguntaba Nietzsche en el subtítulo de su autobiografía escrita en 1888, significativamente titulada *Ecce Homo* y redactada en los meses previos al "colapso de Turín". Después de ese episodio, el filósofo quedaría sumergido en una larga década de sombras y vacío hasta morir "desprovisto de espíritu", según algunos amigos que lo visitaron.

En los chispazos de ese libro, Nietzsche revisaba su trayectoria con la firme intención de decir "quién soy yo". Para eso, solicitaba a sus lectores que lo escucharan porque él era *alguien*, "pues yo soy tal y tal, ¡sobre todo, no me confundáis con otros!". Está claro que atributos como la modestia y la humildad quedan radicalmente ausentes de ese texto, lo cual no sorprende en alguien que se enorgullecía de ser lo contrario a "esa especie de hombres venerada hasta ahora como virtuosa"; en fin, nada extraño en alguien que prefería ser un sátiro antes que un santo.[1] Tal actitud, sin embargo, motivó que sus contemporáneos vieran en la obra de Nietzsche una mera evidencia de la locura. Sus fuertes palabras, eso tan "inmenso y monstruoso" que él tenía para decir, se leyeron como síntomas de un fatídico diagnóstico sobre las fallas de carácter de ese *yo* que hablaba: megalomanía y excentricidad, entre otros epítetos de igual calibre.

¿Por qué comenzar un ensayo sobre la exhibición de la intimidad en Internet, al despuntar el siglo XXI, citando las excentricidades de un filósofo megalómano de fines del XIX? Quizás haya un motivo válido, que permanecerá latente a lo largo de estas páginas e intentará reencontrar su sentido antes del punto final. Por ahora, bastará tomar algunos elementos de esa provocación que viene de tan lejos, como una tentativa de disparar nuestro problema.

Calificadas en aquel entonces como enfermedades mentales o desvíos patológicos de la normalidad ejemplar, hoy la megalomanía y la excentricidad no parecen disfrutar de esa misma demonización. En una atmósfera como la contemporánea, que estimula la hipertrofia del *yo* hasta el paroxismo, que enaltece y premia el deseo de "ser distinto" y "querer siempre más", son otros los desvaríos que nos hechizan. Otros son nuestros pesares porque también son otros nuestros deleites, otras las presiones que se descargan

---

[1] Friedrich Nietzsche, *Ecce Homo. ¿Cómo se llega a ser lo que se es?*, Buenos Aires, Elaleph.com, 2003, pp. 3 y 4.

cotidianamente sobre nuestros cuerpos, y otras las potencias –e impotencias– que cultivamos.

Una señal de los tiempos que corren surgió de la revista *Time*, todo un ícono del arsenal mediático global, al perpetrar su ceremonia de elección de la "personalidad del año" que concluía, a fines de 2006. De ese modo se creó una noticia rápidamente difundida por los medios masivos de todo el planeta, y luego olvidada en el torbellino de datos inocuos que cada día se producen y descartan. La revista estadounidense repite ese ritual hace más de ocho décadas, con la intención de destacar "a las personas que más afectaron los noticieros y nuestras vidas, para bien o para mal, incorporando lo que ha sido importante en el año". Así, nadie menos que Hitler fue elegido en 1938, el Ayatollah Jomeini en 1979, George W. Bush en 2004. ¿Y quién ha sido la personalidad del año 2006, según el respetado veredicto de la revista *Time*? ¡Usted! Sí, usted. Es decir: no sólo *usted*, sino también *yo* y todos *nosotros*. O, más precisamente, cada uno de nosotros: la gente común. Un espejo brillaba en la tapa de la publicación e invitaba a los lectores a que se contemplasen, como Narcisos satisfechos de ver sus personalidades resplandeciendo en el más alto podio mediático.

¿Qué motivos determinaron esta curiosa elección? Ocurre que *usted* y *yo*, todos *nosotros*, estamos "transformando la era de la información". Estamos modificando las artes, la política y el comercio, e incluso la manera en que se percibe el mundo. *Nosotros* y no *ellos*, los grandes medios masivos tradicionales, tal como ellos mismos se ocupan de subrayar. Los editores de la revista resaltaron el aumento inaudito del contenido producido por los usuarios de Internet, ya sea en los *blogs*, en los sitios para compartir videos como *YouTube* o en las redes de relaciones sociales como *MySpace* y *FaceBook*. En virtud de ese estallido de creatividad –y de presencia mediática– entre quienes solían ser meros lectores y espectadores, habría llegado "la hora de los amateurs". Por todo eso, entonces, "por tomar las redes de los medios globales, por forjar la nueva democracia digital, por trabajar gratis y superar a los profesionales en su propio juego, la personalidad del año de *Time* es usted", afirmaba la revista.[2]

Durante las conmemoraciones motivadas por el fin del año siguiente, el diario brasileño *O Globo* también decidió ponerlo a *usted* como el principal protagonista de 2007, al permitir que cada lector hiciera su propia retrospectiva a través del sitio del periódico en la Web. Así, entre las imágenes y los comentarios sobre grandes hitos y catástrofes ocurridos en el mundo a lo largo de los últimos doce meses, aparecían fotografías de casamientos de personas "comunes", bebés sonriendo, vacaciones en familia y fiestas de cumpleaños, todas acompañadas de epígrafes del tipo: "Este año, Pedro se casó con Fabiana", "Andrea desfiló en el Sambódromo", "Carlos conoció el mar", "Marta logró superar su enfermedad" o "Walter tuvo mellizos".

¿Cómo interpretar estas novedades? ¿Acaso estamos sufriendo un brote de megalomanía consentida e incluso estimulada por todas partes? ¿O, por el contrario, nuestro planeta fue tomado por un aluvión repentino de extrema humildad, exenta de mayores ambiciones, una modesta reivindicación de todos nosotros y de cualquiera? ¿Qué implica este súbito enaltecimiento de lo pequeño y de lo ordinario, de lo cotidiano y de la gente común? No es fácil comprender hacia dónde apunta esta extraña coyuntura que, mediante una incitación permanente a la creatividad personal, la excentricidad y la búsqueda de diferencias, no cesa de producir copias descartables de lo mismo.

¿Qué significa esta repentina exaltación de lo banal, esta especie de satisfacción al constatar la mediocridad propia y ajena? Hasta la entusiasta revista *Time*, pese a toda la euforia con que recibió el ascenso de *usted* y la celebración del *yo* en la Web, admitía que este movimiento revela "tanto la estupidez de las multitudes como su sabiduría". Algunas joyitas lanzadas a la vorágine de Internet "hacen que nos lamentemos por el futuro de la humani-

---

[2] Lev Grossman, "*Time*'s person of the year: You", en *Time*, vol. 168, núm. 26, 25 de diciembre de 2006.

dad", declararon los editores, y eso tan sólo en razón de los erro-
res de ortografía, sin considerar "las obscenidades o las faltas de
respeto más alevosas" que suelen abundar en esos territorios.
Por un lado, parece que estamos ante una verdadera "explosión de productividad e innovación". Algo que estaría apenas comenzando, "mientras que millones de mentes que de otro modo
se habrían ahogado en la oscuridad, ingresan en la economía in-
telectual global". Hasta aquí, ninguna novedad: ya fue bastante
celebrado el advenimiento de una era enriquecida por las potencialidades de las redes digitales, bajo banderas como la cibercultura, la inteligencia colectiva o la reorganización rizomática de la
sociedad. Por otro lado, también conviene prestar oídos a otras
voces, no tan deslumbradas con las novedades y más atentas a su
lado menos luminoso. Tanto en Internet como fuera de ella, hoy la
capacidad de creación se ve capturada sistemáticamente por los
tentáculos del mercado, que atizan como nunca esas fuerzas vitales
pero, al mismo tiempo, no cesan de transformarlas en mercancía.
Así, su potencia de invención suele desactivarse, porque la creatividad se ha convertido en el combustible de lujo del capitalismo
contemporáneo: su protoplasma, como diría la autora brasileña
Suely Rolnik.[3]

No obstante, a pesar de todo eso y de la evidente sangría que
hay por detrás de las maravillas del marketing, especialmente en
su versión interactiva, son los mismos jóvenes quienes suelen pedir motivaciones y estímulos constantes, como advirtió Gilles
Deleuze a principios de los años noventa. Ese autor agregaba que
les corresponde a ellos descubrir "para qué se los usa"; a ellos, es
decir, a esos jóvenes que ahora ayudan a construir este fenómeno
conocido como Web 2.0. A ellos también les incumbiría la importante tarea de "inventar nuevas armas", capaces de oponer resistencia a los nuevos y cada vez más astutos dispositivos de poder: crear
interferencias e interrupciones, huecos de incomunicación, como

---

[3] Suely Rolnik, "A vida na berlinda: Como a mídia aterroriza com o jogo
entre subjetividade-lixo e subjetividade-luxo", en *Trópico*, San Pablo, 2007.

una tentativa de abrir el campo de lo posible desarrollando formas innovadoras de ser y estar en el mundo.[4]

Quizás este nuevo fenómeno encarne una mezcla inédita y compleja de esas dos vertientes aparentemente contradictorias. Por un lado, la festejada "explosión de creatividad", que surge de una extraordinaria "democratización" de los medios de comunicación. Estos nuevos recursos abren una infinidad de posibilidades que hasta hace poco tiempo eran impensables y ahora son sumamente promisorias, tanto para la invención como para los contactos e intercambios. Varias experiencias en curso ya confirmaron el valor de esa rendija abierta a la experimentación estética y a la ampliación de lo posible. Por otro lado, la nueva ola también desató una renovada eficacia en la instrumentalización de esas fuerzas vitales, que son ávidamente capitalizadas al servicio de un mercado que todo lo devora y lo convierte en basura.

Es por eso que grandes ambiciones y extrema modestia parecen ir de la mano, en esta insólita promoción de *ustedes* y *yo* que se disemina por las redes interactivas: se glorifica la menor de las pequeñeces, mientras pareciera buscarse la mayor de las grandezas. ¿Voluntad de poder y de impotencia al mismo tiempo? ¿Megalomanía y escasez de pretensiones? En todo caso, puede ser inspirador preguntarse por la relación entre este cuadro tan actual y aquellas intensidades "patológicas" que inflamaban la voz nietzschiana a fines del siglo XIX, cuando el filósofo alemán incitaba a sus lectores a que abandonasen su humana pequeñez para ir más allá. Inclusive más allá del propio maestro, que no quería ser santo ni profeta ni estatua, proponiendo a sus seguidores que se arriesgasen, que lo perdieran para encontrarse y, de ese modo, que ellos también fuesen *alguien* capaz de llegar a ser "lo que se es". ¿Cuál es la relación de este *yo* o de este *usted* tan ensalzados hoy en día, con aquel *alguien* de Nietzsche?

[4] Gilles Deleuze, "Posdata sobre las sociedades de control", en Christian Ferrer (comp.), *El lenguaje libertario*, vol. II, Montevideo, Nordan, 1991, p. 23.

Algo sucedió entre uno y otro de esos eventos, un acontecimiento que tal vez pueda aportar algunas pistas. El siglo pasado
asistimos al surgimiento de un fenómeno desconcertante: los medios de comunicación de masa basados en tecnologías electrónicas. Es muy rica, aunque no demasiado extensa, la historia de los
sistemas fundados en el principio de *broadcasting*, tales como la
radio y la televisión, medios cuya estructura comprende una
fuente emisora para muchos receptores. Pero a principios del siglo XXI hizo su aparición otro fenómeno igualmente perturbador:
en menos de una década, las computadoras interconectadas mediante redes digitales de alcance global se han convertido en ines-
perados medios de comunicación. Sin embargo, estos nuevos medios no se encuadran de manera adecuada en el esquema clásico
de los sistemas *broadcast*. Y tampoco son equiparables con las formas *low-tech* de comunicación tradicional –tales como las cartas, el
teléfono y el telégrafo–, que eran interactivas *avant la lettre*. Cuando
las redes digitales de comunicación tejieron sus hilos alrededor
del planeta, todo cambió raudamente, y el futuro aún promete
otras metamorfosis. En los meandros de ese ciberespacio a escala
global germinan nuevas prácticas difíciles de catalogar, inscriptas
en el naciente ámbito de la comunicación mediada por computadora. Son rituales bastante variados, que brotan en todos los rincones del mundo y no cesan de ganar nuevos adeptos día tras días.

Primero fue el correo electrónico, una poderosa síntesis entre el
teléfono y la vieja correspondencia, que sobrepasaba claramente las
ventajas del fax y se difundió a toda velocidad en la última década,
multiplicando al infinito la cantidad y la celeridad de los contactos.
Enseguida se popularizaron los canales de conversación o *chats*, que
rápidamente evolucionaron en los sistemas de mensajes instantáneos del tipo MSN o *Yahoo Messenger*, y en las redes sociales como
MySpace, *Orkut* y *FaceBook*. Estas novedades transformaron a la pantalla de la computadora en una ventana siempre abierta y conectada
con decenas de personas al mismo tiempo. Jóvenes de todo el
mundo frecuentan y crean ese tipo de espacios. Más de la mitad de
los adolescentes estadounidenses, por ejemplo, usan habitualmente

esas redes. *MySpace* es la favorita: con más de cien millones de usuarios en todo el planeta, crece a un ritmo de trescientos mil miembros por día. No es inexplicable que este servicio haya sido adquirido por una poderosa compañía mediática multinacional, en una transacción que involucró varios centenares de millones de dólares.

Otra vertiente de este aluvión son los diarios íntimos publicados en la Web, para cuya confección se usan palabras escritas, fotografías y videos. Son los famosos *webblogs, fotologs* y *videologs*, una serie de nuevos términos de uso internacional cuyo origen etimológico remite a los diarios de abordo mantenidos por los navegantes de otrora. Es enorme la variedad de estilos y asuntos tratados en los *blogs* de hoy en día, aunque la mayoría sigue el modelo confesional del diario íntimo. O mejor dicho: diario *éx*timo, según un juego de palabras que busca dar cuenta de las paradojas de esta novedad, que consiste en exponer la propia intimidad en las vitrinas globales de la red. Los primeros *blogs* aparecieron cuando el milenio agonizaba; cuatro años después existían tres millones en todo el mundo, y a mediados de 2005 ya eran once millones. Actualmente, la *blogósfera* abarca unos cien millones de diarios, más del doble de los que hospedaba hace un año, según los registros del banco de datos *Tecnorati*. Pero esa cantidad tiende a duplicarse cada seis meses, ya que todos los días se engendran cerca de cien mil nuevos vástagos, de modo que el mundo ve nacer tres nuevos *blogs* cada dos segundos.

A su vez, las *webcams* son pequeñas cámaras filmadoras que permiten transmitir en vivo todo lo que ocurre en las casas de los usuarios: un fenómeno cuyas primeras manifestaciones llamaron la atención en los últimos años del siglo XX. Ahora ya son varios los portales que ofrecen links para miles de *webcams* del mundo entero, tales como *Camville* y *Earthcam*. Hay que mencionar, además, a los sitios que permiten exhibir e intercambiar videos caseros. En esta categoría, *YouTube* constituye uno de los furores más recientes de la red: un servicio que permite exponer pequeñas películas gratuitamente y que ha conquistado un éxito estruendoso en poquísimo tiempo. Hoy recibe cien millones de visitantes por día, que ven unos setenta mil videos por minuto. Después de que la empresa Google lo comprara por una cifra cercana a los dos mil millones de dólares, *YouTube* recibió el título de "invención del año", una distinción también concedida por la revista *Time* a fines de 2006. Existen, además, otros sitios menos conocidos que ofrecen servicios semejantes, tales como *MetaCafe, BlipTV, Revver* y *SplashCast*.

Además de todas estas herramientas –que constantemente se diseminan y dan a luz innumerables actualizaciones, imitaciones y novedades–, existen otras áreas de Internet donde los usuarios no son sólo los protagonistas, sino también los principales productores del contenido, tales como los foros y grupos de noticias. Un capítulo aparte merecerían los mundos virtuales como *Second Life*, cuyos millones de usuarios suelen pasar varias horas por día desempeñando diversas actividades on-line, como si tuvieran una vida paralela en esos ambientes digitales.

En resumen, se trata de un verdadero torbellino de novedades, que ganó el pomposo nombre de "revolución de la Web 2.0" y nos convirtió a todos en la personalidad del momento. Esa expresión fue acuñada en 2004, en un debate en el cual participaron varios representantes de la cibercultura, ejecutivos y empresarios del Silicon Valley. La intención era bautizar una nueva etapa de desarrollo on-line, luego de la decepción provocada por el fracaso de las compañías puntocom: mientras la primera generación de empresas de Internet deseaba vender cosas, la Web 2.0 "confía en los usuarios como codesarrolladores". Ahora la meta es "ayudar a las personas para que creen y compartan ideas e información", según una de las tantas definiciones oficiales, de una manera que "equilibra la gran demanda con el autoservicio".[5] Sin embargo, también

---

[5] Para evitar la sobrecarga de referencias de naturaleza efímera, cuyo sentido para el tema analizado no depende prioritariamente de la fuente emisora, se omiten las notas correspondientes a las abundantes citas de este tipo que aparecen a lo largo de este ensayo, relativas a datos y testimonios extraídos de diversos periódicos de circulación masiva, revistas de actualidad, sitios de Internet, gacetillas corporativas, material publicitario y otras informaciones provenientes del universo mediático contemporáneo.

es cierto que esta peculiar combinación del viejo eslogan *hágalo usted mismo* con el flamante nuevo mandato *muéstrese como sea*, está desbordando las fronteras de Internet. La tendencia ha contagiado a otros medios más tradicionales, inundando páginas y más páginas de revistas, periódicos y libros, además de invadir las pantallas del cine y la televisión.

Pero, ¿cómo afrontar este nuevo universo? La pregunta es pertinente porque las perplejidades son incontables, acuciadas por la novedad de todos estos asuntos y la inusitada rapidez con que las modas se instalan, cambian y desaparecen. Bajo esta rutilante nueva luz, por ejemplo, ciertas formas aparentemente anacrónicas de expresión y comunicación tradicionales parecen volver al ruedo con su ropaje renovado, tales como los intercambios epistolares, los diarios íntimos e incluso la atávica conversación. ¿Los *e-mails* son versiones actualizadas de las antiguas cartas que se escribían a mano con primorosa caligrafía y, encapsuladas en sobres lacrados, atravesaban extensas geografías? Y los *blogs*, ¿podría decirse que son meros *upgrades* de los viejos diarios íntimos? En tal caso, serían versiones simplemente renovadas de aquellos cuadernos de tapa dura, garabateados a la luz trémula de una vela para registrar todas las confesiones y secretos de una vida. Del mismo modo, los *fotologs* serían parientes cercanos de los antiguos álbumes de retratos familiares. Y los videos caseros que hoy circulan frenéticamente por las redes quizá sean un nuevo tipo de postales animadas, o tal vez anuncien una nueva generación del cine y la televisión. Con respecto a los diálogos tipeados en los diversos *Messengers* con atención fluctuante y ritmo espasmódico, ¿en qué medida renuevan, resucitan o le dan el tiro de gracia a las viejas artes de la conversación? Evidentemente, existen profundas afinidades entre ambos polos de todos los pares de prácticas culturales recién comparados, pero también son obvias sus diferencias y especificidades.

En las últimas décadas, la sociedad occidental ha atravesado un turbulento proceso de transformaciones que alcanza todos los ámbitos y llega a insinuar una verdadera ruptura hacia un nuevo horizonte. No se trata apenas de Internet y sus mundos virtuales de interacción multimedia. Son innumerables los indicios de que estamos viviendo una época limítrofe, un corte en la historia, un pasaje de cierto "régimen de poder" a otro proyecto político, sociocultural y económico. Una transición de un mundo hacia otro: de aquella formación histórica anclada en el capitalismo industrial, que rigió desde fines del siglo XVIII hasta mediados del XX –y que fue analizada por Michel Foucault bajo el rótulo de "sociedad disciplinaria"–, hacia otro tipo de organización social que empezó a delinearse en las últimas décadas.[6] En este nuevo contexto, ciertas características del proyecto histórico precedente se intensifican y ganan renovada sofisticación, mientras que otras cambian radicalmente. En ese movimiento se transforman también los tipos de cuerpos que se producen cotidianamente, así como las formas de ser y estar en el mundo que resultan "compatibles" con cada uno de esos universos.

¿Cómo influyen todas estas mutaciones en la creación de "modos de ser"? ¿Cómo alimentan la construcción de sí? En otras palabras, ¿de qué manera estas transformaciones contextuales afectan los procesos mediante los cuales se llega a ser lo que se es? No hay duda de que esas fuerzas históricas imprimen su influencia en la conformación de cuerpos y subjetividades: todos esos vectores socioculturales, económicos y políticos ejercen una presión sobre los sujetos de los diversos tiempos y espacios, estimulando la configuración de ciertas formas de ser e inhibiendo otras modalidades. Dentro de los límites de ese territorio plástico y poroso que es el organismo de la especie *homo sapiens*, las sinergias históricas –y geográficas– incitan algunos desarrollos corporales y subjetivos, al mismo tiempo que bloquean el surgimiento de formas alternativas.

¿Pero qué son exactamente las subjetividades? ¿Cómo y por qué alguien se vuelve lo que es, aquí y ahora? ¿Qué es lo que nos constituye como sujetos históricos o individuos singulares, pero

[6] Michel Foucault, *Vigilar y castigar*, México, Siglo XXI, 1976.

también como inevitables representantes de nuestra época, compartiendo un universo y ciertas características idiosincrásicas con nuestros contemporáneos? Si las subjetividades son formas de ser y estar en el mundo, lejos de toda esencia fija y estable que remita al ser humano como una entidad ahistórica de relieves metafísicos, sus contornos son elásticos y cambian al amparo de las diversas tradiciones culturales. De modo que la subjetividad no es algo vagamente inmaterial, que reside "dentro" de *usted* –personalidad del año– o de cada uno de nosotros. Así como la subjetividad es necesariamente *embodied*, encarnada en un cuerpo; también es siempre *embedded*, embebida en una cultura intersubjetiva. Ciertas características biológicas trazan y delimitan el horizonte de posibilidades en la vida de cada individuo, pero es mucho lo que esas fuerzas dejan abierto e indeterminado. Y es innegable que nuestra experiencia también está modulada por la interacción con los otros y con el mundo. Por eso, resulta fundamental la influencia de la cultura sobre lo que se es. Y cuando ocurren cambios en esas posibilidades de interacción y en esas presiones culturales, el campo de la experiencia subjetiva también se altera, en un juego por demás complejo, múltiple y abierto.

Por lo tanto, si el objetivo es comprender los sentidos de las nuevas prácticas de exhibición de la intimidad, ¿cómo abordar un asunto tan complejo y actual? Las experiencias subjetivas se pueden estudiar en función de tres grandes dimensiones, o tres perspectivas diferentes. La primera se refiere al nivel singular, cuyo análisis enfoca la trayectoria de cada individuo como un sujeto único e irrepetible; es la tarea de la psicología, por ejemplo, o incluso del arte. En el extremo opuesto a este nivel de análisis estaría la dimensión universal de la subjetividad, que engloba todas las características comunes al género humano, tales como la inscripción corporal de la subjetividad y su organización por medio del lenguaje; su estudio es tarea de la biología o la lingüística, entre otras disciplinas. Pero hay un nivel intermedio entre esos dos abordajes extremos: una dimensión de análisis que podríamos denominar particular o específica, ubicada entre los niveles singular y universal de la experiencia subjetiva, que busca detectar los elementos comunes a algunos sujetos, pero no necesariamente inherentes a todos los seres humanos. Esta perspectiva contempla aquellos elementos de la subjetividad que son claramente culturales, frutos de ciertas presiones y fuerzas históricas en las cuales intervienen vectores políticos, económicos y sociales que impulsan el surgimiento de ciertas formas de ser y estar en el mundo. Y que las solicitan intensamente, para que sus engranajes puedan operar con mayor eficacia. Este tipo de análisis es el más adecuado en este caso, pues permite examinar los modos de ser que se desarrollan junto a las nuevas prácticas de expresión y comunicación vía Internet, con el fin de comprender los sentidos de este curioso fenómeno de exhibición de la intimidad que hoy nos intriga.

En ese mismo nivel analítico –ni singular ni universal, sino particular, cultural, histórico–, Michel Foucault estudió los mecanismos disciplinarios de las sociedades industriales. Esa red micropolítica involucra todo un conjunto de prácticas y discursos que actuaron sobre los cuerpos humanos de Occidente entre los siglos XVIII y XX, apuntando a la configuración de ciertas formas de ser y evitando cuidadosamente el surgimiento de otras modalidades. Así fueron engendrados ciertos tipos de subjetividades hegemónicas de la Era Moderna, dotadas de determinadas habilidades y aptitudes, pero también de ciertas incapacidades y carencias. Según Foucault, en esa época se construyeron cuerpos "dóciles y útiles", organismos capacitados para funcionar de la manera más eficaz dentro del proyecto histórico del capitalismo industrial.

Pero ese panorama ha cambiado bastante en los últimos tiempos, y varios autores intentaron cartografiar el nuevo territorio, que todavía se encuentra en pleno proceso de reordenamiento. Uno de ellos fue Gilles Deleuze, quien recurrió a la expresión "sociedades de control" para designar al "nuevo monstruo", como él mismo ironizó. Ya hace casi dos décadas, el filósofo francés describió un régimen apoyado en las tecnologías electrónicas y digitales: una organización social basada en el capitalismo más desarrollado de la actualidad, donde rigen la sobreproducción y el consumo exacerbado, el marketing y la publicidad, los servicios y los flujos financieros globales. Y también la creatividad alegremente estimulada, "democratizada" y recompensada en términos monetarios.

Algunos ejemplos pueden ayudar a detectar los principales ingredientes de este nuevo régimen de poder. Uno de los fundadores de *YouTube*, significativamente presente en el encuentro del Forum Económico Mundial, declaró que la empresa pretende compartir sus ganancias con los autores de los videos exhibidos en el sitio. Así, el usuario de Internet que decida mostrar una película de su autoría en el famoso portal "va a recibir parte de las ganancias publicitarias conseguidas con la exhibición de su trabajo". De hecho, otros sitios similares implementaron tal sistema, y ya hace tiempo que compensan con dinero a sus colaboradores más populares. *MetaCafe*, por ejemplo, asumió el compromiso de pagar cinco dólares por cada mil exhibiciones de una determinada película. Uno de los beneficiados fue un especialista en artes marciales que facturó decenas de miles de dólares con un brevísimo video en el cual aparece haciendo acrobacias, titulado *Matrix for real*, que en pocos meses fue visto por cinco millones de personas.

Las operadoras de teléfonos móviles también empezaron a remunerar las películas que sus clientes filman con sus propios celulares. Respondiendo a diversas promociones y campañas de marketing, los usuarios envían los videos al sitio de la compañía telefónica, donde el material queda disponible para quien desee verlo. Los mismos clientes se ocupan de divulgar sus obras entre sus contactos; en algunos casos reciben créditos por cada película bajada, que luego pueden gastarlos en otros servicios de la misma empresa. En el Brasil, por ejemplo, una de esas compañías ofrece diez centavos de crédito por cada *download* de las películas realizadas por sus clientes, monto que sólo se puede retirar una vez que la cifra haya superado doscientas veces ese valor. Una joven de 18 años figuraba entre las primeras en el ranking de esa empresa, cuyo servicio lleva el nombre de *Claro Vídeo-Maker*, y llegó a recaudar unos cien reales con sus creaciones. ¿De qué se trata?

Imágenes que registran un campamento con un grupo de amigos, por ejemplo, y otras escenas de la vida adolescente. Una competidora de esa compañía telefónica decidió parafrasear un célebre manifiesto de las vanguardias artísticas locales para promover su servicio, parodiando en clave bien contemporánea la famosa convocatoria del *Cinema Novo* de los años sesenta: "una idea en la cabeza, su *Oi* en la mano... y mucho dinero en el bolsillo". De modo semejante, con el anzuelo de la recompensa monetaria por la creatividad de los usuarios, la empresa estimula que las películas grabadas con el teléfono portátil de sus clientes se envíen al sitio *Você Na Tela*; todo, por supuesto, usando la conexión que la misma firma provee y factura. Así, mientras vocifera: "¡Usted en la pantalla!", agrega que "hay gente dispuesta a pagar para ver"; y, en rigor, no parece faltar a la verdad.

Pero los ejemplos son innumerables y de lo más variados. Ese esquema que combina, por un lado, una convocatoria informal y espontánea a los usuarios para "compartir" sus invenciones y, por el otro, las formalidades del pago en dinero por parte de las grandes empresas, parece ser "el espíritu del negocio" en este nuevo régimen. La red social *FaceBook*, por ejemplo, también decidió compensar monetariamente a quienes desarrollen recursos "innovadores y sorprendentes" para incorporar al sistema. Por eso, diseñar pequeños programas y otras herramientas para ese sitio se transformó en una auspiciosa actividad económica, que incluso llegó a motivar la apertura de cursos específicos en institutos y universidades como la prestigiosa Stanford.

Algo similar ocurre con algunos autores de *blogs* que son descubiertos por los medios tradicionales debido a su notoriedad conquistada en Internet, y se los contrata para publicar libros impresos (conocidos como *blooks*, fusión de *blog* y *book*) o columnas en revistas y periódicos. De esta manera, estos escritores comienzan a recibir dinero a cambio de sus obras. Un caso típico es la brasileña Clarah Averbuck, que publicó tres libros basados en sus *blogs*, uno de los cuales fue adaptado para el cine. La autora defiende abiertamente su opción: "ahora voy a escribir libros, basta de gastar mis historias".[7] Sin embargo, su *blog* cambia de nombre y de dirección pero sigue allí, siempre actualizado, como una ventana más para promover los otros productos de su marca. Su perfil se parece demasiado al de la argentina Lola Copacabana, quien se considera "harta de los *blogs*" pero agradece el hecho de haber sido descubierta, ya que desde entonces puede cobrar por hacer lo que le gusta. "Escribo los mejores *mails* del mundo", afirma sin falsa modestia y con escaso riesgo de suscitar acusaciones de megalomanía o excentricidad, al tiempo que confiesa ser "prostituta de las palabras", ya que "disfruto escribir, que me paguen por favor por escribir".[8]

Estos pocos ejemplos ilustran la forma en que opera el mercado cultural contemporáneo. Son sumamente arteros los dispositivos de poder que entran en juego, ávidos por capturar cualquier vestigio de "creatividad exitosa" para transformarlo velozmente en mercancía. Para "ponerla a trabajar al servicio de la acumulación de plusvalía", diría Suely Rolnik.[9] Sin embargo, esa táctica suele ser ardientemente solicitada por los mismos jóvenes que generan dichas creaciones, tal vez sin comprender exactamente "para qué se los usa", como intuyera Deleuze hace más de quince años, antes incluso de que la ya vetusta Web 1.0 llegara a popularizarse. En la página inicial de *Second Life*, por ejemplo, entre vistosos cuerpos tridimensionales y fragmentos de paraísos virtuales, no hay mucho espacio para sutilezas: constantemente se notifica la cantidad de usuarios que se encuentran on-line en el momento; al lado de esa cifra, con idéntico formato y propósito, el sitio informa la cantidad de dólares gastados por los parroquianos del mundo virtual en las últimas veinticuatro horas.

A su vez, la empresa que administra *MySpace* anunció el lanzamiento de su nuevo servicio de publicidad dirigida, para cuya

---

[7] Luciene Azevedo, "Blogs: a escrita de si na rede dos textos", en *Matraga*, vol. 14, núm. 21, Río de Janeiro, UERJ, julio-diciembre, 2007, p. 55.

[8] Agustín Valle, "Los blooks y el cambio histórico en la escritura", en *Debate*, núm. 198, Buenos Aires, 29 de diciembre de 2006, pp. 50 y 51.

[9] Suely Rolnik, *op. cit.*

implementación no sólo recurre a los datos personales que componen los perfiles de sus usuarios, sino también a eventuales informaciones rastreadas en sus *blogs* sobre gustos y hábitos de consumo. En la primera etapa de esta experiencia, la compañía clasificó a sus millones de usuarios en diez categorías diferentes, según sus intereses manifiestos –tales como autos, moda, finanzas y música–, con el fin de que cada uno de ellos recibiera publicidad acorde con sus potencialidades como consumidor. Pero esa primera clasificación fue sólo el comienzo, según la propia empresa admitió, destacando la novedad de la propuesta y las grandes expectativas que despierta.

"Ahora los anunciantes disponen de mucho más que simples datos demográficos extraídos de los formularios de inscripción", explicó un miembro de la firma. Consideran además que no se trata de nada intrusivo para los usuarios, ya que éstos pueden optar por hacerse amigos de las empresas que les agradan. "Muchos jóvenes no parecen tener instintos de protección de la privacidad", justificó otro especialista, mientras preveía lucros millonarios para el naciente *behavioral targeting* o envío de publicidad en función del comportamiento. Un representante de *MySpace* ilustró el optimismo que rodea estas iniciativas, con el ejemplo de una usuaria de la red social a quien le gusta la moda y "escribe en su *blog* acerca de las tendencias de la temporada, incluso llega a contarnos que necesita un par de botas nuevas para el otoño". La conclusión parece obvia: "¿quién no querría ser el anunciante capaz de venderle esos zapatos?".

Razones similares motivaron que el valor de *FaceBook* se calculase en quince mil millones de dólares, tan sólo tres años después de su nacimiento como el despreocupado hobby de un estudiante universitario. A fines de 2007, cuando esta otra red de relaciones ya contaba con más de cincuenta millones de usuarios y crecía más rápido que cualquiera de sus competidoras, ocupó espacio en los noticieros porque dos grandes empresas del área, Google y Microsoft, disputaron por la compra de una fracción mínima de su capital: el 1,6%. Finalmente, la dueña de *Windows* venció la pugna: tras desembolsar más de doscientos millones de dólares, justificó la transacción aludiendo al potencial que el creciente número de usuarios del servicio representaba en términos publicitarios. Al día siguiente de esa apuesta aparentemente desmesurada, el mercado financiero aprobó la jugada: las acciones de Microsoft subieron. Pocas semanas más tarde, *FaceBook* inauguró un proyecto presentado como "el Santo Grial de la publicidad", capaz de convertir a cada usuario de la red en un eficaz instrumento de marketing para decenas de compañías que venden productos y servicios en Internet.

Este novedoso sistema permite rastrear las transacciones comerciales realizadas por los usuarios de la gran comunidad virtual, a fin de alertar a sus amigos sobre el tipo de productos que éstos compraron o comentaron. Según la empresa, la intención de esta estrategia es "proveer nuevas formas de conectarse y compartir información con los amigos", permitiendo que "los usuarios mantengan a sus amigos mejor informados sobre sus propios intereses, además de servir como referentes confiables para la compra de algún producto". El nuevo mecanismo de marketing también posibilita otras novedades: si un usuario compra un paquete turístico, por ejemplo, la agencia de viajes puede publicar una foto del turista como parte de su "aviso social", con el fin de estimular a sus conocidos para que compren servicios similares. "Nada influye más en las decisiones de una persona que la recomendación de un amigo confiable", explicó el director y fundador de *FaceBook*. "Empujar un mensaje sobre la gente ya no es más suficiente", agregó, "hay que lograr que el mensaje se instale en las conversaciones". Así, tras haber comprobado que las recomendaciones de los amigos constituyen "una buena manera de generar demanda", la nueva generación de anuncios publicitarios intenta poner ese valioso saber en práctica: "los avisos dirigidos no son invasivos porque se pueden integrar mejor a las conversaciones que los usuarios ya mantienen unos con otros".

En algunos casos, los mismos autores de *blogs* se convierten en protagonistas activos de las campañas publicitarias, como ocurrió con la línea de sandalias Melissa, comercializada por una marca brasileña. Bien al tono de los nuevos vientos que soplan, la firma prefiere no hablar de campaña publicitaria, sino de un "proyecto de comunicación y *branding*". La empresa eligió a cuatro jóvenes cuyos *fotologs* tenían cierto éxito entre las adolescentes brasileñas, y las nombró sus "embajadoras". Además de divulgar la marca en sus *fotologs*, las chicas colaboraron en el proceso de creación del calzado, aportando tanto sus propias ideas y gustos, como las opiniones dejadas por los visitantes de sus sitios. Con esa estrategia, la compañía anunciante pretendía agradar a un segmento de su público: la nueva generación de mujeres adolescentes. Fue un éxito: las cuatro jóvenes se convirtieron en celebridades de Internet y sus *fotologs* recibieron más de diez mil visitantes por semana. Sin saber para qué se las estaba usando –o peor: tal vez sabiéndolo muy bien–, las adolescentes expresaron su satisfacción por participar en un proyecto que privilegió a "chicas comunes" en vez de a profesionales. "A las modelos, además de que no son reales, a veces no les gusta lo que venden", explicó una de ellas.

Pero no es sólo por todos esos motivos que se hace evidente la inscripción, en este nuevo régimen de poder, de la parafernalia que compone la Web 2.0 y que nos ha convertido en las personalidades del momento. Por cierto, semejante despropósito habría resultado impensable en el contexto histórico descrito por Foucault, donde la celebridad se reservaba a unos pocos muy bien elegidos. Las cartas y los diarios íntimos tradicionales denotan una filiación directa con esa otra formación histórica, la "sociedad disciplinaria" del siglo XIX y principios del XX, que cultivaba rígidas separaciones entre el ámbito público y la esfera privada de la existencia, reverenciando tanto la lectura como la escritura silenciosas y en soledad. Solamente en ese magma moderno, cuya vitalidad quizás se esté agotando hoy en día, podría haber germinado ese tipo de subjetividad que algunos autores denominan *homo psychologicus, homo privatus* o personalidades introdirigidas.

En este siglo XXI que está comenzando, en cambio, se convoca a las personalidades para que se muestren. La privatización de los espacios públicos es la otra cara de una creciente publicitación de lo privado, una sacudida capaz de hacer tambalear aquella diferenciación de ámbitos antes fundamental. En medio de los vertiginosos procesos de globalización de los mercados, en el seno de una sociedad altamente mediatizada, fascinada por la incitación a la visibilidad y por el imperio de las celebridades, se percibe un desplazamiento de aquella subjetividad "interiorizada" hacia nuevas formas de autoconstrucción. En un esfuerzo por comprender estos fenómenos, algunos ensayistas aluden a la sociabilidad *líquida* o a la cultura *somática* de nuestro tiempo, donde aparece un tipo de *yo* más epidérmico y dúctil, que se exhibe en la superficie de la piel y de las pantallas. Se habla también de personalidades alterdirigidas y no más introdirigidas, construcciones de sí orientadas hacia la mirada ajena o exteriorizadas, no más introspectivas o intimistas. E incluso se analizan las diversas *bioidentidades*, desdoblamientos de un tipo de subjetividad que se apuntala en los rasgos biológicos o en el aspecto físico de cada individuo. Por todo eso, ciertos usos de los *blogs, fotologs, webcams* y otras herramientas como *MySpace* y *YouTube*, serían estrategias que los sujetos contemporáneos ponen en acción para responder a estas nuevas demandas socioculturales, balizando nuevas formas de ser y estar en el mundo.

Sin embargo, pese al veloz crecimiento de estas prácticas y a la euforia que suele acompañar todas estas novedades, siempre espoleadas por el alegre entusiasmo mediático, hay datos que conspiran contra las estimativas más optimistas sobre la "inclusión digital" o el "acceso universal". Hoy, por ejemplo, sólo mil millones de los habitantes de este planeta poseen una línea de teléfono fijo; de ese total, menos de un quinto tiene acceso a Internet por esa vía. Otras modalidades de conexión amplían esos números, pero de todos modos siguen quedando afuera de la Web por lo menos cinco mil millones de terráqueos. Lo cual no causa demasiado asombro si consideramos que el 40% de la población mundial, casi tres mil millones de personas, tampoco dispone de una tecnología bastante más antigua y reconocidamente más basilar: el inodoro.

La distribución geográfica de esos privilegiados que poseen
contraseñas para acceder al ciberespacio es todavía más elocuente
de lo que insinúa la mera cantidad: el 43% en América del Norte,
el 29 % en Europa y el 21% en buena parte de Asia, incluyendo los
fuertes números del Japón. De modo que en esas regiones del planeta se concentran nada menos que el 93% de los usuarios de la
red global de computadoras y, por lo tanto, de aquellos que dis-
frutan de las maravillas de la Web 2.0. El magro porcentaje res-
tante salpica las amplias superficies de los "países en desarrollo",
repartido de la siguiente forma: el 4% en nuestra América Latina,
poco más del 1% en Oriente Medio y menos todavía en África.
Así, a contrapelo de los festejos por la democratización de los medios, los números sugieren que las brechas entre las regiones más
ricas y más pobres del mundo no están disminuyendo. Al contrario, quizás paradójicamente, al menos en términos regionales y
geopolíticos, esas desigualdades parecen aumentar junto con las
fantásticas posibilidades inauguradas por las redes interactivas.
Hasta el momento, por ejemplo, sólo el 15% de los habitantes de
América Latina tienen algún tipo de acceso a Internet. Constatacio-
nes de esa índole llevaron a formular el concepto de *tecno-apartheid*,
que intenta nominar esta nueva cartografía de la Tierra como un
archipiélago de ciudades o regiones muy ricas, con fuerte desarrollo tecnológico y financiero, en medio del océano de una población mundial cada vez más pobre.

Ese escenario global se replica dentro de cada país. En la Argentina, por ejemplo, se calcula que son más de quince millones
los usuarios de Internet, lo cual representa el 42% de la población
nacional, pero las conexiones residenciales no pasan de tres millones; la mayor parte de los argentinos accede esporádicamente, a
partir de cibercafés o locutorios. Casi dos tercios de ese total se
concentran en la ciudad o en la provincia de Buenos Aires; mientras en esas zonas los accesos por banda ancha tienen una penetración del 30%, en las provincias más pobres del norte del país
esa opción ni siquiera abarca al 1%. En el Brasil, por su parte, ya
existen casi cuarenta millones de personas con acceso a Internet,

la mayoría concentrada en los sectores más acomodados de las áreas urbanas. De esa cantidad, sólo tres cuartos cuentan con conexiones residenciales, y de hecho son apenas veinte millones los que se consideran "usuarios activos", es decir, aquellos que se conectaron por lo menos una vez en el último mes. Los números han crecido mucho y ya representan un quinto de la población nacional mayor de quince años de edad; sin embargo, conviene explicitar también lo que esos números braman en sordina: son 120 millones los brasileños que –¿aún?– no tienen ningún tipo de acceso a la red. Si bien en números absolutos el país ocupa el primer lugar de América Latina y el quinto del mundo, si las cifras se cotejan con el total de habitantes, el Brasil se encuentra en el puesto número 62 del elenco mundial, y es el cuarto en el ya relegado subcontinente.

A la luz de estos datos, parece obvio que no es exactamente "cualquiera" quien tiene acceso a Internet. Aunque dos tercios de los ciudadanos brasileños nunca hayan navegado por la Web y muchos de ellos ni siquiera sepan de qué se trata, seis millones de *blogs* son de esa nacionalidad, posicionando al Brasil como el tercer país más *bloguero* del mundo. Sin embargo, tampoco es un detalle menor el hecho de que dos tercios de esos autores de diarios digitales residan en el sudeste del territorio nacional, que es la región más rica del país.

Por todos esos motivos, habría que formular una definición más precisa de aquellos personajes que resultaron premiados con tanto glamour como las personalidades del momento: *usted, yo* y todos *nosotros*. De persistir las condiciones actuales –¿y por qué no habrían de persistir?–, dos tercios de la población mundial nunca tendrán acceso a Internet. Más aún: buena parte de esa cantidad de gente "común" ni siquiera oirá hablar en toda su vida sobre los *blogs* ni sobre los rutilantes *YouTube, Second Life* o *MySpace*, por ejemplo. Esos miles de millones de personas, que no obstante habitan este mismo planeta, son los "excluidos" de los paraísos extraterritoriales del ciberespacio, condenados a la gris inmovilidad local en plena era multicolor del marketing global. Y lo que quizás

sea más penoso en esta sociedad del espectáculo, en la que sólo *es*
lo que se *ve*: en ese mismo gesto, también se los condena a la invisibilidad total.

De modo que es imposible desdeñar los lazos incestuosos que
atan estas nuevas tecnologías con el mercado, institución omnipresente en la contemporaneidad, y muy especialmente en la comunicación mediada por computadoras. Lazos que también las
amarran a un proyecto claramente identificable: el del capitalismo
actual, un régimen histórico que necesita ciertos tipos de sujetos
para abastecer sus engranajes –y sus circuitos integrados, y sus
góndolas y vitrinas, y sus redes de relaciones vía Web–, mientras
repele activamente otros cuerpos y subjetividades. Por eso, antes
de investigar las sutiles mutaciones en los pliegues de la intimidad, en la dialéctica de lo público-privado y en la construcción de
modos de ser, hay que desnaturalizar las nuevas prácticas comunicativas. Algo que sólo se logrará si desnudamos sus raíces y sus
derivaciones políticas.

Lejos de abarcarnos a todos nosotros como un conjunto armó-
nico, homogéneo y universal, cabe recordar que tan sólo una porción de la clase media y alta de la población mundial marca el
ritmo de esta revolución del *usted* y del *yo*. Un grupo humano dis-
tribuido por los diversos países de nuestro planeta globalizado,
que aunque no constituya en absoluto la mayoría numérica, ejerce
una influencia de lo más vigorosa en la fisonomía de la cultura
global. Para eso, cuenta con el inestimable apoyo de los medios
masivos en escala planetaria, así como del mercado que valoriza a
sus integrantes –y solamente a *ellos*– al definirlos como consumidores; tanto de la Web 2.0 como de todo lo demás. Es precisamente
ese grupo el que ha liderado las metamorfosis de lo que significa
ser alguien a lo largo de nuestra historia reciente.

En ese mismo sentido, se impone otra aclaración: la riqueza
de las experiencias subjetivas es inmensa, sin duda alguna. Son
incontables y muy variadas las estrategias individuales y colectivas que siempre desafían las tendencias hegemónicas de la construcción de sí. Por eso, puede ocurrir que ciertas alusiones a los

fenómenos y procesos analizados en este ensayo parezcan reducir la complejidad de lo real, agrupando una diversidad inconmensurable y una riquísima multiplicidad de experiencias bajo categorías amorfas como "subjetividad contemporánea", "mundo occidental", "cultura actual" o "todos nosotros". Sin embargo, la intención de este libro es delinear ciertas tendencias que se perfilan fuertemente en nuestra sociedad occidental y globalizada, con un énfasis especial en el contexto latinoamericano, cuyo origen remite a los sectores urbanos más favorecidos en términos socioeconómicos: aquellos que gozan de un acceso privilegiado a los bienes culturales y a las maravillas del ciberespacio. La irradiación de estas prácticas por los diversos medios de comunicación, a su vez, impregna los imaginarios globales con un denso tejido de valores, creencias, deseos, afectos e ideas. Ese tipo de categorías algo indefinidas y generalizadas son comparables –y por eso muchas veces comparadas, incluso en estas páginas– con aquello que en el apogeo de los tiempos modernos cristalizó en nociones igualmente genéricas y vagas, tales como "sensibilidad burguesa" y "hombre sentimental" o, más específicamente todavía, *homo psychologicus* y personalidades introdirigidas.

De regreso al *yo* y al *usted* que se han convertido en las personalidades del momento, retorna la pregunta inicial: ¿cómo se llega a ser lo que se es? En este caso, por lo menos, Internet parece haber ayudado bastante. A lo largo de la última década, la red mundial de computadoras viene albergando un amplio espectro de prácticas que podríamos denominar "confesionales". Millones de usuarios de todo el planeta –gente "común", precisamente como *usted* o *yo*– se han apropiado de las diversas herramientas disponibles on-line, que no cesan de surgir y expandirse, y las utilizan para exponer públicamente su intimidad. Así es como se ha desencadenado un verdadero festival de "vidas privadas", que se ofrecen impúdicamente ante los ojos del mundo entero. Las confesiones diarias están ahí, en palabras e imágenes, a disposición de quien quiera husmear; basta apenas con hacer clic. Y, de hecho, todos nosotros solemos dar ese clic.

Junto con estas curiosas novedades vemos astillarse algunas premisas básicas de la autoconstrucción, la tematización del *yo* y la sociabilidad moderna, y es justamente por eso que resultan significativas. Estos rituales tan contemporáneos son manifestaciones de un proceso más amplio, de una atmósfera sociocultural que los envuelve, que los hace posibles y les concede un sentido. Porque este nuevo clima de época que hoy nos engloba parece impulsar ciertas transformaciones que llegan a rozar la mismísima definición de *usted* y *yo*. La red mundial de computadoras se ha convertido en un gran laboratorio, un terreno propicio para experimentar y diseñar nuevas subjetividades: en sus meandros nacen formas novedosas de ser y estar en el mundo, que a veces parecen saludablemente excéntricas y megalomaníacas, mientras que otras veces –o al mismo tiempo– se empantanan en la pequeñez más rastrera que se pueda imaginar. En todo caso, no hay duda de que estos flamantes espacios de la Web 2.0 son interesantes, aunque más no sea porque se presentan como escenarios muy adecuados para montar un espectáculo cada vez más estridente: el show del *yo*.

II. *YO NARRADOR* Y LA VIDA COMO RELATO

> Después, cuando aprendí a leer, devoraba los libros y pensaba que eran como árboles, como animales, cosas que nacían. No sabía que había un autor por detrás. De repente descubrí que era así y me dije: "yo también quiero ser eso". [Pero...] escribir memorias no es mi estilo, implica darle al público pasajes de una vida. La mía es muy personal.
>
> CLARICE LISPECTOR

> Me parece bien aparecer en esas revistas de celebridades... El día más triste de mi vida será cuando los fotógrafos me den la espalda. Voy a creer que ya no soy una persona querida, que ya no soy más interesante.
>
> VERA LOYOLA

A FIN DE comprender este fenómeno tan contemporáneo de exhibición de la intimidad –o la *ex*timidad–, se impone una primera pregunta: ¿estas nuevas formas de expresión y comunicación que hoy proliferan en la Web –*blogs* y *fotologs*, redes de relaciones, *webcams* y videos caseros– deben considerarse *vidas* u *obras*? Todas esas escenas de la vida privada, esa infinidad de versiones de *usted* y *yo* que agitan las pantallas interconectadas por la red mundial de computadoras, ¿muestran la vida de sus autores o son obras de arte producidas por los nuevos artistas de la era digital? ¿Es posible que sean, al mismo tiempo, vidas *y* obras? ¿O quizá se trata de algo completamente nuevo, que llevaría a superar la clásica distinción entre estas dos nociones?

Una consideración habitual, cuando se examinan estas raras costumbres nuevas, es que los sujetos involucrados "mienten" al narrar sus vidas en la Web. Aprovechando ventajas como la posibilidad del anonimato y la facilidad de recursos que ofrecen los nuevos medios interactivos, los habitantes de estos espacios montan espectáculos de sí mismos para exhibir una intimidad inventada. Sus testimonios serían, en rigor, falsos o hipócritas, o por lo menos, no auténticos. Es decir, engañosas autoficciones, meras mentiras que se hacen pasar por supuestas realidades, o bien relatos no ficticios que prefieren explotar la ambigüedad entre uno y otro campo. A pesar de lo pantanoso que parece este terreno, aun así cabe indagar si todas esas palabras y ese torrente de imágenes no hacen nada más –ni nada menos– que exhibir fielmente la realidad de una vida desnuda y cruda. O si, en cambio, esos relatos crean y exponen ante el público un personaje ficticio. En síntesis, ¿son obras producidas por artistas que encarnan una nueva forma de arte y un nuevo género de ficción, o se trata de documentos verídicos sobre las vidas reales de personas comunes?

No hay respuestas fáciles para estas preguntas. Sin embargo, una primera aproximación lleva a definir estas nuevas prácticas como pertenecientes a los géneros autobiográficos. Esa categoría artística acarrea una larga historia y contempla diversas manifestaciones, que van desde las cartas hasta los diarios íntimos, pasando por las memorias, los álbumes y las autobiografías. Pero tal definición tampoco es simple, pues no hay nada inherente a las características formales o a su contenido que permita diferenciarlas claramente de las obras de ficción. Algunas novelas copian sus códigos, como las sagas epistolares o las "falsas autobiografías", y son incontables los relatos ficticios que incorporan eventos realmente vivenciados por sus autores.

Aunque sea bastante ambigua, todavía persiste una distinción entre las narraciones de ficción y aquellas que se apoyan en la garantía de una existencia real. Esa diferencia inscribe dichas prácticas en otro régimen de verdad y suscita otro horizonte de expectativas, a pesar de la sofisticación de los artificios retóricos que se han ido acumulando y de los varios siglos de entrenamiento de los lectores. E incluso, superando las turbulencias que ha sufrido la confianza en una identidad fija y estable del *yo* que narra. Por eso, la especificidad de los géneros autobiográficos debería buscarse fuera de los textos: en el mundo *real*, en las relaciones entre autores y lectores. Esto fue lo que conjeturó el crítico literario Philippe Lejeune en los años setenta del siglo XX: las obras autobiográficas se distinguen de las demás porque establecen un "pacto de lectura" que las consagra como tales. ¿En qué consiste ese pacto? En la creencia de que coinciden las identidades del *autor*, el *narrador* y el *protagonista* de la historia contada. En suma, si el lector cree que el autor, el narrador y el personaje principal de un relato son la misma persona, entonces se trata de una obra autobiográfica.

Los usos confesionales de Internet parecen encajarse en esta definición: serían manifestaciones renovadas de los viejos géneros autobiográficos. El *yo* que habla y se muestra incansablemente en la Web suele ser triple: es al mismo tiempo autor, narrador y personaje. Pero además no deja de ser una ficción, ya que, a pesar de su contundente autoevidencia, el estatuto del *yo* siempre es frágil. Aunque se presente como "el más irremplazable de los seres" y "la más real, en apariencia, de las realidades", el *yo* de cada uno de nosotros es una entidad compleja y vacilante.[1] Una unidad ilusoria construida en el lenguaje, a partir del flujo caótico y múltiple de cada experiencia individual. Pero si el *yo* es una ficción gramatical, un centro de gravedad narrativa, un eje móvil e inestable donde convergen todos los relatos de uno mismo, también es innegable que se trata de un tipo muy especial de ficción. Porque además de desprenderse del magma *real* de la propia existencia, acaba provocando un fuerte efecto en el mundo: nada menos que nuestro *yo*, un efecto-sujeto. Es una ficción necesaria, puesto que estamos hechos de esos relatos: son la materia que nos constituye

[1] Pierre Bourdieu, "A ilusão biográfica", en Marieta de Moraes Ferreira y Janaína Amado (comps.), *Usos e abusos da história oral*, Río de Janeiro, FGV, 1998, pp. 183-191.

como sujetos. El lenguaje nos da consistencia y relieves propios, personales, singulares, y la sustancia que resulta de ese cruce de narrativas se (auto)denomina "yo".

De modo que la experiencia de sí mismo como un *yo* se debe a la condición de narrador del sujeto, alguien que es capaz de organizar su experiencia en la primera persona del singular. Pero éste no se expresa unívoca y linealmente a través de sus palabras, traduciendo en texto alguna entidad que precedería al relato y sería "más real" que la mera narración. En cambio, la subjetividad se constituye en el vértigo de ese torrente discursivo, es allí donde el *yo* de hecho se realiza. Por lo tanto, usar palabras o imágenes es actuar: gracias a ellas podemos crear universos y con ellas construimos nuestras subjetividades, nutriendo el mundo con un rico acervo de significaciones. El lenguaje no sólo ayuda a organizar el tumultuoso fluir de la propia experiencia y a dar sentido al mundo, sino que también estabiliza el espacio y ordena el tiempo, en diálogo constante con la multitud de otras voces que también nos modelan, colorean y rellenan. Sin embargo, hay límites para las posibilidades creativas de ese *yo*-que-habla y de ese *yo*-que-se-narra. Porque el narrador de sí mismo no es omnisciente: muchos de los relatos que le dan espesor al *yo* son inconscientes o se originan fuera de sí, en los otros, quienes además de ser el infierno son también el espejo, y poseen la capacidad de afectar la propia subjetividad. Porque tanto el *yo* como sus enunciados son heterogéneos: más allá de cualquier ilusión de identidad, siempre estarán habitados por la alteridad. Toda comunicación requiere la existencia del otro, del mundo, de lo ajeno y lo no-*yo*, por eso todo discurso es dialógico y polifónico, inclusive los monólogos y los diarios íntimos: su naturaleza es siempre intersubjetiva. Todo relato se inserta en un denso tejido intertextual, entramado con otros textos e impregnado de otras voces; absolutamente todos, sin excluir las más solipsistas narrativas del *yo*.

En esos discursos autorreferenciales, justamente, la experiencia de la propia vida gana forma y contenido, adquiere consistencia y sentido al cimentarse alrededor de un *yo*. Hace mucho tiempo,

Arthur Rimbaud enunció esta paradoja de una forma tan diáfana como enigmática: "yo es otro". Desde aquel lejano 1871 en que esas palabras hoy famosas fueron escritas por primera vez, se desdoblaron en incontables reverberaciones hasta cristalizarse en un aforismo. El poeta francés tenía por entonces diecisiete años de edad, e Internet estaba muy lejos de ser imaginada; aun así, ya casi petrificada en el mármol del cliché, esa misteriosa frase todavía logra evocar la índole siempre esquiva y múltiple de ese sujeto gramatical: *yo*, la primera persona del singular.

Ahora bien, si el *yo* es un narrador que se narra y –también– es otro, ¿qué se entiende por "la vida de cada uno"? Al igual que su protagonista, esa vida posee un carácter eminentemente narrativo. La experiencia vital de cada sujeto es una narración que sólo puede pensarse y estructurarse como tal cuando el lenguaje la diseca y la modela. Sin embargo, tal y como ocurre con su personaje principal, ese relato no representa simplemente la historia que se ha vivido, sino que la presenta. Y, de alguna manera, también la realiza, le concede consistencia y sentido, delinea sus contornos y la constituye. En este sentido, Virginia Woolf fue quien lo expresó de la mejor manera, mientras vertía su propio néctar en las páginas de un diario íntimo: "es curioso el escaso sentimiento de vivir que tengo cuando mi diario no recoge el sedimento".[2] La propia vida sólo pasa a existir como tal, sólo se convierte en *Mi Vida*, cuando asume su naturaleza narrativa y se relata en primera persona del singular. O bien, como escribió Kafka en su diario: "cuando digo algo, pierde inmediatamente y de forma definitiva su importancia; cuando lo escribo, también la pierde siempre, pero a veces gana una nueva".[3] O incluso, como constató otra gran artífice de este género, Ana Frank: "lo mejor de todo es que lo que pienso y siento por lo menos puedo anotarlo; si no, me asfixiaría

---

[2] Virginia Woolf, *The diary of Virginia Woolff*, citado en Maurice Blanchot, "El diario íntimo y el relato", en *Revista de Occidente*, núm. 182-183, Madrid, julio-agosto de 1996, pp. 47-55.

[3] Franz Kafka, *Diarios*, citado en Alan Pauls, *Cómo se escribe el diario íntimo*, Buenos Aires, El Ateneo, 1996.

completamente".[4] He aquí el secreto a voces del relato autobiográfico: hay que escribir para ser, además de ser para escribir.

Algo semejante ocurre con las fotografías, que registran ciertos acontecimientos de la vida cotidiana y los congelan para siempre en una imagen fija. No es raro que la foto termine tragándose al referente, para ganar aún más realidad que aquello que en algún momento de veras ocurrió y fue fotografiado. Con la facilidad técnica que ofrece ese dispositivo para la captación mimética del instante, la cámara permite documentar la propia vida: registra la vida siendo vivida y la experiencia de verse viviendo, como ocurre explícitamente en la obra de la fotógrafa estadounidense Nan Goldin, un conjunto de imágenes autobiográficas plasmadas en diversos libros y exposiciones. Esta artista confiesa que, cuando era joven, solía escribir diarios con el fin de "retener su propia versión de las cosas". Eso sucedió hasta el momento en que descubrió las potencialidades de la cámara, una herramienta que le ofrecía la inédita posibilidad de "mantenerse viva, sana y centrada", ya que la inscripción fotográfica de su memoria voluntaria le permitía "confiar en su propia experiencia".[5]

Aquel refugio que Ana Frank encontraba en el acto de escribir su vida con palabras, Nan Goldin lo halló en el registro de la lente que le concedía el don de "salvarse por la imagen". Así como Virginia Woolf sedimentaba su vida asentándola en las hojas de su diario íntimo, esta otra artista construyó una "equivalencia entre vivir y fotografiar". En ambos casos, recurriendo a diversas técnicas de creación de sí mismo, tanto las palabras como las imágenes que tejen el minucioso relato autobiográfico cotidiano parecen exudar un poder mágico: no sólo testimonian, sino que también organizan e incluso conceden realidad a la propia experiencia. Esas narrativas tejen la vida del *yo* y, de alguna manera, la realizan.

[4] Anne Frank, *O diário de Anne Frank*, Río de Janeiro, Record, 1997.
[5] Nan Goldin, *I'll be Your Mirror*, citado en Beatriz Jaguaribe, "Realismo sujo e experiência autobiográfica: Vidas reais e autoria", en *O choque do Real: estética, mídia e cultura*, Río de Janeiro, Rocco, 2007.

Debido a todos estos factores, las escrituras de sí mismo constituyen objetos privilegiados cuando se trata de comprender la conformación del sujeto en el lenguaje –o en los lenguajes– y la estructuración de la propia vida como un relato, ya sea escrito, audiovisual o multimedia. Las nuevas versiones de esos géneros autorreferenciales que desembocan en el insólito fenómeno de exhibición de la intimidad dicen mucho sobre las configuraciones actuales de tan delicadas entelequias: el *yo* y la *vida*, siempre fluidas y difícilmente aprehensibles, aunque cada vez más enaltecidas, veneradas y espectacularizadas. Porque es notable la expansión actual de las narrativas biográficas: no sólo en Internet, sino en los más diversos medios y soportes. En los últimos años ha estallado una intensa sed de realidad, un apetito voraz que incita a consumir vidas ajenas y reales. Los relatos de este tipo reciben gran atención del público: la *no ficción* florece y conquista un terreno antes ocupado de manera casi exclusiva por las historias de ficción.

Además de este incremento cuantitativo, al efectuar una rápida comparación con lo que ocurría poco tiempo atrás, se destacan algunas peculiaridades en los relatos biográficos que hoy proliferan. Por un lado, el foco se desvió de las figuras ilustres: se han abandonado las vidas ejemplares o heroicas que antes atraían la atención de biógrafos y lectores, para enfocar a la gente común. Esto, por supuesto, sin despreciar una búsqueda pertinaz de aquello que toda figura extraordinaria también tiene –o tuvo– de común. Por otro lado, hay un desplazamiento hacia la intimidad: una curiosidad creciente por aquellos ámbitos de la existencia que solían tildarse de manera inequívoca como privados. A medida que los límites de lo que se puede decir y mostrar se van ensanchando, la esfera de la intimidad se exacerba bajo la luz de una visibilidad que se desea total. De manera concomitante, el silencio y el vacío invaden los ámbitos considerados públicos. Es claro que las antiguas definiciones no emergen ilesas de todas estas convulsiones. ¿Qué resta, entonces, de la vieja idea de intimidad? ¿Qué significa "público" y qué sería exactamente "privado" en este nuevo contexto? Las fronteras que separaban ambos espacios en los que solía transcurrir la existencia están desintegrándose, en medio de una crisis que desafía dichas categorías y demanda nuevas interpretaciones.

Pero hay otras transformaciones igualmente inquietantes. Los relatos que nos constituyen, esas narraciones que zurcen las historias de nuestras vidas y convergen en la enunciación del *yo*, se han distanciado de los códigos literarios que imperaron a lo largo de la era industrial. Poco a poco, nuestras narrativas vitales fueron abandonando las páginas de las novelas clásicas y los folletines, que tanto han inflamado las venas de incontables Emmas Bovaries, jóvenes Werthers y otros émulos de antaño, para explorar otros espejos identitarios. Acompañando el declive de la cultura letrada, así como los avances de la civilización de la imagen y la sociedad del espectáculo, las viejas exhalaciones de palabras plasmadas en papel parecen haber perdido su antiguo vigor. Aquella infinidad de mundos ficticios se ha ido resecando; se agotan esos universos impresos que tanto alimentaron la producción de subjetividades en los últimos siglos, ofreciendo a los ávidos lectores un frondoso manantial de identificaciones para la autoconstrucción.

Mientras la lectura de ficciones literarias decae en todo el planeta, las principales inspiraciones para la creación del *yo* parecen manar de otras fuentes. De modo notorio, una caudalosa vertiente brota de las pantallas que invaden todos los rincones del paisaje contemporáneo, con sus insistentes imágenes cinematográficas, televisivas y publicitarias. Los datos son elocuentes: el consumo de TV se ha impuesto como la actividad preponderante de la mayoría de la población mundial, mientras la lectura de cuentos y novelas se desploma vertiginosamente. Hay quienes pronostican, inclusive, que este hábito se extinguirá por completo en pocas décadas. Según una investigación reciente, además de ser la tarea dominante en los momentos de ocio, ver televisión es la tercera ocupación humana estandarizada más habitual en los Estados Unidos, después de trabajar y dormir. Pero está claro que ese cuadro no se restringe a aquel país; al contrario, pertenecen a América Latina varias de las naciones del mundo cuyos habitantes consumen más horas de televisión por día; además, los niños de esta parte del planeta figuran entre los que leen menos libros.

Con base en datos de este calibre, algunos investigadores prevén una inevitable agonía de la lectura de ficciones, al menos en su formato tradicional. Un ambicioso estudio encomendado por una entidad gubernamental de los Estados Unidos reveló que el porcentaje de adultos que leen obras literarias en aquel país pasó del 57% en 1982 al 47% veinte años más tarde. El derrumbe más serio se ha constatado entre los lectores más jóvenes –el 28% en la última década–, y se atribuyó al incremento en el uso de "una variedad de medios electrónicos". No sólo la televisión sino también, y de manera creciente, Internet con sus *blogs*, sus redes de relaciones y su intercambio de videos. Pero el informe intenta superar lo que ya se sabe, no se limita a la mera confirmación de estas tendencias más o menos evidentes a simple vista. Remata, además, con un veredicto bastante sombrío para el futuro de las bellas artes literarias: "a esta velocidad, ese tipo de actividad tiende a desaparecer en medio siglo".[6] Se refiere a la lectura de cuentos y novelas, previendo la definitiva –y muy cercana– extinción del viejo mundo de las ficciones impresas.

Como se sabe, los ejercicios de futurología son siempre arriesgados, pero es difícil ignorar que los hábitos de lectura están cambiando. A pesar de la complejidad del fenómeno y de los riesgos inherentes a todo ensayo de premonición, parece evidente que la cultura occidental contemporánea ya no se encuadra en el clásico horizonte de la civilización letrada. Y es muy probable que ni siquiera busque tal cosa. ¿Se trata, entonces, de una ruptura histórica? ¿El fin de una era y el comienzo de otra? Según el libro titulado *Historia de la lectura*, en el momento actual estaría ocurriendo una "tercera revolución" en ese campo de la actividad humana, vinculada a la transmisión electrónica de textos y a la inaugura-

---

[6] Dana Gioia, *Reading at Risk: A Survey of Literary Reading in America*, Washington, National Endowment for the Arts, 2004.

ción de nuevos modos de leer.[7] La primera de esas rupturas habría ocurrido a mediados del siglo XV, en virtud de la invención de la imprenta, que alteró las formas de elaborar libros y multiplicó su reproducción, un proceso que derivó en el surgimiento de la lectura silenciosa. El segundo corte habría ocurrido a mediados del siglo XVIII, con la transformación del lector intensivo en extensivo: mientras el primero leía y releía un *corpus* limitado de textos, el segundo pasó a tener una creciente diversidad de libros a su disposición. Ahora estaríamos ingresando en otra era: la tercera, ligada a las computadoras e Internet.

Sería vano menospreciar la influencia que estos nuevos artefactos –cada vez más utilizados para pensar, escribir, leer y comunicarse– están ejerciendo en los modos en que pensamos, escribimos, leemos y nos comunicamos. Los textos electrónicos, escritos y leídos en las pantallas de las computadoras, muchas veces entremezclados con imágenes fijas o en movimiento, instalan nuevos hábitos y prácticas, tanto para los autores como para los lectores. Por eso, en el soporte tecnológico quizá resida la primera y más obvia diferencia entre las novedades que configuran la Web 2.0 y las viejas artes manuscritas de autoexploración. A la materialidad áspera y tangible de la hoja de papel, del cuaderno, la tinta, las tapas duras y el sobre, se opone la etérea virtualidad de la escritura electrónica. Aunque dependan de una pesada –y costosa– parafernalia mecánica conectada al enchufe, luego de tipear algo en el teclado, los signos se propagan en la magia etérea de los impulsos eléctricos que brillan en la pantalla del monitor. Se convierten en pura luz intangible, algo que parece no poseer ninguna consistencia material.

A pesar de esa cualidad un tanto misteriosa que fluye de la supuesta inmaterialidad o virtualidad de los nuevos medios, son las cartas y los diarios íntimos tradicionales quienes parecen poseer cierta aura sagrada que en otros campos ha dejado de existir.

---

[7] Véase Roger Chartier y Guglielmo Cavallo (comps.), *Historia de la lectura en el mundo occidental*, Madrid, Taurus, 1998, pp. 37-45.

En el sentido indicado por Walter Benjamin, si cabe la extrapolación: se trata de cierta autenticidad, de un carácter único que
emana de su originalidad material, del hecho de no ser copias infinitamente reproducibles por medios técnicos, sino documentos
únicos e irrepetibles. Con la irrupción de las tecnologías digitales
y su insuperable capacidad reproductiva, se han extinguido todos
los vestigios del aura que aún podría permanecer en aquellos ancestros analógicos. Sin embargo, las escrituras de sí parecen exha-
lar una potencia *aurática* siempre latente, aunque esa cualidad no
resida en los objetos creados, sino en su referencia autoral.

Los acontecimientos relatados se consideran auténticos y verdaderos porque se supone que son experiencias íntimas de un individuo real: el autor, narrador y personaje principal de la historia. Un ser siempre único y original, por más diminuto que pueda
ser. En función del pacto de lectura antes mencionado, los hechos
narrados en los géneros autobiográficos se consideran verídicos e,
inclusive, se supone que son datos verificables. Por eso, en ciertas
ocasiones, algún vestigio lejano de la vieja aura parece asomar
también en los escritos *éx*timos que circulan por Internet. O, quien
sabe, quizá se trate de un anhelo siempre frustrado de recuperar
esa originalidad perdida. Tal vez eso suceda porque estos relatos
están envueltos en un halo autoral que remite, por definición, a
una cierta autenticidad –algo que se hospeda en el mismo corazón
del pacto de lectura– e implica una referencia a alguna verdad, un
vínculo con una vida real y con un *yo* que firma, narra y vive lo
que se cuenta.

Dejando este suculento asunto en suspenso, ahora conviene
distanciarse un poco del polo subjetivo de estos relatos –el "autor
narrador personaje"– para examinar algunas características de
su polo objetivo: los textos e imágenes, las obras creadas por esos
sujetos. En los nuevos espacios de Internet se cultiva un tipo de
escritura con fuertes marcas de oralidad: es habitual el recurso a
la trascripción literal de la fonética y un tono coloquial que evoca
las conversaciones cotidianas. El estilo de estos escritos no suele
remitir a otros textos, ni siquiera para sublevarse contra ellos o

para fundar activamente un nuevo lenguaje. Su confección no se apoya en parámetros típicamente literarios o letrados, ni de manera explícita ni tampoco implícitamente en las entrelíneas o en el sentido del gesto autoral. Además impera cierto descuido con respecto a las formalidades del lenguaje y las reglas de la comunicación escrita. Más propulsados por el perpetuo apuro que por el afán de perfección, estos textos suelen ser breves. Abusan de las abreviaturas, siglas y *emoticones*. Pueden juntar varias palabras eliminando los espacios, en tanto ignoran acentos ortográficos y signos de puntuación, así como todas las convenciones referidas al uso de mayúsculas y minúsculas. El vocabulario también es limitado. Si todas esas características se suman al hecho de que suelen practicar una ortografía lastimosa y una sintaxis relajada, en casos extremos, los textos de este tipo pueden rozar el límite de lo incomprensible. Al menos, para aquellos lectores que no han sido entrenados en la peculiar alfabetización del ciberespacio.

"El arte de la conversación está muerto, y pronto estarán muertos casi todos los que saben hablar", ametralló Guy Debord en 1967, en las páginas de su libro-manifiesto titulado *La sociedad del espectáculo*.[8] Esto puede parecer curioso en una época en que los teléfonos celulares proliferan por todas partes y, junto con ellos, las conversaciones se multiplican sin límite. Paralelamente, y muchas veces simultáneamente, los *chats* y los programas de mensajes instantáneos invaden las computadoras, con una red de contactos permanentemente acoplada al espacio de trabajo, invitando a un diálogo constante, múltiple y sin fin. Además, el tono coloquial de la lengua oral que empapa la escritura promueve un exceso de informalidad verbal, que se disemina bajo la influencia de estas nuevas formas de diálogo tipeado. No sólo en Internet, sino también en los mensajes de texto enviados de un celular a otro y, literalmente, por todas partes.

[8] Guy Debord, *La sociedad del espectáculo*, Buenos Aires, La Marca, 1995, p. 27.

Resulta paradójico aludir a la muerte de la conversación en este contexto, cuando podríamos admitir más obviamente el deceso de la lectura, por ejemplo, o incluso la defunción de la escritura. Con la popularización de la comunicación mediada por las computadoras, sin embargo, la versión opuesta a todas estas sanciones funestas también suele frecuentar los debates. Habrá quien estime que no sólo estaría renaciendo cierto arte de la conversación, sino que también ganarían nuevo aliento las vituperadas artes de la escritura y de la lectura. Gracias a las tecnologías digitales, el *homo typographicus* aludido por Marshall McLuhan se habría salvado de una muerte segura.[9] En efecto, tales hábitos parecían condenados en el reino audiovisual de la radio, el cine y la televisión; es decir, durante el imperio de aquello que Walter Ong, digno discípulo del profeta canadiense, denominara "oralidad secundaria".[10] El inesperado resurgimiento de los teclados, sin embargo, habría resucitado las viejas mañas de la escritura, y con ellas suele venir su compañera de siempre: la lectura. Ésa sería la "tercera revolución" en la historia de estos hábitos propuesta por Roger Chartier, en cuyo seno no sólo hay lugar para los veredictos optimistas de los acólitos de la cibercultura, sino también para la desesperación de intelectuales a la vieja usanza y el llamado a una resistencia inventiva por parte de los críticos del presente.

Entre tantas muertes anunciadas –y sus posibles resurrecciones–, se dejan oír los ecos de otra agonía igualmente célebre: la muerte del narrador, vaticinada en 1933 por Walter Benjamin, quien vislumbró que los tiempos modernos habrían aniquilado al arte añejo de contar historias, así como al moroso placer de escucharlas. Destrezas cada vez más raras, cuya extinción ya era posible detectar en los lejanos años treinta. Tras el vértigo que arrasó los paisajes urbanos y rurales en los siglos XIX y XX, "pocas son las

---

[9] Marshall McLuhan, *La galaxia Gutenberg. Génesis del "Homo Typographicus"*, Madrid, Aguilar, 1969.
[10] Walter J. Ong, *Oralidad y Escritura. Tecnologías de la palabra*, México, Fondo de Cultura Económica, 2006.

personas que saben narrar debidamente", constataba Benjamin.[11] Pero eso no era lo peor, puesto que esa súbita carencia sería el efecto de una muerte aún más terrible: el agotamiento de la experiencia. La vorágine industrialista habría atropellado las condiciones que permitían la narratividad en el mundo premoderno, un entorno arrasado por el frenesí de las novedades: con un aluvión de datos que, en su rapidez incesante, no se dejan digerir por la memoria ni recrear por el recuerdo. Esa aceleración habría generado una merma de las posibilidades de reflexionar sobre el mundo, un distanciamiento con respecto a las propias vivencias y una imposibilidad de transformarlas en experiencia.

Antes, mucho antes, era diferente. El flujo narrativo de las viejas artes de recitar, entrelazadas a los modos de vida rurales y a las actividades artesanales compartidas, constituían un "hacer juntos". Los oyentes participaban del relato narrado y éste poseía una inestabilidad viviente, era abierto por definición y se metamorfoseaba al sabor de las diversas experiencias enunciativas. Era un arte hermanado con las distancias, tanto en el sentido espacial como temporal: las historias venían de lejos, traídas por marineros y forasteros, o bien procedían de tiempos remotos. Además, las viejas artes narrativas exigían una entrega total y una distensión en la escucha, un don de oír íntimamente asociado al don de narrar, un grado de calma y sosiego emparentado con el sueño, en el cual flotaba cierto olvido de sí mismo. Algo que en aquel universo premoderno era perfectamente posible, pero que hoy se vuelve cada vez más raro: una disposición del cuerpo –y del espíritu– que radica en el extremo opuesto de la tensión, la ansiedad y la velocidad que propulsa nuestro ser en la contemporaneidad. ¿Como podría sobrevivir, entonces, este flujo vivo y grupal que evoca una multiplicidad de Scheherezades anónimas, a la compresión de las distancias y la condensación de los horarios que

---

[11] Walter Benjamin, "O narrador", en *Obras escolhidas*, vol. 1: *Magia e Técnica, Arte e Política*, San Pablo, Editorial Brasiliense, 1994, p. 197 [trad. esp.: "El narrador", en *Discursos interrumpidos I*, Madrid, Taurus, 1999].

marcaron a fuego los tiempos modernos? "Esa red se deshace hoy por todos lados", se lamentaba Benjamin hace casi un siglo, "después de haber sido tejida hace milenios, en torno de las más antiguas formas de trabajo manual".[12]

El relato de aquel narrador se interrumpe cuando colapsan la memoria y la tradición de las sociedades premodernas, un suelo común que incluía un indiscutible respeto por la experiencia de los ancianos y por la autoridad del saber colectivo acumulado con el transcurso de los años. Como dice el propio Benjamin, "se sabía exactamente el significado de la experiencia, que siempre era comunicada a los jóvenes con la autoridad de la vejez".[13] No obstante, ya en aquella época en que fueron escritos esos ensayos hoy clásicos, era evidente que estaban en baja "las acciones de la experiencia". Los hombres se habían vuelto "más pobres en experiencias comunicables", carecían de aquellas palabras tan duraderas que podían –y debían– ser transmitidas de boca en boca, como un valioso anillo que se conservaba cuidadosamente para traspasarlo de una generación a otra. Los proverbios, los consejos, la digna sabiduría de los ancianos… Si todo eso se tornó anticuado es porque las experiencias dejaron de ser comunicables. "¿Quién encuentra aún personas que sepan contar historias como deben ser contadas?", se preguntaba Benjamin con cierto pesar, y aún más: "¿quién intentará siquiera dirigirse a la juventud invocando su experiencia?".[14]

Prueba de la incisiva lucidez del filósofo alemán es que esas palabras fueron escritas mucho antes de las décadas de 1960 y 1970, momento histórico de nuestra civilización en que los jóvenes alegremente "inexperimentados" se apropiaron del cetro, iniciando un camino triunfante que desembocaría en una especie de imposición de la juventud obligatoria y universal. Pero Benjamin escribió antes, mucho antes incluso de la aparición de las computadoras y

[12] *Ibid.*, p. 205.

[13] Walter Benjamin, "Experiência e pobreza", en *Obras escolhidas, op. cit.*, p. 114 [trad. esp.: "Experiencia y pobreza", en *Discursos interrumpidos I, op. cit.*].

[14] *Ibid.*, pp. 114-119.

otros *gadgets* electrónicos que hoy pululan en nuestros paisajes y
hogares, aboliendo cualquier pretensión que los adultos podrían
tener de dirigirse a los jóvenes invocando su propia experiencia. Si
tres o cuatro décadas atrás no confiar en nadie con más de treinta
años implicaba una especie de rebeldía provocadora, hoy las empresas que lideran nuestro mundo –especialmente en las florecien-
tes áreas de publicidad, marketing e informática– suelen expulsar
a sus empleados cuando llegan a esa edad. No precisamente debido a su "falta de experiencia" sino, al contrario, con el argumento
de que están demasiado viejos y por tanto han perdido la espontaneidad y la creatividad inherentes a la sacrosanta juventud. Como
el propio Benjamin advirtió, junto con las evidentes nuevas riquezas también habría surgido una nueva forma de miseria, característica de ese "monstruoso desarrollo de la técnica". Esto explicaría
el ingreso de la humanidad en una nueva barbarie, un devenir histórico que exige una difícil prueba de honradez: admitir y confesar
nuestra pobreza, nuestra flagrante falta de experiencia.

Quizás sea éste el germen de la declarada "pobreza narrativa"
de muchos *blogs* confesionales de hoy en día, prueba de la falta de
pretensiones de estos nuevos narradores interactivos. Sin embargo,
esa honradez frente a la versión más novedosa de la "barbarie" tal
vez no afecte de igual modo a su autor ni a su protagonista: se con-
tenta con afligir apenas al modesto narrador. Aunque los tres coin-
cidan en la misma persona, tal como propone el pacto de lectura
planteado por Philippe Lejeune, que al confiar en esa triple coincidencia identitaria los consagra como géneros autobiográficos. De
todas maneras, todavía habrá ocasión de examinar con mayor
atención las figuras del autor y del protagonista de los nuevos géneros confesionales de Internet; por ahora, conviene volver a apun-
tar el foco sobre la figura desfalleciente del narrador.

Según el análisis de Walter Benjamin, habría sido la novela,
como gran forma narrativa del siglo XIX y del *ethos* burgués, la
encargada de anunciar los primeros indicios de la agonía del narrador. Pero el verdadero golpe mortífero no se lo habría dado
ese género literario, sino otra forma de comunicación igualmente

vinculada a la imprenta, que resultó ser todavía más amenazadora para las viejas artes de narrar al provocar, inclusive, una grave crisis en el formato novelístico. Se trata de la información, una novedad que barrió aquella mítica distancia en el espacio y en el tiempo que constituía la savia de las narrativas tradicionales. "El saber, que venía de lejos –de la lejanía espacial de las tierras extrañas o la lejanía temporal de la tradición–, detentaba una autoridad que era válida aunque no fuera controlable por la experiencia", explica Benjamin.[15] La información, en cambio, aspira a una verificación inmediata: "debe ser comprensible en sí y para sí". No es difícil entrever que todos estos elementos están presentes en los nuevos géneros confesionales de Internet, así como en el fenómeno más amplio de exhibición de la intimidad que hoy desborda por todas partes: información, eliminación de las distancias y fuerte dependencia de la veracidad; o sea, de un anclaje verificable en la vida real. La muerte del narrador, por el menos en estos sentidos benjaminianos, estaría más que confirmada en los relatos autobiográficos que atiborran la Web y otros medios contemporáneos.

Pero, ¿qué caracteriza a la información? Además de tener un fuerte vínculo con el presente y con la actualidad, hay otro elemento importante que define ese locuaz género discursivo. Aunque no sea exacta, Benjamin subraya que la información debe ser plausible, verosímil y verificable. Si no lo es, se trata de un fraude: deja de ser información, pierde su naturaleza y, en el mejor de los casos, se transforma en otra cosa... o bien en nada, y se tira a la basura. No obstante, ese ingrediente básico de las informaciones que pronto empezaron a irradiar sus verdades por los más diversos medios es ajeno al arte narrativo de tiempos remotos, y habría sido justamente esta cualidad la que le ha dado el tiro de gracia al narrador. "Cada mañana recibimos noticias de todo el mundo y, sin embargo, somos pobres en historias sorprendentes", constata Benjamin. "La razón es que los hechos ya nos llegan acompañados de explicaciones; en otras palabras: casi nada de lo que ocurre

---

[15] Walter Benjamin, "O narrador", *op. cit.*, pp. 202 y 203.

está al servicio de la narrativa, y casi todo está al servicio de la información". Porque la elegancia del relato consiste, precisamente, en evitar las explicaciones. He aquí una gran diferencia entre las viejas artes del narrador tradicional y las historias en las cuales nos enredamos hoy día: antes, el lector era "libre para interpretar la historia como quisiera, y con eso el episodio narrado alcanzaba una amplitud que no existe en la información".[16]

Es precisamente en este sentido que Umberto Eco delata una irrecusable pobreza característica de la comunicación audiovisual, en comparación con la riqueza infinita de la palabra. O, más exactamente, su menor nivel de exigencia con respecto al público. "Mientras un libro requiere una lectura cómplice y responsable, una lectura interpretativa, una película o la televisión nos muestran las cosas ya masticadas", explica Eco.[17] Es cierto que los narradores de las novelas clásicas firmadas por Gustave Flaubert o Henry James se demoran en extensas descripciones de paisajes y personajes, con un preciosismo y un grado de minuciosidad que hoy pueden parecer anticuados o incluso exasperantes. Sin embargo, a pesar de todo ese puntillismo, delegaban en el lector la tarea de imaginar el rostro de "una mujer más bella que una obra de arte", por ejemplo, o el aspecto y el sabor que podrían tener "la melancolía de los vapores" o "la amargura de las simpatías truncadas". No todo estaba dicho. O mejor: no todo se mostraba. Así, aún intentando evitar "conclusiones rápidas y moralistas" sobre la inferioridad de la comunicación visual con respecto a la verbal, Umberto Eco admite que los narradores fílmicos suelen verse obligados a "decir más", a ser más explícitos. Por eso las pantallas ofrecen con excesiva frecuencia "cosas ya masticadas", liberando a los espectadores de hacer un esfuerzo de interpretación personal.

No obstante, la mayor diferencia entre ambas formas de narrar tal vez no resida en esa explicitación a que deben recurrir

---

[16] Walter Benjamin, "O narrador", *op. cit.*, p. 203.
[17] Umberto Eco, "A diferença entre livro e filme", en *Entrelivros*, San Pablo, noviembre de 2005, p. 98.

quienes utilizan tácticas audiovisuales, sino más bien en el otro extremo de la comunicación, precisamente en la actitud del lector o del espectador. "El lector de novelas que no piensa (no colabora) pierde esencialmente todo", asevera Eco. En cambio, el espectador cinematográfico con idéntica actitud "al final del espectáculo estará convencido de estar llevándose algo a casa". Es habitual que los lectores de novelas rehúsen las invitaciones demasiado insistentes a colaborar, y terminen abandonando el libro después de leer arduamente algunas páginas. Las películas, por su parte, "satisfacen también a quien las acompaña distraídamente hasta el final", y luego de dos o tres horas de entrega parcial a lo que se proyectó en la pantalla, habrán ocultado "a sus espectadores perezosos el hecho de que las utilizaron de modo perezoso".

Con la decadencia no sólo de las viejas artes de aquel narrador benjaminiano de tiempos más remotos, sino también de la lectura de novelas como las de Flaubert y Henry James, en el mundo contemporáneo se multiplican las informaciones y se popularizan los códigos audiovisuales en los más diversos ámbitos. Inclusive, por supuesto, en los géneros autobiográficos. Todo esto parece confirmar el diagnóstico de Benjamin sobre la muerte del narrador o, al menos, de *aquel* narrador. Tanto la necesidad de explicitar y de decir más apuntada por Umberto Eco, que se vincula al universo de las imágenes –y de la información– en contraposición al mundo más implícito de las palabras –y de la ficción literaria–, como la recepción perezosa que estos nuevos medios permiten con creciente tolerancia. Por eso, no deja de ser sintomático que el momento contemporáneo suela presentarse como sinónimo de la "era de la información".

Debe haber sido este horizonte el que Guy Debord vislumbró en tono profético en el año 1967, cuando vaticinó que el arte de la conversación había muerto y que pronto fenecerían todos sus practicantes, porque el espectáculo era "lo opuesto al diálogo".[18] Digno representante de aquella enérgica generación contracultural que un año más tarde desataría el episodio conocido como Mayo Francés,

---

[18] Guy Debord, *op. cit.*, tesis 18.

ese autor denunciaba la primacía del espectáculo como "el sol que jamás se pone en el imperio de la pasividad moderna".[19] Más que un conjunto de imágenes, el espectáculo se transformó en nuestro modo de vida y nuestra visión del mundo, en la forma en que nos relacionamos unos con otros e incluso la manera como se organiza el universo. Todo está impregnado por el espectáculo, sin dejar prácticamente nada afuera. Los contornos de esa gelatinosa definición superan lo que se muestra en los medios masivos, porque el espectáculo "recubre toda la superficie del mundo y se baña indefinidamente en su propia gloria". Por eso, en vez de limitarse al aluvión de imágenes que se exhiben en las pantallas y que trituran las viejas potencias de las palabras –sean escritas o conversadas–, el espectáculo es la transformación del mundo en esas imágenes. Y más aún: "es *capital* en un grado tal de acumulación que se transforma en imagen".[20]

Para constatar las profecías de Debord, basta hojear un par de libros como *El arte de la conversación* de Peter Burke y *La cultura de la conversación* de Benedetta Craveri. Ambos autores despliegan, con precioso lujo de detalles, diversos aspectos y momentos de esas artes dialógicas en nuestra tradición cultural; sin embargo, ambos también se detienen con toda parsimonia a principios de la Era Moderna. De modo semejante, Richard Sennett pintó un cuadro del siglo XVIII como una época de apogeo del hombre público y de las bellas artes de la conversación, todas potencias que habrían decaído en los umbrales del intimista siglo XIX. No se trataba de un libre fluir de la espontaneidad individual en las interacciones entre cuatro paredes; lejos de eso, en aquellos remotos paisajes europeos, la oratoria emergía como una técnica compleja y pujante, en la cual primaba el artificio teatral que convertía cada palabra en una valiosa arma política.

En el período industrial, en pleno auge de la burguesía previo al triunfo de la sociedad del espectáculo, tanto la lectura como la escritura y la conversación parecen haber vivenciado un postrero

---

[19] Guy Dubord, *op. cit.*, tesis 13.
[20] *Ibid.*, tesis 34.

idilio. Quien definió con mayor exactitud dichos lazos quizás haya sido René Descartes, en una frase rescatada en aquel momento histórico por Marcel Proust: "la lectura de todos los libros buenos es como una conversación con las personas más interesantes de los siglos pasados que fueron sus autores".[21] Esa imagen del lector que dialoga con el autor de un libro remite a las "cartas dirigidas a amigos, sólo que más largas", encantadora definición de lo que significa escribir un libro según el poeta romántico Jean Paul. Esa noción fue retomada por el filósofo Peter Sloterdijk, quien presenta esa voluntad de estrechar amistades con lectores anónimos del presente y del futuro, como una síntesis "graciosa y quintaesencial" de la cultura humanista del siglo XIX: "los autores griegos seguramente se habrían sorprendido con el tipo de amigos que sus cartas alcanzarían un día".[22] De todos modos, fue para confirmar otra fúnebre noticia que Sloterdijk redimió esa romántica definición; en este caso, el fin del humanismo.

Como quiera que sea –y cargando con el peso de todos los cadáveres que resulte necesario asumir–, es evidente que hoy proliferan los productos "fáciles" de la industria cultural, aunque ahora también pueda ser una industria casera, hecha en un rincón del patio trasero por *usted*, *yo* o cualquiera de *nosotros*. Como sucede con las películas comentadas por Umberto Eco, estas obras no requieren de sus consumidores aquella entrega total que Benjamin definiera como un don de oír en torno de los narradores tradicionales. Tampoco exigen la concentración silenciosa y solitaria que demandaba la lectura de las novelas burguesas, así como la escritura de diarios y cartas. Aquella atención contemplativa, focalizada en su totalidad hacia un único objetivo, ha estallado en esta cultura audiovisual que no cesa de emitir estímulos sensoriales hacia todos lados. Esa antigua disposición de los cuerpos y es-

---

[21] Marcel Proust, *Sobre la lectura*, Buenos Aires, Libros del Zorzal, 2003, p. 31.

[22] Peter Sloterdijk, *Regras para o parque humano. Uma resposta à carta de Heidegger sobre o humanismo*, San Pablo, Estação Liberdade, 2000, pp. 7-9 [trad. esp.: *Reglas para el parque humano*, Madrid, Siruela, 2000].

píritus estalla en mil pedazos, tal vez en provecho de otras formas de atención y cognición. Como el *easy listening* que, según
Theodor Adorno, suelen solicitar los productos de la industria
cultural o, por qué no, un concomitante *easy viewing*. O sea: tanto
una escucha como una mirada fáciles, rápidas y superficiales. Si la
lectura "trae probablemente consigo cierto tipo de interiorización",
pues "el acto de leer una novela se aproxima bastante a un monólogo interior", escribió este integrante de la Escuela de Frankfurt,
"la visualización de los medios masivos modernos tiende hacia la
exteriorización".[23] Así, en un ensayo sobre la televisión publicado
en 1954, cuando la TV era poco más que un nuevo medio intri-
gante, el filósofo alemán notaba que "la idea de interioridad", en
este contexto, "cede ante señales ópticas inequívocas que pueden
ser captadas con una mirada".[24]

Si la experiencia tradicional del narrador era un acontecimiento colectivo por definición, tanto la lectura como la escritura
de la era burguesa convocan a un individuo solitario. De preferencia, un individuo enclaustrado en la privacidad de su hogar,
pues no podría existir ambiente más adecuado que la propia casa
para interiorizar lo que se leía y exteriorizar lo que se escribía.
Los medios audiovisuales basados en el esquema *broadcasting* del
siglo XX, por su parte, reforzaron ese movimiento tendiente al
encierro en el ámbito privado, aunque sin solicitar aquel "monólogo interior" típico de la lectura que fue apuntado tanto por
Adorno como por Umberto Eco. Ahora, con los nuevos medios que
no sólo son electrónicos, sino también digitales e interactivos –y
que abandonan el sistema clásico de un emisor para muchos receptores–, esa doble tendencia parece profundizarse: cada vez
más privatización individual, aunque cada vez menos refugio en
la propia interioridad.

[23] Theodor Adorno, "Television and the patterns of mass culture", en *Quat-
terly of Film, Radio and Television*, vol. 8, pp. 213-234. Citado en Mauro Wolf,
Teorias de la Comunicacão, Lisboa, Presenca, 2002, p. 89.
[24] *Ibid.*

Acompañando todas esas novedades que aún están en pleno proceso de sedimentación, se acentuó la preeminencia de los lenguajes audiovisuales que también tienden a estimular la "exteriorización" más que la "interiorización" de la lectura solitaria. Por otro lado, la antigua experiencia colectiva del narrador se aleja cada vez más, ya que no sólo los aparatos de radio y televisión abandonan la sala familiar para instalarse en los cuartos particulares, sino que también suelen salir a las calles *enchufados* a los cuerpos, oídos y ojos de sus dueños. En los últimos años se amplió el catálogo de medios cuyos dispositivos ya no son de uso familiar, sino estrictamente personal: computadoras, Internet, reproductores de MP3, *notebooks*, *palmtops*, teléfonos celulares. Hasta el cine se aleja de los pomposos teatros del centro de la ciudad –e inclusive de las salas acolchonadas de los "shoppings"– para instalarse junto al sofá o al lado de la cama de cada uno de nosotros, primero en el formato del videocasete analógico y a continuación en los diversos discos digitales.

Nada de eso, sin embargo, parece implicar un retorno a la soledad, al silencio y al monólogo interior de los "lectores escritores" del siglo XIX. Tales atributos no combinan con los paisajes y ritmos contemporáneos. No se trata apenas de la multiplicación de voces y la ambigua reivindicación del ruido que hoy se manifiestan en los ámbitos más diversos; además, las actividades grupales suelen considerarse más creativas y productivas que el clásico trabajo individual. Y la habilidad para hacer varias cosas al mismo tiempo se estimula más que la capacidad de enfocar la atención en una tarea continua y persistente. El alcance inédito de estos cambios socioculturales puede llevar a cuestionar, inclusive, si el "trastorno de déficit de atención e hiperactividad" conocido como TDA/H no sería mejor comprendido como un rasgo característico de las nuevas subjetividades –perfectamente compatible con el mundo en que vivimos, e incluso incitado por sus compases y vaivenes– en vez de una extraña epidemia infantil.

En todo caso, parece evidente que nuestra habilidad "multitarea" evoluciona junto con la de nuestras computadoras, y es probable que este proceso no implique apenas una pérdida de la vieja capacidad de concentración, sino también un beneficio en lo que respecta a nuevas formas de cognición que estarían engendrándose. "Los juegos de computación pueden mejorar algunos aspectos de la atención, tales como la capacidad de contar objetos rápidamente en la periferia del campo visual", afirman los investigadores que analizan esa "ampliación cognitiva". Otros estudios semejantes constataron que quienes navegan por la Web buscando información pasan menos de dos segundos en un sitio antes de pasar a otro. Sin embargo, en vez de ver en este dato un mero indicio de desconcentración y ansiedad –o, al menos, más allá de eso–, los especialistas vislumbran un signo de la capacidad de análisis incisivo y veloz que promueven los nuevos medios. Como quiera que sea, en un punto todos parecen estar de acuerdo: en este nuevo contexto, además de hacerse más "interactivos", los sujetos se están volviendo "más visuales que verbales".[25]

Al compás de una cultura que se sustenta crecientemente en imágenes, se desmonta el viejo imperio de la palabra y proliferan fenómenos como los que aquí se examinan, en los cuales la lógica de la visibilidad y el mercado de las apariencias desempeñan papeles primordiales en la construcción de sí y de la propia vida como un relato. Pero esto ocurre en medio de un nivel de espectacularización cotidiana que tal vez ni el propio Debord habría osado imaginar. Un contemporáneo del pensador situacionista francés escribió la siguiente frase en 1968: "dentro de pocos años, el hombre será capaz de comunicarse en forma más efectiva a través de una máquina que cara a cara".[26] El autor de esta declaración fue uno de los pioneros en la investigación sobre interfases gráficas en computación, cuyo trabajo contribuyó en gran medida a la popularización del uso de Internet algunas décadas más tarde: J. C. R. Licklider.

[25] Richard Woods, "The next step in brain evolution", en *The Sunday Times*, Londres, 9 de julio de 2006.

[26] Joseph C. R. Licklider y Robert Taylor, "The computer as a communication device", en Paula Mayer (comp.), *Computer Media and Communication: A Reader*, Oxford, Oxford University Press, 1999, pp. 97-110.

YO NARRADOR Y LA VIDA COMO RELATO   59

¿Quién estaba en lo cierto en estos diagnósticos tan opuestos proferidos hace cuatro décadas? ¿Debord, con su sombría sociedad del espectáculo y la muerte de la conversación, o Licklider, con sus luminosas interfases rumbo a una eficaz comunicación informática? Si respondemos a la luz de estos fenómenos contemporáneos, probablemente debamos admitir que ambos autores tuvieron su dosis de razón premonitoria. Todo depende, obviamente, de qué se entiende por "comunicación efectiva". Con aquel gesto intempestivo que dio origen a un libro aún clásico –y a una película homónima, hoy virtualmente olvidada–, Debord denunciaba las tiranías de una formación social que en aquel momento estaba apenas asomando sus tentáculos, pero que ya tendía a cercenar el campo de lo posible. Al mismo tiempo en que abría otras posibilidades, desde luego, y otras puertas de la percepción, pero su crítica apuntaba a la estandarización de las relaciones humanas. Denunciaba la asfixia de ciertas regiones de la sensibilidad, la estimulación exclusiva de algunas zonas y la hipertrofia de unas pocas, mientras todas las demás posibilidades vitales se sofocaban en la oscuridad de lo invisible. Debord describió la persistente imposición de un régimen audiovisual obligatorio, muy alegre y a todo color, pero no por eso menos tiránico en su capacidad de silenciar los márgenes, los reversos y las lagunas que también podrían estar repletas de sentidos. Hoy la expansión de ese régimen continúa, y las interfases gráficas desarrolladas por Licklider desempeñan un papel fundamental en esa exitosa conquista. Estamos frente a un cuadro cuya intensidad ninguno de los dos autores podría haber intuido en aquellos lejanos años sesenta.

Es probable que sean éstos los motivos, también, de que hoy la vida se parezca mucho a una película. Ya no nos contamos nuestras narrativas existenciales siguiendo el modelo de la épica, ni tampoco el de una tragicomedia romántica con largas parrafadas de esmerada sintaxis para descifrar un minucioso drama existencial. Nuestras narraciones vitales no copian más aquellas novelas que se leían con fruición desvelada durante horas y horas. En cambio, ganan contornos audiovisuales. Episodios triviales o demoníacos son amaestrados de esa forma; así, los gestos cotidianos más minúsculos revelan cierto parentesco con las escenas de videoclips y con las publicidades. O, por lo menos, se inspiran en ellas y resulta deseable que se les asemejen. En ciertas ocasiones, llegan a convertirse en esas peliculitas que se arrojan al mundo en las vitrinas virtuales de *YouTube*, de un *videolog* o de una *webcam*.

Pero no se trata de meras "evoluciones" o adaptaciones prácticas a los medios tecnológicos que aparecieron en los últimos años. Si observamos todos esos cambios bajo una nueva luz, lo que está ocurriendo adquiere el perfil de una verdadera mutación: en nuestro espectacularizado siglo XXI, el juego de los espejos y abalorios se complicó inextricablemente. En vez de reconocer en la ficción de la pantalla –o de la hoja impresa– un reflejo de nuestra vida real, cada vez más evaluamos muestra propia vida "según el grado en que satisface las expectativas narrativas creadas por el cine", como insinúa Neal Gabler en su provocador estudio sobre los avances del entretenimiento y la lógica del espectáculo.[27] Valoramos nuestra propia vida en función de su capacidad de convertirse, de hecho, en una verdadera película.

Por eso no sorprende que los sujetos contemporáneos adapten los principales eventos de sus vidas a las exigencias de la cámara, sea de video o de fotografía, aun si el aparato concreto no está presente. Incluso porque nunca se sabe si "usted está siendo filmado". Así, la espectacularización de la intimidad cotidiana se ha vuelto habitual, con todo un arsenal de técnicas de estilización de las experiencias vitales y la propia personalidad para "salir bien en la foto". Las recetas más efectivas emulan los modelos narrativos y estéticos de la tradición cinematográfica, televisiva y publicitaria, cuyos códigos son apropiados y realimentados por los nuevos géneros que hoy proliferan en Internet.

En este contexto, el *yo* no se presenta apenas o principalmente como un narrador –poeta, novelista o cineasta– de su propia vida,

---

[27] Neal Gabler, *Vida, o filme. Como o entretenimento conquistou a realidade*, San Pablo, Companhia das Letras, 1999, p. 221.

aunque sea la trillada y cada vez más festejada epopeya del hombre común, del antihéroe o del hombre ordinario. En fin, de aquel "cualquiera" que no tiene pudor en confesar su propia pobreza, encarnado en aquel *usted* capaz de convertirse en la personalidad del momento. En todos los casos, no obstante, esa subjetividad deberá estilizarse como un personaje de los medios masivos audiovisuales: deberá cuidar y cultivar su imagen mediante una batería de habilidades y recursos. Ese personaje tiende a actuar como si estuviera siempre frente a una cámara, dispuesto a exhibirse en cualquier pantalla, aunque sea en los escenarios más banales de la vida real.

La actual abundancia de narrativas autobiográficas, que se multiplican sin cesar, parece sugerir una comparación fácil con el furor de escribir diarios íntimos, un hábito que en el siglo XIX impregnó la sensibilidad burguesa y se popularizó enormemente, conquistando millones de hacendosos súbditos. Sin embargo, un detalle importante acompaña el tránsito del secreto y del pudor que necesariamente envolvían a aquellas experiencias de otrora, hacia el exhibicionismo triunfante que irradian estas nuevas versiones. Al pasar del clásico soporte de papel y tinta a la pantalla electrónica, no cambia sólo el medio: también se transforma la subjetividad que se construye en esos géneros autobiográficos. Cambia precisamente aquel *yo* que narra, firma y protagoniza los relatos de sí. Cambia el autor, cambia el narrador, cambia el personaje.

De todos modos, en principio, las nuevas narrativas autorreferenciales no parecen enfatizar la función del narrador –ni la del autor–, sino la de su protagonista. Es decir que el acento recae sobre aquel apreciado personaje que se llama *yo*. Una confirmación más de la muerte del narrador benjaminiano, ya que los sujetos de estos nuevos relatos publicados en Internet se definen como alguien que *es*, alguien que vive la propia vida como un verdadero personaje. Esa definición pesa más que aquella referida a alguien que *hace*, un sujeto que realiza una actividad narrativa o elabora un relato, alguien que cuenta una historia sobre acontecimientos "exteriores" a sí mismo, inclusive ficticios, no reales. De modo que no se trata más de un narrador a la vieja usanza, ni tampoco de un autor a la moda burguesa.

Por eso, a pesar de las sugestivas semejanzas, hay una inmensa distancia entre los espectáculos del *yo* que burbujean en las pantallas contemporáneas y aquellas antiguas sesiones de autoconocimiento solitario plasmadas en los diarios íntimos tradicionales. Así como es cada vez mayor la brecha que nos separa del contexto histórico que hizo germinar y que vio florecer tales prácticas. Los rituales hermenéuticos de aquellos diarios íntimos tenían sus raíces bien afincadas en la compleja trama de valores y creencias que Max Weber denominó "ética protestante", una firme compañera del "espíritu del capitalismo" en sus albores industriales. Esas prácticas estaban amarradas al paradigma subjetivo del *homo psychologicus*; es decir, un tipo de sujeto dotado de "vida interior" y volcado hacia dentro de sí mismo, que construía minuciosamente su *yo* en torno de un eje situado en las profundidades de su interioridad psicológica. Pero, por lo visto, estamos cada vez más lejos de esas configuraciones.

Vale efectuar aquí una primera comparación con otro género de no ficción hoy triunfante: los *reality-shows*. Estas producciones, que han invadido la televisión mundial en los últimos años y, supuestamente, no hacen más que mostrar la vida real de un grupo de personas reales encerradas en una casa infestada de cámaras de TV, poseen varios aspectos en común con los rituales confesionales de Internet. Aquello que entre los protagonistas de esos espectáculos televisivos ocurre de manera caricaturesca y entorpecido por la exageración —esa construcción de sí mismos como personajes estereotipados y sin demasiados espesores, por medio de recursos performáticos y de marketing personal— se replica tanto en las modalidades autobiográficas de la Web 2.0 como en el show de la realidad cotidiana de "cualquiera". Esa tendencia apunta a la autoconstrucción como personajes reales pero al mismo tiempo ficcionalizados, según el lenguaje altamente codificado de los medios, administrando las estrategias audiovisuales para manejar la propia exposición ante las miradas ajenas.

¿Qué significa todo esto? ¿Habría una especie de falsedad, una deplorable falta de autenticidad en las construcciones subjetivas contemporáneas? ¿Se ha generalizado el uso de máscaras que ocultan alguna verdad fundamental, algo más real que estaría por detrás de esa imagen bien construida y literalmente narrada, pero fatalmente falsa o ficticia? ¿O, en cambio, esa multiplicación de autoficciones estaría indicando el advenimiento de una subjetividad plástica y mutante, por fin liberada de las viejas tiranías de la identidad? ¿Esta saturación actual del *yo* y del *usted* anunciaría, de manera paradójica, la definitiva extinción del viejo *yo*, siempre unificador y supuestamente estable? ¿O, al contrario, se trataría de un paroxismo de identidades efímeras producidas en serie, todas tan auténticas como falsas, aunque fundamentalmente *visibles*? La respuesta para todas estas cuestiones alberga una complejidad que excede un simple sí o no, porque las relaciones entre verdad y mentira, ficción y realidad, esencia y apariencia, verdadero y falso, que nunca fueron simples, también se complicaron. Para salir de este *impasse*, conviene contextualizar el problema y observarlo desde una perspectiva histórica, con el fin de apreciar las transformaciones que están en marcha.

III. *YO PRIVADO* Y EL DECLIVE DEL HOMBRE PÚBLICO

> Querida Sofía: Nada como nuestra historia ha sido escrito… ni lo será jamás. Pues nunca nos sentiríamos inclinados a hacer del público nuestro confidente.
>
> NATHANIEL HAWTHORNE

> Yo tengo mi diario en la red y lo hago público porque, precisamente, no tengo nada que decir.
>
> STEVEN RUBIO

EN EL OTOÑO de 1928, Virginia Woolf fue invitada a dar una serie de conferencias sobre "la mujer y la novela", en dos instituciones universitarias *for ladies*, porque las demás –las buenas– por aquella época aún estaban restringidas a los *gentlemen*. La escritora aprovechó la ocasión para intentar responder, larga y bellamente, una pregunta: ¿por qué las mujeres no habían escrito, hasta entonces y salvo poquísimas excepciones, buenas novelas? He aquí una síntesis de la respuesta: porque no tenían un cuarto propio, porque carecían de un espacio privado, de una habitación exclusiva para ellas donde hubieran podido quedarse a solas. Si las dificultades siempre fueron grandes para quien quisiera crear una obra literaria, por lo menos hasta aquel momento todo había sido infinitamente más complicado para una mujer. "En primer lugar", porque para ellas "hasta principios del siglo XIX, tener un cuarto propio, para no hablar de una habitación tranquila o a prueba de ruidos, era inconcebible".[1]

---

[1] Virginia Woolf, *Un cuarto propio y otros ensayos*, Buenos Aires, a-Z, 1993, p. 72.

La respuesta es muy justa, pero el diagnóstico no deja de ser correcto también para la mayoría de los hombres, por lo menos hasta algún tiempo antes de la fecha señalada por la novelista inglesa. "En el siglo XVI era raro que alguien tuviese una habitación sólo para él", explica Witold Rybczynski en su libro sobre la historia de la casa.[2] Habrían de pasar más de cien años aún, hasta bien avanzado el siglo XVII e iniciado el XVIII, para que comenzasen a aparecer los ambientes "en los cuales se podía retirar uno de la visión del público". Esos nuevos recintos enseguida se denominaron "cuartos privados", aunque la noción de que tales habitaciones debían ser confortables y silenciosas, según Rybczynski, surgirá recién en el siglo XVIII, al menos para los hombres más afortunados.

De cualquier modo, el desfase aludido por Virginia Woolf implicó una enorme desventaja para las damas, ya que el ambiente privado de la casa –o, mejor aún, del cuarto propio y personal– se impuso como un requisito fundamental para que el *yo* del morador pudiese sentirse a gusto. En soledad y a solas consigo misma, la propia subjetividad podía expandirse sin reservas y autoafirmarse en su individualidad. En aquellos tiempos en que la escritora británica hacía oír su voz, tan inflamada como majestuosa, ese espacio de la privacidad ya había asumido un papel primordial. Era necesario disponer de un recinto propio, separado del ambiente público y de la intromisión ajena por sólidos muros y puertas cerradas, no sólo para poder convertirse en una buena escritora, sino también para poder *ser* alguien, para volverse un sujeto y estar en condiciones de producir la propia subjetividad.

Además de constituir un requisito básico para desarrollar el *yo*, el ambiente privado también era el escenario donde transcurría la intimidad. Y era precisamente en esos espacios donde se engendraban, en pleno auge de la cultura burguesa, los relatos de sí. Porque además de pertenecer a los géneros autobiográficos, las

---

[2] Witold Rybczynski, *La casa: historia de una idea*, Buenos Aires, Emecé, 1991, p. 30.

cartas y los diarios tradicionales son escritos íntimos. El estatuto de esas narrativas es ambiguo, siempre transitando la frágil frontera entre las bellas artes textuales y el documento extraliterario de valor meramente testimonial, acerca de una forma de vida o de algún episodio histórico. Esos escritos suelen catalogarse como ejemplares de un género menor en términos estéticos o, como mínimo, se consideran formas no canónicas de lo literario. Pero estos textos son cada vez más valorados en ciertas regiones del saber, que los escudriñan en busca de preciosos tesoros de sentido. En los últimos años aumentó bastante la curiosidad despertada por la vida cotidiana de la gente común. Además creció el interés por aquellas rarísimas reliquias que todavía conservan –o parecen conservar– una especie de aura, aunque más no sea porque en sus bordes palpitan vestigios de la presencia única de quien se pronunció, aun cuando se trate de "cualquiera".

Los escritos de ese tipo, íntimos y confesionales, exigen –o al menos, exigían– la soledad del autor en el momento de crearlos. En sus tiempos áureos demandaban, también, una distancia espacial y temporal con respecto al destinatario de las cartas y a los eventuales lectores de los diarios. Éstos últimos, en general, sólo tenían acceso a los textos tras la muerte del autor, en caso de que éste fuese una figura célebre por haber realizado algo excepcional, capaz de despertar el interés póstumo de los posibles lectores. Las versiones cibernéticas de estos relatos de sí, por su parte, también suelen ser prácticas solitarias, aunque su estatuto es bastante más ambiguo porque se instalan en el límite de la publicidad total. La pantalla de nuestras computadoras no es tan sólida y opaca como los muros de los antiguos cuartos propios. Además, la distancia espacial y temporal con respecto a los lectores se ha reducido sensiblemente.

Para ilustrar estos cambios, vale citar algunos fragmentos de las *Cartas* de una verdadera fundadora del género epistolar, Madame de Sevigné. "Estamos cada una en un extremo del mundo", escribía la noble señora a fines del siglo XVII, de vacaciones en la Bretaña, en una carta a su hija que se encontraba en la Provenza.

Por cierto, el tamaño del mundo era entonces mucho mayor que hoy. En otra ocasión, la espirituosa marquesa se sorprendía de esta manera: "no podemos dejar de admirar la diligencia y la fidelidad de los servicios postales; yo recibí el 18 tu carta del 9; son sólo nueve días, no se puede pedir más".[3] Hoy, trescientos años después de que tales misivas fueron escritas –con pluma fuente, tintero y papel secante–, ambas aseveraciones ostentan un tierno anacronismo.

La elaboración de cartas y diarios, de hecho, remite a los ritmos cadenciados y al tiempo estirado de otras épocas, hoy fatalmente perdidos. Tiempos atropellados por la agitación de la vida contemporánea y también por la eficacia innegable de tecnologías como el teléfono, los celulares, el correo electrónico e Internet. En menos de una década, las computadoras interconectadas a través de las redes digitales de alcance planetario se convirtieron en poderosos medios de comunicación, por cuyas venas globales circulan infinitos textos en las más diversas lenguas, que son permanentemente escritos y rescritos, leídos y releídos –y también olvidados o ignorados– por millones de usuarios de todo el mundo. Entre ellos prosperan, con increíble fuerza, las nuevas modalidades de escritos íntimos –o éxtimos–, pero todo ocurre en tiempo real: a la velocidad del instante, que es simultáneo para todos los usuarios del planeta.

Estas nuevas formas de expresión y comunicación desencadenaron un aparente renacer de los viejos relatos de sí. Cabe preguntarse, sin embargo, si entre aquellos textos de otrora y las flamantes novedades de Internet, las diferencias son meramente cuantitativas, limitadas al tamaño de los plazos y los trechos, o si existe entre ambos un abismo cualitativo. La lógica de la velocidad y lo instantáneo que rige las tecnologías informáticas y de telecomunicaciones, con su vocación devoradora de tiempos y espacios, sugiere agudas repercusiones en la experiencia cotidiana, en la construcción de subjetividades y en las relaciones sociales y

---

[3] Madame de Sevigné, *Cartas*, Buenos Aires, Biblioteca Básica Universal, 1982, pp. VII y 68.

afectivas. Observando ambos fenómenos más de cerca –el de hoy
y el de antaño, en aquellos tiempos de contactos puramente "analógicos"– podemos pensar que se trata de dos universos radicalmente distantes e irreconciliables.

"La facilidad de escribir cartas debe haber traído al mundo
una terrible perturbación de las almas", escribió Franz Kafka en
su última carta a Milena, "porque es una relación con fantasmas; y
no sólo con el fantasma del destinatario, sino también con el
propio".[4] El escritor checo fue uno de los más ávidos y lúcidos
autores de cartas y diarios íntimos que el mercado editorial haya
dado a conocer. De hecho, ese carácter espectral y enigmático es
inherente a la comunicación epistolar; basta con evocar la historia
de *Cyrano de Bergerac,* célebre personaje del drama de Edmond
Rostand. Gracias a los sortilegios de su bella escritura, un hombre
cuya apariencia física no era de las más agraciadas logró encender
la pasión de su joven amada. Sin embargo, el corazón de la chica
palpitaba por un fantasma, pues creía que el remitente de las finas
misivas era otro: un bello mancebo algo insulso. Es posible imaginar, en los meandros del ciberespacio, múltiples versiones contemporáneas de Cyranos de todas las procedencias, géneros y estilos, tipeando ardientes epístolas en la pantalla. No obstante, si la
comparación aún es válida, también es innegable que no debe ser
poco lo que ha cambiado, desde aquel lejano año de 1897 en que
fue escrita esa obra hasta los días de hoy.

En cuanto a los diarios íntimos, ¿se podría afirmar que es in-
diferente el hecho de que ahora se publiquen en la Web? Esa exposición abierta a los ojos del mundo entero, ¿es apenas un detalle
sin mucha importancia? No parece que así sea o, por lo menos,
esa exhibición pública de la intimidad no es una menudencia que
merezca ser menospreciada. La interacción con los lectores, por
ejemplo, se presenta como un factor fundamental en los textos de
la *blogósfera.* Por otro lado, los márgenes de esos relatos están ta-
chonados de *links* que abren ventanas a otros *blogs* y *fotologs,* ha-

---

[4] Franz Kafka, *Cartas a Milena*, Belo Horizonte, Itatiaia, 2000.

ciendo de cada texto un nudo de una amplia red hipermediática. Su condición de diario íntimo, en el sentido tradicional, sin duda, se ve alterada. Mientras éstos se muestran de manera abierta a todo el mundo, los otros se preservaban celosamente en el secreto de la intimidad individual. Esa diferencia es incuestionable, incluso admitiendo que aquellas formas ancestrales también poseían un "lector ideal" a quien el autor se dirigía, porque en la mayor parte de los casos se trataba de una entidad meramente imaginaria e implícita. "Desde el punto de vista de cómo nace un texto –declaró otra prolífica autora de cartas y diarios, la poeta brasileña Ana Cristina César– el impulso básico es movilizar a alguien, pero uno no sabe con seguridad quién es ese alguien: cuando uno escribe una carta, sabe más; cuando escribe un diario, sabe menos".[5] En su inmensa mayoría, sin embargo, lo más probable es que ese misterioso *alguien* fuese apenas alguna faceta del oscuro *yo* de cada "autor narrador personaje".

Si las relaciones virtuales que hoy proliferan entre los usuarios de Internet suelen prescindir del contacto inmediato con los cuerpos materiales de los interlocutores, eso no impide que se creen fuertes lazos afectivos. No obstante, estas nuevas prácticas insinúan que hoy se estaría multiplicando hasta el infinito, no sólo aquel "sabe menos" mencionado por la escritora carioca –¿a quién se dirige el autor de un *blog*?–, sino también aquellas "relaciones con fantasmas" que hechizaban a las cartas kafkianas y que el drama de Cyrano ilustra graciosamente. Como ocurrió con casi todo, Kafka pronunció un veredicto bastante sombrío sobre este asunto, y es muy probable que tampoco aquí se haya equivocado –condenado, como vivió, "a ver el mundo con una claridad tan deslumbrante que le resultó insoportable", como resumió Milena Jesenská en su necrológica–. "Después del correo, la humanidad inventó el telégrafo, el teléfono, el telégrafo inalámbrico", escribió

---

[5] Ana Cristina César, *Escritos no Rio*, Río de Janeiro, UFRJ Brasiliense, p. 193. Citado en Beatriz Resende, "Ah, eu quero receber cartas", en *Apontamentos de crítica cultural*, Río de Janeiro, Aeroplano, 2002, p. 111.

Kafka en aquella última carta a Milena, fechada en 1923, y agregó:
"los fantasmas no morirán de hambre, pero nosotros sucumbi-
remos". Al final de esa enumeración fatídica –cartas, telégrafo,
teléfono–, tanto los mensajes de correo electrónico como toda la
parafernalia de la Web 2.0 que hoy enmarañan al planeta nos encuentran fatalmente devorados por los fantasmas del ciberespacio. O, lo cual quizás sea peor, convertidos en esos espectros.

Pero si posamos una mirada genealógica sobre esa imagen
fantasmagórica, surge un elemento importante a tener en cuenta:
la separación entre los ámbitos público y privado de la existencia
es una invención histórica, una convención que en otras culturas
no existe o se configura bajo otras formas. Inclusive entre nosotros, esa distinción es bastante reciente: la esfera de la privacidad
sólo ganó consistencia en la Europa de los siglos XVIII y XIX, como
una repercusión del desarrollo de las sociedades industriales modernas y su modo de vida urbano. Fue precisamente en esa época
cuando cierto espacio de "refugio" para el individuo y la familia
nuclear se empezó a crear en el seno del mundo burgués, otor-
gando a estos nuevos sujetos aquello que tanto ansiaban: un territorio a salvo de las exigencias y peligros del medio público, que
empezaba a ganar un tono cada vez más amenazante.

En su libro *El declive del hombre público*, Richard Sennett examina ese proceso de estigmatización de la vida pública, a lo largo
del siglo XIX, y la compensación de ese vacío gracias a una inflación del campo privado. Un siglo antes, la esfera pública había
brillado intensamente en las metrópolis europeas en expansión,
sobre todo en París y en Londres, en cuyas calles tenía lugar una
valorización positiva de las convenciones y la teatralidad primaba
en los contactos sociales impersonales. Ya en el despuntar decimonónico, grandes cambios afectaron tanto las reglas de sociabilidad
como las formas de tematización y construcción del *yo*, con la imposición de aquello que Sennett denominó "el régimen de la
autenticidad".[6] En ese cuadro, la propia personalidad pasó a ex-

[6] Richard Sennett, *El declive del hombre público*, Barcelona, Península, 1978.

perimentarse como un tesoro interior altamente expresivo, cuyos efluvios había que controlar y disimular en la presentación pública. Se fortalecía un *yo* interiorizado y opulento, excesivamente significante, que no bastaba ocultar bajo una falsa máscara en las interacciones con extraños. Esa preciosa esencia personal debía protegerse en la privacidad del hogar, con todos los cuidados que merecía la verdad latente en su interior. Así, de un "régimen de la máscara" que se afirmaba como tal –en la legitimidad del artificio demandado por el *theatrum mundi* de las calles del siglo XVIII– se pasó a un modo de vida en que esas mismas máscaras se volvieron mentirosas y, por lo tanto, despreciables. Su falta era grave: no lograban esconder el rostro delicadamente auténtico que pulsaba por detrás, y que podía desfallecer si resultaba expuesto a las violentas rudezas del entorno público.

De ese modo se fueron consolidando las "tiranías de la intimidad", que comprenden tanto una actitud de pasividad e indiferencia con respecto a los asuntos públicos y políticos, así como una gradual concentración en el espacio privado y en los conflictos íntimos. Ese refugio en la privacidad no denota apenas una preocupación exclusiva por las pequeñas historias y las emociones particulares que afligen a cada sujeto, sino también una evaluación de la acción política –exterior y pública– solamente a partir de lo que ésta sugiere acerca de la personalidad del agente –interior y privado–. En un contexto como ése, la acción objetiva –aquello que se *hace*– se desvaloriza en provecho de un incremento excesivo de la personalidad y de los estados emocionales subjetivos –aquello que se *es*–. Según la tesis del sociólogo estadounidense, tanto ese intenso deseo de avalarse a sí mismo *mostrando* una personalidad auténtica y acorde con "lo que realmente se era", como esa doble tendencia de abandono del espacio público e hinchazón del ámbito privado, obedecieron a intereses políticos y económicos específicos del capitalismo industrial. Un modo de organización social que se expandía y fortalecía en aquella época, con la ascensión de las capas medias de la burguesía y la irrupción del consumo de masa en las grandes ciudades industrializadas. Un modo de vida que, de alguna manera, se beneficiaba con esa nueva forma de "incivilidad".

No hay dudas de que el ambiente acogedor del hogar constituye el escenario más adecuado para hospedar la intimidad, sea tiránica o no. Como insinúa el historiador de la arquitectura antes mencionado, Witold Rybczynski, si puede afirmarse que la idea de intimidad es una invención burguesa, algo semejante ocurre con otras dos nociones asociadas a ese término: las ideas de domesticidad y confort. Todos esos conceptos estaban ausentes de las habitaciones medievales, viviendas en las cuales todos compartían casi todo. Tanto la necesidad como la valorización de un espacio íntimo, aquel que se destinaba a cada uno y solamente a cada uno, fueron consolidándose a lo largo de los últimos cuatrocientos años de la historia occidental, muy especialmente a partir de los inicios del siglo XIX, como bien ha mostrado Virginia Woolf. Entre los estímulos para crear esa escisión público-privado, y para la gradual expansión de este último ámbito en desmedro del primero, figuran varios factores: la institución de la familia nuclear burguesa, la separación entre el espacio-tiempo de trabajo y el de la vida cotidiana, además de los nuevos ideales de domesticidad, confort e intimidad. Resulta significativo que todos estos elementos hoy estén en crisis y, probablemente, también en mutación.

Pero ha sido uno de esos factores –la paulatina aparición de un "mundo interno" del individuo, tanto del *yo* como de los otros– el detonante primordial para que el hogar se convirtiera en un sitio propicio para amparar esa vida interior, que ya brotaba con todo vigor y pronto florecería. Fue por esa razón que las casas se convirtieron en lugares privados y, como explica Rybczynski, "junto con esa privatización del hogar surgió un sentido cada vez mayor de intimidad, de identificar la casa exclusivamente con la vida familiar". En muchos de esos hogares se definieron funciones específicas y fijas para los diversos ambientes, e inclusive apareció "una habitación más íntima para actividades privadas como la escritura". En especial, por supuesto, para la confección de cartas y diarios.

Otro historiador de la experiencia burguesa, Peter Gay, también comenta la importancia que empezó a ganar esa nueva ambición del siglo XIX: el deseo de tener un cuarto propio. Con todas las connotaciones woolfianas de la expresión, ese recinto era un espacio privado y gloriosamente individual, en el cual el mundo interior de su ocupante podía estar a sus anchas y se podía expresar, entre otras formas, a través de la escritura y la lectura.[7] De preferencia, ese aposento propio estaría situado en el corazón de una confortable casa burguesa, pero su carácter no cambiaría si fuera una incómoda habitación alquilada en cualquier pensión. Como subrayara la propia Virginia Woolf, lo importante era que se tratase de "un alojamiento independiente, por miserable que fuera". Porque solamente en ese cubículo cerrado y aislado del mundo, su habitante podía sentirse protegido tanto del ruido y de los peligros de las calles como también "de los reclamos y tiranías de sus familias", para entonces poder concentrarse en su obra –si se trataba de un escritor o escritora– y, fundamentalmente, en su *yo*.

En oposición a los hostiles protocolos de la vida pública, el hogar se fue transformando en el territorio de la autenticidad y de la verdad: un refugio donde el *yo* se sentía resguardado, donde estaba permitido *ser* uno mismo. La soledad, que en la Edad Media había sido un estado inusual y no necesariamente apetecible, se convirtió en un verdadero objeto de deseo. Pues únicamente entre esas cuatro paredes propias era posible desdoblar un conjunto de placeres hasta entonces inéditos y ahora vitales, al resguardo de las miradas intrusas y bajo el imperio austero del decoro burgués. Sólo en ese espacio era posible disfrutar del deleite –y de la ardua labor– de estar consigo mismo.

Fue así como se configuraron, en los preludios de la Modernidad, dos ámbitos claramente delimitados: el espacio público y el privado, cada uno con sus funciones, reglas y rituales que debían

---

[7] Peter Gay, "Fortificación para el yo", en *La experiencia burguesa. De Victoria a Freud*, vol. 1: *La educación de los sentidos*, México, Fondo de Cultura Económica, 1992, pp. 374-426.

ser respetados. Los cuadernos de notas de Ludwig Wittgenstein ofrecen un ejemplo bastante interesante de esa demarcación precisa y rígida. Escritos en la primera mitad del siglo XX y publicados de manera póstuma en los años noventa, contrariando la voluntad explícita del autor, esos diarios reproducen tal escisión: en las páginas pares, el filósofo austríaco vertía sus vivencias y reflexiones íntimas en un lenguaje codificado, sólo para él mismo, mientras que en las páginas impares anotaba sus pensamientos públicos en perfecto y clarísimo alemán. Sin embargo, los editores lograron publicar la versión completa de los diarios tras una larga batalla judicial contra los herederos del autor, fallecido en 1951. Un combate que los primeros vencieron, conquistando así la posibilidad de "rescatar para todos nosotros estos cuadernos vivos y patéticos".

La contratapa del libro firmado por Wittgenstein, significativamente titulado *Diarios secretos*, revela los motivos de la recusa de los herederos, según el veredicto triunfante de los editores. Una declaración muy a tono con los tiempos que corren: la resistencia familiar habría sido "un intento falsamente piadoso de ocultarnos al personaje real, con sus miedos, sus angustias, su elitismo o su homosexualidad".[8] En tiempos más respetuosos de las fronteras, el espacio público era todo aquello que quedaba del lado de afuera cuando la puerta de casa se cerraba y que, sin duda, merecía ser dejado afuera. A su vez, el espacio privado era aquel vasto universo que permanecía del lado de adentro, donde estaba permitido ser vivo y patético a gusto, pues solamente entre esas acogedoras paredes era posible dejar fluir libremente los propios miedos, angustias y otros patetismos considerados estrictamente íntimos.

Aquellos ambientes privados, que conocieron su más vívido clímax en el mundo burgués del siglo XIX, eran un convite a la introspección. En esos recintos impregnados de soledad, el sujeto mo-

---

[8] Ludwig Wittgenstein, *Diarios secretos*, Madrid, Alianza, 1991. Sobre la escisión de estos diarios en dos secciones irreconciliables, más otros datos acerca de la querella por la publicación, véase Leonor Arfuch, *El espacio biográfico. Dilemas de la subjetividad contemporánea*, Buenos Aires, Fondo de Cultura Económica, 2002, p. 53.

derno podía bucear en su oscura vida interior, podía embarcarse en fascinantes viajes autoexploratorios que, muchas veces, se vertían en el papel. Como constatan Alain Corbin y Michelle Perrot en el pasaje de la *Historia de la vida privada* relativo a ese período de intenso "desciframiento de sí", el "furor de escribir" se apoderó no sólo de los hombres de aquella época, sino también de incontables mujeres y niños. Todos escribían para afirmar su *yo*, para autoconocerse y cultivarse, imbuidos tanto por el espíritu iluminista de conocimiento racional como por el ímpetu romántico de sumergirse en los misterios más insondables de sus almas.

De esa forma, los relatos autorreferenciales se convirtieron en una práctica habitual, que daría a luz una infinidad de textos introspectivos con el sello de esa época. Se trata de una modalidad novedosa de escritura, un nuevo género discursivo fundado en la autorreflexión y en la autoconstrucción, que se consolidó en diálogo intenso con la literatura de ficción. Porque estas narrativas del *yo* tenían como espejo las novelas y cuentos que, en aquel entonces, se leían con una fruición apenas comparable a la de la escritura íntima. Especialmente las novelas realistas en formato de folletín, el gran furor de aquel siglo. Todos esos textos conformaban una poderosa fuente de inspiración cuyas vertientes impregnaban las formas subjetivas a partir de un sinnúmero de personajes tejidos con palabras.

Las cartas, por su parte, experimentaron una suerte de apogeo a fines del siglo XVIII y a lo largo del XIX. Un verdadero hito en esa historia fue el año 1774, cuando Goethe publicó su novela *Los sufrimientos del joven Werther*, que recurría al formato epistolar para narrar una historia de amor romántico y trágico. El libro obtuvo un éxito tan inmediato como fulminante. La identificación de los lectores –y de las lectoras– con los personajes fue tan honda, que no sólo motivó la imitación del estilo en millares de misivas de enamorados anónimos, sino que, además, llevó a que muchos emularan hasta las últimas consecuencias el comportamiento del desdichado protagonista. Una oleada de suicidios por amores no correspondidos sacudió a Europa, y todos los cuerpos eran hallados junto a la imprescindible y arrebatada carta final. No por nada se dice que Goethe enseñó a sus contemporáneos a enamorarse, siguiendo la escuela del movimiento romántico, así como a sufrir, vivir y ser. En el mismo período, otra novela epistolar compartió un éxito semejante: *Julia o La nueva Eloísa* de Rousseau. Pero son innumerables las obras que explotaron las virtudes del género: desde *Las relaciones peligrosas* de Laclos, y *El hombre de arena* de Hoffmann, hasta los populares *Drácula* y *Frankenstein*, para citar apenas algunos ejemplos todavía famosos.

Como los diarios íntimos, este tipo de escritura poseía un vínculo evidente con la sensibilidad de la época. Por eso, la ficción literaria no vampirizó solamente la forma epistolar para seducir a sus ávidos lectores, sino que también copió y recreó hasta el hartazgo toda la retórica de la confesión íntima y cotidiana. Una verdadera legión de personajes desbordó de las páginas de las novelas e influenció fuertemente la producción de subjetividad. Ese frondoso universo de palabras se convirtió en un manantial de guiones y libretos para la subjetivación de los individuos modernos, sembrando a su paso un vasto campo de identificaciones. Fue así como germinó una forma subjetiva particular, dotada de un atributo muy especial: la interioridad psicológica. En ese espacio interior, vagamente ubicado "dentro" de cada uno, fermentaban pensamientos y sentimientos privados. El repertorio afectivo de esa esfera íntima debía ser cultivado, guarnecido, sondeado y enriquecido constantemente. De ese modo, nacía y se fortalecía un tipo de sujeto que se tornaría el objeto de una disciplina científica de vital importancia en la conformación de la subjetividad moderna: la psicología. Por eso, algunos estudiosos se refieren a esta criatura como *homo psychologicus*. Un tipo de sujeto que, como afirma el psicoanalista Benilton Bezerra Jr., "aprendió a organizar su experiencia en torno de un eje situado en el centro de su vida interior".[9]

---

[9] Benilton Bezerra Jr., "O ocaso da interioridade e suas repercussões sobre a clínica", en Carlos A. Plastino (comp.), *Transgressões*, Río de Janeiro, Contra Capa, 2002, pp. 229-239.

Recurriendo a un aparato teórico y metodológico bastante distinto, a su vez, el sociólogo estadounidense David Riesman delineó su concepto de "personalidades introdirigidas", un tipo de subjetividad igualmente volcada hacia dentro de sí misma. En su libro *La muchedumbre solitaria*, ese autor analiza los cambios acarreados por los avances de la alfabetización a lo largo de los siglos XIX y XX, gracias a los cuales una cantidad creciente de ciudadanos ganó acceso al "refugio impreso". La expresión no es exagerada, como muestra Marcel Proust en su ensayo *Sobre la lectura*, al describir el apetito con que se entregaba a ese "placer divino", la lectura de ficciones. Especialmente delicioso era ese abandono en las mañanas de la infancia, durante los plácidos días de vacaciones, cuando todos salían para dar un paseo por el campo y el pequeño lector se quedaba al fin solo, dispuesto a entregarse por entero al libro del momento. Completamente solo, o bien en la afable compañía del péndulo y del fuego, "que hablan siempre sin exigir que uno les responda y cuyos dulces propósitos vacíos de sentido no vienen, como las palabras de los hombres, a reemplazar a las palabras que uno lee".[10]

En aquellos tiempos definitivamente remotos, en los cuales la literatura podía transformarse en un verdadero vicio, capaz de empujar a sus víctimas rumbo a la evasión del mundo real por los suaves caminos de la ficción, vale aclarar que no todos los textos gozaban del prestigio que hoy poseen por el mero hecho de constituir material de lectura. A lo largo del siglo XIX, la lectura de folletines y "novelas baratas" solía ser un hábito muy criticado, especialmente en lo concerniente a las señoritas de buena familia. En 1806, un médico inglés alertaba contra el "exceso de estimulación" provocado por la lectura de novelas, que podía "afectar a los órganos del cuerpo y relajar la tonicidad de los nervios", mientras en 1867 otro especialista advertía que "leer en la cama implica herir los ojos, dañar el cerebro, el sistema nervioso y el intelecto".[11]

---

[10] Marcel Proust, *Sobre la lectura*, Buenos Aires, Libros del Zorzal, 2003, p. 10.
[11] Leah Price, "You are what you read", en *The New York Times*, 23 de diciembre de 2007.

Aún así, esas "novelitas dudosas" eran un gran negocio: algunos títulos podían vender tiradas de millones de ejemplares en pocos años. Ése es, justamente, uno de los motivos que las convirtió en blanco de críticas por parte de los defensores de la alta cultura y de los buenos modales, no sólo porque propiciaban la evasión de las tareas importantes del mundo real, sino también porque eran una especie de narcótico capaz de infectar las mentes de múltiples Emmas Bovaries en potencia. Sin embargo, más allá de la calidad de las obras, para las personalidades introdirigidas de esos lectores de antaño que se refugiaban en la ficción, la literatura no constituía sólo una vía para evadirse de sus vidas cotidianas reales y anodinas; al mismo tiempo, esa lectura invadía sus vidas enriqueciendo el acervo de sus interioridades y alimentando su autoconstrucción.

No sólo la lectura de ficciones podía ser vista como un acto adictivo y vergonzoso, cuyo abuso debía evitarse, sino que también la escritura de novelas era, en ciertos casos, condenable. En especial, una vez más, cuando se trataba de muchachas honradas y de buena procedencia. En ese peculiar clima cultural, a principios del siglo XIX, la británica Jane Austen escribió su obra *Orgullo y prejuicio*, en los raros momentos de tranquilidad y soledad que encontraba en la sala de su casa familiar. La joven escritora debía ocultar los manuscritos siempre que alguien aparecía, "para que nadie sospechase cuál era su ocupación".[12] Como constató Virginia Woolf, el hecho de que haya logrado concluir la novela en esas condiciones –y que el resultado haya sido tan bueno– sólo puede describirse como un verdadero "milagro". En muchos casos había que esconder también el cuadernito del diario íntimo, cuya práctica tenía connotaciones masturbatorias. Hoy sabemos que por lo menos una famosa representante del género, la también joven Eugénie de Guérin, mantenía en secreto su pequeño vicio privado: sólo escribía de noche a la luz de las estrellas, para disimular inclusive ante su querido padre. Con toda seguridad, no ha sido la única; al con-

[12] Virginia Woolf, *op. cit.*, pp. 89-90.

trario, deben haber sido incontables las doncellas que encontraron en la escritura del diario íntimo "un medio de desahogo".[13]

De todas maneras, ya sea cayendo en el vicio o no, ya sea escribiendo o leyendo, parece evidente que estar solo con un libro era estar solo de un modo diferente, como resumió el mencionado David Riesman. Tal vez porque la nueva soledad no consistía exactamente en estar solo. En el acto de leer no se estaba apenas en compañía virtual y en diálogo con el autor del libro, para evocar las conversaciones de Descartes con los amigos que duermen en los estantes y las cartas a los amigos del presente y del futuro aludidas por el romántico Jean Paul. Además de dialogar en silencio con el autor, al leer siempre se estaba, sobre todo y principalmente, consigo mismo, lo cual remite al monólogo interior referido por Theodor Adorno. La socióloga Helena Béjar, autora de un amplio estudio sobre la historia de las nociones de intimidad y privacidad, también considera de vital importancia esta cuestión: saber leer, y más específicamente estar alfabetizado en el nuevo hábito de "leer sin oralizar", fue una "condición necesaria para que surgieran las nuevas prácticas que contribuirían a desarrollar una intimidad individual".[14]

Ese libro que acompañaba la nueva soledad del lector era, en la enorme mayoría de los casos, una novela. Podía ser buena o mala, pero el aislamiento que demandaba para la lectura –y, obviamente, para la escritura– constituye una pieza clave rumbo a la comprensión del fenómeno enfocado en este ensayo. Cuando Walter Benjamin se refiere a la muerte del narrador y a la extinción de las viejas artes de contar historias –actividades compartidas, características del universo premoderno, que sedimentaban la experiencia colectiva– comenta los cambios ocurridos con el advenimiento de los modos de vida modernos. El individuo burgués de los siglos

---

[13] Alain Corbin y Michelle Perrot, "El secreto del individuo", en Philippe Ariès y Georges Duby, *Historia de la vida privada*, vol. 8, Madrid, Taurus, 1991, pp. 161 y 162.

[14] Helena Béjar, *El ámbito íntimo: Privacidad, individualismo y modernidad*, Madrid, Alianza Universidad, 1988, pp. 168 y 169.

XIX y XX, enclaustrado en el silencio y la soledad de su hogar y su cuarto privado, como una tentativa de protegerse del desamparo del ambiente urbano, se convierte en el héroe solitario de la novela moderna. Ese individuo lee y escribe solo, concentrado y ensimismado en un ambiente sin ruidos, y esas actividades son esenciales para la construcción de su peculiar subjetividad.

Pero existe una distancia gigantesca entre el autor de ese tipo de textos y aquel narrador de otrora. Más aún, según Benjamin, el auge de la novela fue uno de los primeros indicios de la agonía del narrador. Pues no se trataba apenas del abandono de la oralidad en provecho del medio impreso –aunque esto también fuera fundamental, puesto que la novela sólo es posible si se publica en forma de libro, jamás como un relato oral–, sino de todo lo que vino junto con ese cambio de soporte mediático. Y, en particular, de una búsqueda de sentido que es constitutiva de la novela, pero está alegremente ausente en las narrativas populares de otrora. Porque el lector de novelas es un sujeto que lee en silencio, solo consigo mismo o absorto en la inmensa compañía silenciosa de su vida interior, de tal modo que no se trata de una experiencia comunitaria como la que rodeaba la actividad del narrador. Por eso no sorprende que el sujeto moderno haya pasado a buscar desesperadamente, en esos textos que leía con tanta avidez, el sentido que los narradores y sus oyentes no tenían que buscar en ninguna parte, porque estaba implícito en su tradición compartida y en su experiencia colectiva.

"El novelista se segrega", constata Benjamin en uno de los ensayos antes referidos, y aun dice más: "el origen de la novela es el individuo aislado que ya no puede hablar de manera ejemplar sobre sus preocupaciones, y que no recibe consejos ni sabe darlos".[15] Así, en vez de ser abiertas y fluidas, las novelas deben ser cerradas y orientadas hacia un fin. Ese punto final sería, además, su objetivo primordial por definición. "La novela anuncia la pro-

---

[15] Walter Benjamin, "O narrador", en *Obras escolhidas,* vol. 1: *Magia e Técnica, Arte e Política,* San Pablo, Editorial Brasiliense, 1994, p. 201 [trad. esp.: "El narrador", en *Discursos interrumpidos I,* Madrid, Taurus, 1999].

funda perplejidad de quien vive", ya que su protagonista es un héroe desorientado, condenado a buscar y, sobre todo, a *buscarse*. Al igual que su personaje, el lector de la novela persigue idéntico objetivo: "busca asiduamente en la lectura aquello que ya no encuentra en la sociedad moderna: un sentido explícito y reconocido". Ésa es la condena perpetua que pende sobre el *homo psychologicus* y las subjetividades introdirigidas, fecundadas en la intimidad del silencio y en la soledad del cuarto propio burgués: buscarse, rastrear dentro de sí un sentido fatalmente perdido.

"Nada facilita más la memorización de las narrativas que esa sobria concisión que las salva del análisis psicológico", agregó Benjamin.[16] Todo lo que falta en la novela moderna, justamente. Porque los textos más paradigmáticos de la cultura introdirigida no pretenden propiciar la memorización de un conjunto de relatos populares con una edificante moraleja; en cambio, promueven un incesante buceo en el misterio de cada experiencia subjetiva. Nada mejor para ilustrar ese propósito de la novela moderna que la técnica del fluir de la conciencia, algo comparable a la asociación libre de ideas del psicoanálisis freudiano. Así bautizado por el psicólogo y filósofo estadounidense William James en 1892, el método discursivo de *stream of consciousness* fue adoptado por su hermano Henry James en sus propias ficciones literarias. Muchos grandes escritores de la primera mitad del siglo XX –desde Virginia Woolf hasta James Joyce, desde Marcel Proust hasta Gertrude Stein– retomaron esa técnica narrativa para edificar sus obras literarias, forzando los límites de la introspección con el fin de convertirla en un verdadero arte, bajo los moldes de aquello que la crítica denominaría "novela psicológica moderna".

¿Y qué sucede hoy en día? No hay duda de que aquí, entre nosotros, la mítica singularidad del *yo* conserva su fuerza –¡para no hablar de *usted*!–. Esa mística avanza, nutrida por una cultura del individualismo cada vez más depurada, aunque también atravesada por los dictados identitarios del mercado, a veces tan se-

---

[16] Walter Benjamin, "O narrador", *op. cit..*, p. 204.

ductores como tiránicos. Adorado y cultivado sin cesar, el *yo* actual
no exige atención y cuidados; además, convoca las miradas más
sedientas. Definitivamente lejos del narrador benjaminiano, también nos distanciamos de aquellos afanosos y solitarios "lectores
escritores" del siglo XIX y principios del XX. Todo eso, pese al sorprendente renacer de los relatos de sí en Internet. Porque no hace
falta remontarse muy lejos en el pasado para notar que los relatos
autobiográficos, especialmente las diversas formas del diario íntimo, tuvieron su muerte anunciada y confirmada efusivamente
en las últimas décadas del siglo XX, sin que nadie pronosticara su
repentino renacimiento en los ambientes virtuales y globales de
las redes electrónicas. Una de las especialistas más reconocidas
del área es Elizabeth W. Bruss, autora de varios libros sobre el
tema, quien hace apenas treinta años diagnosticó la inminente
desaparición del género, frente a las profundas transformaciones
con respecto a la época que experimentó su apogeo. Falta saber,
no obstante, si los sentidos de estas nuevas prácticas continúan
siendo idénticos a los que propulsaban los diarios íntimos tradicionales; algo que, ciertamente, no parece ser el caso.

En un peculiar *aggiornamento* de los flujos de consciencia, hoy,
en Internet, personas desconocidas suelen acompañar con fruición
el relato minucioso de una vida cualquiera, con todas sus peripecias
registradas por su protagonista mientras van ocurriendo. Día tras
día, hora por hora, minuto a minuto, con la inmediatez del *tiempo
real*, los hechos *reales* son relatados por un *yo real*, a través de torrentes de palabras que de manera instantánea pueden aparecer en las
pantallas de todos los rincones del planeta. A veces esos textos se
complementan con fotografías o imágenes de video transmitidas en
vivo y sin interrupción. Es así como se desdobla, en las pantallas
interconectadas por las redes digitales, toda la fascinación de "la
vida tal como es". Y también, con demasiada frecuencia, no deja de
de exhibirse en primer plano toda la irrelevancia de esa vida real.

Es grande la tentación de comprender estas nuevas modalidades de expresión centrada en el *yo* como un resurgimiento de la
antigua práctica introspectiva de exploración y conocimiento de

sí, aunque adaptada al contexto contemporáneo y aprovechando las posibilidades ofrecidas por las nuevas tecnologías. Como se sabe, Internet permite que cualquier usuario pueda publicar lo que desee, con poco esfuerzo, bajo costo y para una audiencia potencial de millones de personas del mundo entero. Esas circunstancias conceden a los diarios íntimos contemporáneos una proyección que sus ancestros predigitales nunca habrían podido obtener, ni siquiera imaginar. Pero es muy probable que la mayoría de los autores de aquellos escritos privados de la era analógica jamás hubiesen deseado alcanzar semejante divulgación; para muchos, inclusive, la mera insinuación de semejante descaro hubiera sido una terrible pesadilla. Porque aquellos textos crecían envueltos en la mística del secreto, eran tratados como cartas dirigidas al remitente y solamente a él mismo, sin ninguna ambición de exhibicionismo o repercusión pública.

De modo comparable, los visitantes de *blogs* y *webcams* podrían ser cotejados con los sedientos lectores de otrora, que se identificaban con los personajes literarios y construían sus subjetividades en diálogo con esos juegos de espejos. Enturbiando aún más las complejas diferencias entre realidad y ficción, las computadoras y las redes digitales serían otro escenario donde practicar la "técnica de la confesión". Ese instrumento para la producción de verdad sobre los sujetos rige hace varios siglos en Occidente, y su genealogía ha sido trazada por Michel Foucault en su libro *La voluntad de saber*. Sin duda, se trata de una explicación posible; aunque también es probable que sea apenas parcial, dejando afuera algunas de sus especificidades más jugosas.

Con ese texto, publicado originalmente en 1976, el filósofo francés inició la serie denominada *Historia de la sexualidad*. En ese primer volumen se dedicó a desmontar la popular "hipótesis represiva", que ve en la historia de los dos últimos siglos de la sociedad occidental una sistemática represión de la sexualidad. Aún hoy es común considerar que ese territorio de la actividad humana se habría transformado en tabú durante el período victoriano: aquello sobre lo cual no se debía hablar. Sin embargo, y de forma aparentemente paradójica, en esa misma época se ha registrado una persistente incitación a hablar de ese asunto supuestamente amordazado. "Los discursos sobre sexo, ya hace tres siglos, se han multiplicado en vez de haberse enrarecido", confirma Foucault. Si esa nueva disposición con respecto a la sexualidad en la Edad Moderna "trajo consigo censuras y prohibiciones, también garantizó más fundamentalmente la solidificación e implantación de todo un despropósito sexual".[17] En las escuelas, en los hospitales, en los tratados científicos, por todas partes, la sociedad supuestamente represora hablaba e incitaba a hablar de sexo, acumulando "una inmensa pirámide de observaciones y prontuarios".[18] En vez de habitar un universo mudo o silencioso que evita tocar el asunto, descubrimos que hablamos de eso hasta cuando no hablamos, o incluso cuando hablamos de otras cosas. Fue así como nos volvimos "una sociedad singularmente confesanda", y el hombre, en los últimos siglos de la cultura occidental, "un animal confidente".[19]

Foucault concluyó su estudio afirmando que esa paradoja no sería tal, sino apenas una ilustración del complejo funcionamiento de los mecanismos de poder que presionan a las subjetividades en la sociedad moderna. No se trata solamente de la censura, que opera con toda la fuerza de coacción de *hacer callar*, un mecanismo por demás evidente e innegable, e incluso grosero en sus formas y objetivos, sino que habría también una violencia peculiar en ese persistente *hacer hablar*. Una presión más sutil, menos obvia y posiblemente también más efectiva, siempre latiendo en esa ineluctable invitación a confesarse. Porque en ese acto de verbalizar una confidencia, los individuos experimentan una especie de liberación: hablar de sí mismo implica sacarse de encima un peso muerto, genera un alivio emparentado con la emancipación. Pero

---

[17] Michel Foucault, *História da Sexualidade*, vol. I: *A vontade de saber*, Río de Janeiro, Graal, 1980, p. 53 [trad. esp.: Michel Foucault, *Historia de la sexualidad*, vol. 1: *La voluntad del saber*, México, Siglo XXI, 1985].

[18] *Ibid.*, p. 56.

[19] *Ibid.*, p. 59.

ocurre que en muchos casos el efecto sería exactamente opuesto: actuando de ese modo, al responder con sus propias voces a las exigencias de hablar de sexo y hablar de sí mismo, los sujetos no estarían más que alimentando los voraces engranajes de la sociedad industrial, que necesita *saber* para perfeccionar sus mecanismos. Como confiesa la exitosa autora de *blogs* –y *blooks*– Lola Copacabana: "vivo, constantemente, haciendo el esfuerzo porque no existan en mi vida cosas inconfesables".[20] Gilles Deleuze habría agregado, tal vez, que la joven escritora ni siquiera debe sospechar para qué se la usa.

Nacido en el ámbito eclesiástico a principios del siglo XII, el ritual de la confesión luego fue apropiado por otros campos de la actividad humana, como una técnica privilegiada para producir verdades sobre los sujetos. En la justicia, la medicina y la pedagogía, en las relaciones familiares y amorosas, la confesión se difundió por todas partes. Según Foucault, en el más solemne de los protocolos públicos y en la más recóndita intimidad, "tanto la ternura más desarmada como los más sangrientos poderes tienen necesidad de confesión".[21] Esas ceremonias aún están inscriptas de manera tan profunda en nuestros hábitos, que a veces no las percibimos como manifestaciones de un dispositivo de poder. Sin embargo, se trata de un formidable mecanismo de sujeción de los hombres, de su constitución como sujetos compatibles con un determinado proyecto histórico de sociedad.

Y hoy en día, ¿cómo se presenta esa sujeción confesanda? Si se transfirió de los ámbitos eclesiásticos y jurídicos –a partir del siglo XIII– hacia los campos médicos y pedagógicos –en la era industrial–, ahora la técnica de la confesión aparece con toda su pompa en las pantallas mediáticas. Como un ejemplo entre miles, aunque bastante sintomático, cabe mencionar una nueva generación de libros recientemente surgidos pero que ya constituyen casi

---

[20] Agustín Valle, "Los blooks y el cambio histórico en la escritura", en *Debate*, núm. 198, Buenos Aires, 29 de diciembre de 2006, pp. 50 y 51.

[21] Michel Foucault, *op. cit.*, p. 59.

un subgénero, con títulos como *Mi secreto, Confesiones extraordinarias de vidas ordinarias, Una vida de secretos, Las vida secretas de hombres y mujeres*. Todos ellos son secuelas impresas de lo que ocurre en sitios de la Web como *PostSecret*, donde "cualquiera" puede confesar y divulgar sus secretos más "inconfesables". Ya sean revelaciones anónimas o demasiado firmadas, siempre se refieren a la intimidad supuestamente más recóndita de cada uno.

De modo que lo que estamos viviendo hoy en día parece constituir un nuevo escalón en esa fecunda genealogía de la confesión occidental. En el contexto contemporáneo, aquellas "tiranías de la intimidad" denunciadas por Richard Sennett crecen hasta un punto inimaginable en la época en que ese estudio fue publicado, ya hace más de treinta años. A propósito, el ensayo de Sennett es contemporáneo del libro de Foucault, ambos se gestaron y publicaron a mediados de los años setenta, cuando la sociedad del espectáculo empezaba a erguirse: un momento que marcó un giro en la historia. Sin abandonar el fértil terreno de la intimidad, las tiranías actuales olvidan los pudores para traspasar los muros que solían proteger al ámbito privado. Así se va extendiendo la manta de retazos de confesiones multimedia, zurcida con una multitud de pequeñas habladurías e imágenes cotidianas, hasta cubrir todos los rincones del antiguo ámbito público. Y es muy probable que termine asfixiándolo bajo su peso tan multiforme como pertinaz.

Como diría el novelista Jonathan Franzen, irritado con la vitalidad de los movimientos de defensa de la privacidad en el mundo contemporáneo y preocupado con la salud del flagelado espacio público, ahora que el planeta se ha convertido en una gigantesca alcoba global –con cada uno de nosotros viendo por televisión, cómodamente instalados en nuestros cuartos propios, un show de intimidades ajenas– necesitamos algo que brilla por su ausencia: una enérgica defensa del sofocado ámbito público. En un diagnóstico semejante al de Sennett, aunque mucho más reciente, Franzen detecta un ensanchamiento desmesurado de la privacidad y de la intimidad, que a fines del siglo xx y comienzos del XXI "invaden brutalmente el más público de los espacios". Esos movimientos promueven la definitiva extinción del "hombre público", que ya había sido gravemente acorralado por la subjetividad burguesa del siglo XIX. Pero según la perspectiva del escritor, la privacidad también estaría amenazada hoy en día. En este "mundo de fiestas en pijama", la intimidad pierde fatalmente su valor al dejar de definirse por oposición a aquel otro espacio donde debería regir su contrario: lo no íntimo, el lugar donde ocurren los intercambios con los otros y la acción pública. Sin embargo, como él mismo se pregunta: "¿Quién tiene tiempo y energía para defender la esfera pública? ¿Qué retórica podrá competir con el amor estadounidense por la intimidad?".[22]

Más allá de la cantidad de lectores o espectadores que de hecho logren reclutar, los adeptos de los nuevos recursos de la Web 2.0 suelen pensar que su presuntuoso *yo* tiene derecho a poseer una audiencia, y a ella se dirigen como autores, narradores y protagonistas de tantos relatos, fotos y videos con tono intimista. Por lo menos en los Estados Unidos, se calcula que más de la mitad de los jóvenes publican sus datos biográficos e imágenes en Internet, sin ninguna inquietud con respecto a la defensa de la propia privacidad ni tampoco la de sus amigos, enemigos, parientes y colegas que también suelen habitar sus confesiones audiovisuales. En un aparente retorno a los modos de vida en las zonas rurales y pequeños pueblos anteriores a la urbanización de Occidente, en esta aldea global del siglo XXI resulta imposible preservar los secretos. Aquí, sin embargo, el anonimato tampoco parece deseable; todo lo contrario, pues en este escenario la sola posibilidad de pasar desapercibido puede convertirse en la peor de las pesadillas.

Por eso, si de hecho estamos frente a un nuevo capítulo de la larga historia de nuestra disposición confesanda y confidente, tampoco hay dudas de que se trata de una nueva torción de ese eficaz dispositivo de poder. En principio, hay que destacar que el fenó-

---

[22] Jonathan Franzen, "Dormitorio imperial", en *Cómo estar solo*, Buenos Aires, Seix Barral, 2003, pp. 63-66.

meno de las confesiones en Internet es muy complejo y rico, marcado por la variedad, la diversidad y los cambios veloces. Se presenta no sólo como un novedoso conjunto de prácticas comunicativas, sino también como un gran laboratorio para la creación intersubjetiva. No obstante, su peculiar inscripción en la frontera entre lo extremadamente privado y lo absolutamente público constituye uno de sus trazos más perturbadores. ¿Cómo explicar el curioso hecho de que las nuevas modalidades de diarios íntimos sean expuestas a los millones de ojos que tienen acceso a Internet? La lente incansable de una *webcam* que registra cada pormenor de una vida particular para exhibirlo descaradamente, por ejemplo, ¿no es más que una actualización tecnológica de la vieja costumbre de anotar todas las minucias cotidianas en un cuadernito de hojas amarillentas? Retomando la pregunta central: ¿esa exposición pública es apenas un detalle sin importancia, que deja intactas las características fundamentales de los antiguos diarios íntimos al convertirlos en *éxtimos*? ¿O, en cambio, se trata de algo radicalmente nuevo?

A esta altura del partido, dos actitudes intelectuales son posibles. Como primera opción, se podría elegir la tesis de la continuidad para intentar demostrar que las nuevas prácticas son meras adaptaciones contemporáneas de las viejas costumbres, y poco o nada más que eso. O, en cambio, cabría destacar la discontinuidad, develando la especificidad de lo nuevo con el fin de captar qué implica su introducción en el presente. Esta segunda estrategia parece más promisoria y sugerente. De todos modos, no carecen de interés las comparaciones con aquellas modalidades que se podrían considerar sus ancestros, ya que proveen un telón de fondo contra el cual resulta más fácil elucidar las innovaciones. Aunque algunos hábitos parezcan sobrevivir a lo largo de períodos históricos diversos, ganando cierto aire de eternidad, conviene desconfiar de esas permanencias: muchas veces las prácticas culturales persisten pero sus sentidos cambian. De lo contrario, se corre el riesgo de naturalizar algo que es una mera invención y, de esa forma, se pierde la ocasión de comprender toda la riqueza de su especificidad histórica y su sentido peculiar en la sociedad que la hospeda.

Éste sería un buen ejemplo de ese equívoco: el hecho de que los nuevos diarios íntimos se publiquen en Internet no es un detalle menor, ya que el principal objetivo de esas estilizaciones del *yo* consiste precisamente en conquistar la visibilidad. En perfecta sintonía con otros fenómenos contemporáneos que se proponen mostrar las banalidades más privadas de todas las vidas o de cualquier vida, como los *reality-show* y las revistas de celebridades, los *talk-shows* de la televisión y la proliferación de documentales en primera persona, el éxito de las biografías en el mercado editorial y en el cine, y la creciente importancia de la imagen cotidiana para los políticos y otras figuras famosas. Sin embargo, nada más privado que un diario íntimo a la vieja usanza. Esos preciados objetos se escamoteaban a la curiosidad ajena, se guardaban en cajones y escondrijos secretos, muchas veces protegidos por medio de llaves y contraseñas ocultas. Inclusive, su práctica podía ser una actividad seriamente prohibida y perseguida por maridos, padres y otras figuras autoritarias. Mientras tanto, el universo de las computadoras e Internet, esa auténtica red de intrigas con sus puntos de fuga y sus muchas evasiones, no parece un ambiente propicio para preservar secretos. Y tal vez ni siquiera pretenda serlo, al menos en este terreno de las confesiones multimedia. Pero el problema no es simple y parece tener más de una cara.

Por un lado, la privacidad de la correspondencia epistolar y la inviolabilidad de los sobres aún se resguardan por ley. No ocurre lo mismo con los datos transferidos por Internet, que pueden ser monitoreados por empresas o gobiernos y también, aunque sea de manera ilegal, por cualquiera que posea cierto dominio técnico. Por eso no sorprende que la protección de la privacidad sea una cuestión hondamente discutida hoy en día, un tema delicado que se problematiza sin cesar en los debates relacionados con la tecnología y el mercado. La parafernalia digital es altamente intrusiva: sus mallas cubren la totalidad del globo, y todas las fronteras son fácilmente vulnerables para los escrutadores electrónicos más habilidosos. Si todo puede ser monitoreado, entonces es muy probable que todo termine siéndolo. La lógica de la empresa contemporánea funciona con base en la información: los datos personales de los consumidores potenciales –presumiblemente privados– son muy valiosos para los negocios orientados a públicos clasificados en segmentos de interés, que encuentran en el marketing directo su principal herramienta. La noción de privacidad de la información personal no puede dejar de sufrir serias grietas en este universo poblado de *hackers*, empresas ávidas, herramientas sofisticadas, muchos usuarios obcecados con la seguridad y otros tantos dispuestos a sacar provecho de esos temores.

Sin embargo, el mismo término parecería involucrar por lo menos dos cuestiones bastante diferentes. Por un lado, se protegen cuidadosamente ciertos datos personales –especialmente bancarios, financieros y comerciales– contra posibles invasiones de la privacidad. Por otro lado, se promueve una verdadera evasión de la privacidad en campos que antes concernían a la intimidad personal. Es en este último sentido que Jonathan Franzen clamaba por una defensa del espacio público, puesto que la intimidad se evadió del espacio privado y pasó a invadir aquella esfera que antes se consideraba pública.

Con respecto a los supuestos peligros de la invasión, que los discursos periodísticos suelen presentar de modo sensacionalista, explotando el miedo de ese riesgo inminente que representa el "robo de identidades" –algo que puede afectarnos súbitamente a todos–, lo más habitual es que se refieran tan sólo a los datos comerciales y financieros. Así, por ejemplo, uno de esos artículos publicados en la prensa expresaba el recelo de que, en virtud de los avances tecnológicos, "la vida cotidiana de cada persona se convierta en un Día de Bloom", aludiendo a Leopold Bloom, protagonista del novela *Ulises*, de James Joyce. Una cotidianeidad "registrada con lujo de detalles y reproducible con algunos clics del *mouse*". Pero lo más probable es que ese puntilloso registro se limitase a una lista de compras y preferencias de consumo: un lujo de detalles muy diferente de los flujos de conciencia que componían la vida y el *yo* de aquel personaje literario inventado por Joyce. Algo muy distinto es la evasión de la intimidad, es decir, la propia exposición voluntaria en la visibilidad de las pantallas globales. En este caso, lo que se busca es otra cosa: aquí se trata de mostrarse abiertamente y sin temores, con el fin de constituirse como una subjetividad visible.

De modo que las tendencias de exposición de la intimidad que proliferan hoy en día –no apenas en Internet, sino en todos los medios y también en la modesta espectacularización diaria de la vida cotidiana– no evidencian una mera invasión de la antigua privacidad, sino un fenómeno completamente novedoso. En algún sentido, es comparable al papel de la censura en la hipótesis represiva desmentida por Foucault con respecto a la sexualidad: en vez de resentirse por temor a una irrupción indebida en su privacidad, las nuevas prácticas expresan un deseo de evasión de la propia intimidad, ganas de exhibirse y hablar de uno mismo. En términos foucaultianos: un anhelo de ejercer la técnica de la confesión, a fin de saciar los voraces dispositivos que tienen "voluntad de saber". En vez del miedo ante una eventual invasión, fuertes ansias de forzar voluntariamente los límites del espacio privado para mostrar la propia intimidad, para hacerla pública y visible. Con este gesto, esta nueva legión de confesandos y confidentes que tomaron por asalto la Web 2.0, va al encuentro y promete satisfacer otra voluntad general del público contemporáneo: la avidez de curiosear y consumir vidas ajenas.

Por todos esos motivos, los muros que solían proteger la privacidad individual se están resquebrajando. Las paredes de aquellos hogares burgueses y de los cuartos propios, que abrigaban el delicado *yo* lector-escritor del *homo psychologicus* y del *homo privatus*, hoy parecen estar derrumbándose. Como ocurrió con todas las instituciones de encierro típicas de la sociedad industrial –escuelas, fábricas, prisiones, hospitales–, esos muros sólidos, opacos e intransponibles súbitamente se han vuelto traslúcidos. La función de las viejas paredes del hogar consistía, precisamente, en obtener el máximo provecho de dichas características: eran sólidas, opacas e infranqueables porque debían servir como un refugio para proteger a su morador de los peligros del espacio público y ocultar su intimidad a los curiosos ojos ajenos. Pero ahora esos muros se dejan infiltrar por miradas técnicamente mediadas –o *mediatizadas*– que flexibilizan y ensanchan los límites de lo que se puede decir y mostrar. De las *webcams* a los paparazzi, de los *blogs* y *fotologs* a *YouTube* y *MySpace*, desde las cámaras de vigilancia hasta los *reality-shows* y *talk-shows*, la vieja intimidad se transformó en otra cosa. Y ahora está a la vista de todos.

¿Cómo entender estos procesos? ¿Podemos decir, simplemente, que hoy lo privado se torna público? La respuesta se intuye más compleja, sugiriendo una imbricación e interpenetración de ambos espacios, capaz de reconfigurarlos hasta volver la distinción obsoleta. Además, estaría ocurriendo una mutación profunda en la producción de subjetividad, ya que en esos ambientes metamorfoseados germinan modos de ser cada vez más distantes de aquel carácter introdirigido que definía el *homo psychologicus* de la era industrial. Se inauguran, así, en medio de estos desplazamientos, otras formas de consolidar la propia experiencia y otros modos de autotematización, otros regímenes de constitución del *yo* y otras maneras de relacionarse con el mundo y con los demás.

En sus ensayos de los años treinta, Walter Benjamin apuntó la emergencia de una novedad que juzgó significativa: las "casas de vidrio". Muy distintas de todo lo que se había visto hasta entonces en materia arquitectónica, los nuevos edificios construidos por las vanguardias modernistas prescindían de cualquier ornamento. Sólo un ensamblaje de superficies planas y geométricas, una síntesis precisa de piezas ajustables y móviles que celebraban tanto la practicidad de la máquina como la economía de la producción industrial. El vidrio es un material no sólo transparente, sino también duro y liso, "en el que nada se fija", resaltaba Benjamin. Junto con el frío del acero, el vidrio creaba ambientes en los cuales era difícil dejar rastros. Nada más opuesto a las necesidades y los sueños que se cobijaban en aquellos recintos privados de otrora, donde la subjetividad introdirigida del morador podía yacer a gusto. En aquellos ambientes de antaño, el *yo* protegido se permitía una exteriorización, un melifluo afloramiento en el tiempo y en el espacio.

Dejar huellas e impregnar todo el entorno con los propios vestigios formaba parte de las reglas implícitas de aquel universo. Algo ciertamente inviable, en cambio, en una casa de vidrio.

¿Por qué esta alusión aquí? Porque las pantallas que ahora habitamos, también son de vidrio. "Las cosas de vidrio no tienen ningún aura", verificaba Benjamin, "el vidrio es en general enemigo del misterio". Hoy sabemos que la transparencia lisa y brillante de la pantalla de un monitor conectado a Internet puede ser aún más enemiga del misterio, más locuaz e indiscreta que cualquier ventana modernista. Nada más lejos de aquellos espacios recubiertos de terciopelo y encajes que eran los clásicos hogares burgueses del siglo XIX, colmados de muebles, alfombras y adornos de porcelana. Benjamin evoca, inclusive, la "indignación grotesca" del habitante de esos ambientes, cuando por casualidad se rompía alguno de los preciosos objetos coleccionados en los cristaleros y aparadores del hogar. Esa desesperación era la reacción típica de alguien "cuyos vestigios sobre la tierra estaban siendo abolidos".[23]

En un mundo de pura transparencia y visibilidad total, como aquel con el cual se atrevían a soñar las casas de vidrio modernistas de los años treinta, la opacidad era un problema a ser eliminado. Tanto el espesor de las paredes como la densidad de los infinitos ornamentos del salón burgués causaban cierta incomodidad, pero también –y, quizá, sobre todo– molestaba la opacidad misteriosa del *homo psychologicus*. Aquel sujeto ofuscado por el inmenso bagaje de cosas inconfesables que cargaba consigo, aquel que buscaba constantemente el sentido perdido dentro de su propia oscuridad interior. "Cada cosa que poseo se vuelve opaca para mí", escribió André Gide en las primeras décadas del siglo XX, bajo los ecos de un mundo que ya entonces agonizaba o, al menos, un universo sobre cuyo fin la aguda mirada de Benjamin percibió las primeras señales.

---

[23] Walter Benjamin, "Experiência e pobreza", en *Obras escolhidas*, vol. 1: *Magia e Técnica, Arte e Política*, San Pablo, Editorial Brasiliense, 1994, pp. 115-118 [trad. esp.: "Experiencia y pobreza", en *Discursos interrumpidos I, op. cit.*].

Cerca de medio siglo más tarde, en 1975, Andy Warhol disparó la siguiente bomba: "deberíamos vivir en un gran espacio vacío". Para eso, el ícono del arte pop estadounidense recomendaba las ventajas de librarse de todas las pertenencias. "Lo que deberías hacer es comprar una caja cada mes, meterlo todo adentro y a final de mes cerrarla". Tras adherir una etiqueta con la fecha en la caja de cartón, el consejo era enviarla a Nueva York e intentar seguirle la pista. "Pero si no puedes y la pierdes, no importa, porque es algo menos en que pensar: te sacas otra carga de la mente". Inspirándose en la costumbre japonesa de "enrollarlo todo y guardarlo en armarios", Warhol consideraba aún más adecuado prescindir inclusive de la hipocresía de los roperos. Todo lo que solemos poseer en casa "debería tener fecha de caducidad, al igual que la leche, el pan, las revistas y los periódicos, y una vez superada esa fecha, deberías tirarlo". El propio artista confesó que hacía eso todos los meses con sus propias pertenencias y, como detestaba la nostalgia, en el fondo esperaba que se perdiesen todas las cajas "para no tener que volver a verlas nunca más".[24] Vale imaginar, ante el tono ligeramente desvergonzado de estas frases, el semblante atónito y la indignación grotesca de aquel carácter introdirigido del siglo XIX, evocado por Walter Benjamin en su salón lleno de adornos cuya fragilidad era preciso preservar eternamente.

Algunos años después de esas declaraciones, en la década de 1980 e inicios de los años noventa, épocas de abundancia en el consumo desenfrenado y deseos de distinción *blasé*, ganó un aire chic ese desapego del cual Andy Warhol se burlaba. Nacía, así, junto con los *lofts* posmodernistas y los reciclajes arquitectónicos, una extravagancia del lujo: el *minimalismo*. Especie de anorexia de la decoración, ese estilo genera ambientes vacíos, claros y sumamente limpios, de los cuales exhala una pureza inhumana. En esos espacios no hay –ni puede haber– rastro alguno, de modo que parecen una realización plena de los sueños modernistas de las casas de

---

[24] Andy Warhol, *Mi Filosofía de A a B y de B a A*, Barcelona, Tusquets, 1998, p. 155.

vidrio. Al menos en lo que respecta a la actitud y al estilo, puesto que los nuevos ambientes nacieron vaciados de la ideología anti-burguesa que venía adherida a aquellos recintos mucho más circunspectos. En estos otros, todo el énfasis reposa en el efecto visual del escenario *clean*, como relata el mencionado Rybczynski al describir los "interiores impecables" de las revistas de decoración contemporáneas, escenarios inmaculados de los cuales "se elimina cuidadosamente todo vestigio de que son habitados por seres humanos". En esos ambientes que brillaron a fines del siglo XX y todavía deslumbran con su luminosidad inerte, "todas las posesiones personales pasan a ser inservibles". Por eso, deben esconderse en armarios disimulados en las paredes blancas, recreando la "hipocresía japonesa" referida por Andy Warhol. Aunque pueda resultar poco confortable vivir en esa severa perfección tan cuidadosamente ensayada, parece valer la pena "en aras de un estilo de vida tan refinado" según la irónica apreciación del historiador de la arquitectura hogareña.[25] O, por el menos, que así lo parezca.

Siguiendo esa tendencia, una de las imágenes del lujo extremo en lo concerniente a las "máquinas para vivir" más deseables aún hoy en día, ya en la alborada del siglo XXI, sería un gran departamento vacío ubicado en un piso imposiblemente alto, con enormes ventanas que dan a la nada: vidrios transparentes y limpísimos, pero siempre herméticamente cerrados. Todo es translúcido, salvo el techo y el piso, que suelen estar rigurosamente pintados del blanco más blanco. En general, se trata de un solo ambiente sin límites de ningún tipo, pulcramente iluminado y climatizado, cuyos únicos habitantes son una multitud de pantallas planas gigantescas, cada vez mayores y cada vez más planas, en las cuales es posible ver todo, hacer todo, mostrar todo. Pero en esa sofisticación que "intimida y acusa al mismo tiempo", no sorprende que "todo deba desaparecer". No es tan sólo la sofocante acumulación de ornamentos, muebles recargados y alfombras bordadas lo que se suprime en estos nuevos hogares, sino también "todos los indi-

---

[25] Witold Rybczynski, *op. cit.*, p. 29.

cios de descuido y fragilidad humana", dice Witold Rybczynski al concluir su largo paseo por la historia de la casa.[26]

Para completar este cuadro, cabe mencionar la muestra de una serie de proyectos arquitectónicos de viviendas presentados en una exposición en el Museo de Arte Moderno de Nueva York, en 1999, significativamente titulada *The Un-private House*. Los ambientes exhibidos son continuos, fluidos, abiertos, transparentes y flexibles. Esas novísimas casas no privadas usan y abusan de la transparencia del vidrio, tanto en las paredes como en la omnipresencia de pantallas digitales que reproducen un paisaje o transmiten informaciones sin cesar, que facilitan el encuentro con visitantes virtuales o permiten observarse desde todos los ángulos posibles. Esos espacios evidencian un radical distanciamiento de la vida acogedora entre opacas cuatro paredes que otrora era habitual. Porque según el curador de la muestra, hoy la casa tiende a convertirse en "una estructura permeable, apta para recibir y transmitir imágenes, sonidos, textos e información en general". Por eso, "debe ser vista como una extensión de los eventos urbanos y como una pausa momentánea en la transferencia digital de información".[27]

¿Qué resta, en un contexto como ése, de aquel refugio del cuarto propio y privado, donde el *yo* burgués debía ser cuidadosamente guarnecido entre sus pequeños tesoros, a salvo de toda intromisión del espacio público y de los otros? Como recuerda Benjamin, en el típico ambiente burgués de finales del siglo XIX, a pesar de toda la afabilidad que irradiaba, todo en él emitía un mensaje destinado al intruso: "¡no tienes nada que hacer aquí!". Porque en esos recintos no había "un único punto en el cual su habitante no hubiese dejado sus vestigios". Eran espacios saturados del *yo* del morador, llenos de marcas de su historia y de su interioridad laboriosamente exteriorizada. Sin embargo, en esos salones también

[26] *Ibid*, pp. 200-202.
[27] Terence Riley, *The Un-private house*, Nueva York, The Museum of Modern Art (MOMA), 1999. Citado en Maria Cristina Franco Ferraz, "Reconfiguracões do público e do privado: mutacões da sociedade tecnológica contemporânea", en *Famecos*, vol. 15, Porto Alegre, PUC-RS, agosto 2001, pp. 29-43.

era evidente la tiranía: "el 'interior' obliga al habitante a adquirir el
máximo posible de hábitos, que se ajustan mejor a ese interior que
a él mismo".[28] Quizá sea una revuelta contra esas coacciones de las
paredes opacas lo que motivó la creación de las casas de vidrio en
la primera mitad del siglo XX, fantasías en forma de edificios con-
cretizados por arquitectos como Adolf Loos y Le Corbusier. Otros
ecos de esa rebeldía también se dejan escuchar en la provocación de
Andy Warhol en los años setenta, y tal vez una insurrección contra
todo eso también esté presente en los fenómenos de exhibición de
la intimidad que hoy tanto nos sorprenden.

Esta perspectiva quizás ayude a explicar el éxito de los *reality-
shows* de transformación en la actualidad. ¿Cómo comprender la
fascinación provocada por esos programas de televisión, que efec-
túan alteraciones sustanciales no sólo en el aspecto físico sino también en los ambientes donde viven los voluntarios? El programa
Queer eye for the straight guy, por ejemplo, acompaña a cinco hombres
gay en sus tareas de transformación de una casa y su propietario,
que es siempre un heterosexual. Cada uno de los transformadores
es responsable por un segmento de la vida del sujeto a transformar: apariencia, cultura, moda, gastronomía y vinos, decoración
de interiores. Y los cinco "están siempre corriendo, literalmente,
como si estuviesen participando de un juego o una carrera", comenta Ilana Feldman en su estudio sobre el nuevo género televi-
sivo. "Entran en las casas apurados y ansiosos, tirando todo lo que
pueden —muebles, objetos personales, ropas— mientras hacen gala
de un repertorio de comentarios feroces y hasta crueles".[29]

Si en alguna de esas residencias llegara a haber adornos de
porcelana o cortinas de terciopelo, sin duda serían rápidamente
descartados con la oportuna indignación grotesca por parte de estos agitados profesionales de la transformación, como diría Benjamin a propósito de aquel burgués de fines del siglo XIX. En este

---

[28] Walter Benjamin, "Experiência e pobreza", *op. cit.*, p. 118.
[29] Ilana Feldman, "Reality show, reprogramacão do corpo e producão de
esquecimento", en *Trópico*, San Pablo, noviembre de 2004.

caso, sin embargo, el propietario no se ahogará en la desesperación al ver los restos de sus objetos en la basura; al contrario, hasta podrá mostrar una sonrisa de aprobación y un arrobo de la futura felicidad, al constatar que los vestigios de lo que fue estaban siendo abolidos o *deleteados*. Porque el final es siempre feliz: los participantes de estos programas de TV agradecen por la nueva vida que se les concedió junto con el cambio de imagen personal y ambiental. En todos los casos, se proponen olvidar quienes fueron para recomenzar desde cero, en una nueva casa y con otra apariencia física. Se diría que emergen liberados de esas transformaciones, redimidos tras haber cambiado su vieja "subjetividad basura" por una flamante "subjetividad lujosa", como diría Suely Rolnik.[30] Libres, al fin, de las aflicciones infringidas por aquellos ambientes en los cuales hasta entonces habitaban y cuyas paredes los presionaban, obligándolos a "adquirir el máximo posible de hábitos", como también desconfiara Benjamin.

Liberados del encarcelamiento de sus viejas pertenencias y de todo lo que fueron hasta entonces, ¿para convertirse en qué? Según Guy Debord, la primera fase de la "dominación de la economía sobre la vida social" entrañó, en la definición de toda realización humana, "una evidente degradación del *ser* en *tener*". En el capitalismo del siglo XIX e inicios del XX, la capacidad de acumular bienes y el hecho de poseer determinadas pertenencias –sean objetos de cerámica, mansiones, automóviles o alfombras bordadas– podía definir lo que se era. De algún modo, aquellos objetos que acolchonaban la privacidad individual hablaban de *quién se era*. Ahora, sin embargo, en el estado actual de "colonización total de la vida social por los resultados acumulados de la economía", en la sociedad del espectáculo, en fin, ocurre "un deslizamiento general del *tener* en *parecer*". Es justamente de ese *parecer*, de esas apariencias y de esa visibilidad de donde "todo real *tener* debe extraer su prestigio inmediato y su función última", concluía

[30] Suely Rolnik, "A vida na berlinda: Como a mídia aterroriza com o jogo entre subjetividade-lixo e subjetividade-luxo", en *Tropico*, San Pablo, 2007.

Debord.[31] Si no se muestra, si no aparece a la vista de todos y los otros no lo ven, entonces de poco sirve tener lo que sea.

Curiosamente, aún en el modo de producción y consumo capitalista en que seguimos inmersos, el concepto de propiedad llega a perder buena parte de su antigua nitidez. Esa noción también se metamorfosea, en provecho de formas más flexibles de apropiación y acceso a experiencias, sensaciones y universos exclusivos. "La propiedad es una institución demasiado lenta para ajustarse a la nueva velocidad de nuestra cultura", asevera el economista Jeremy Rifkin en su libro *La era del acceso*, porque se basa en la idea de que poseer un activo físico durante un largo período de tiempo es algo valioso.[32] En cambio, en una economía en la que los cambios son la única constante, en una sociedad donde cambiar se convirtió en una obligación permanente, verbos como tener, guardar y acumular pierden sus antiguos sentidos. En compensación, mientras la subjetividad parece liberarse de ese vínculo fatal con los objetos polvorientos que envejecen sin nunca perecer, otros verbos se valorizan, tales como *acceder* y *parecer*. Y también otros sustantivos: las apariencias, la visibilidad y la celebridad.

En un contexto como éste, no sorprende que los hogares pierdan su función de refugio privado para proteger la intimidad, atiborrados de una infinidad de objetos significantes que se amarraban a las más profundas raíces de cada *yo*. Poco a poco, nuestras casas se convierten en bellos escenarios –de preferencia, decorados mutantes o mutables– donde transcurren nuestras intimidades visibles como películas de no ficción. Solamente en ese contexto es posible entender el siguiente relato a propósito de una de las casas no privadas, aquellas expuestas en la muestra arquitectónica del MOMA. Uno de los propietarios comentó que, en ocasión

---

[31] Guy Debord, *La sociedad del espectáculo*, Buenos Aires, La Marca, 1995, tesis 17. Los énfasis pertenecen al autor.

[32] Jeremy Rifkin, *A era do acesso: A transição de mercados convencionais para networks e o nascimento de uma nova economia*, San Pablo, Makron Books, 2001, p. 5 [trad. esp.: *La era del acceso. La revolución de la nueva economía*, Barcelona, Paidós, 2000].

de la primera visita de sus padres, tuvo que explicarles que "en vez de cuartos, en su nueva casa sólo había *situaciones*".[33] Si los hogares son dispositivos arquitectónicos que funcionan como efecto y también como instrumento de producción de nuevos modos de subjetivación, cabe sondear cuáles son los tipos de *yo* y las formas de sociabilidad que tienden a constituirse en estos flamantes ambientes, que abandonaron la lógica del cuarto propio para devenir escenarios translúcidos.

Para eso no hace falta recurrir al ejemplo alevoso de la "casa" del programa *Gran Hermano*, un *reality-show* que hace varios años constituye un éxito en los televisores de diversos países del mundo. Aunque se trate de un simulacro del típico hogar burgués, sus muros son transparentes y todo lo que ocurre en su interior es minuciosamente monitoreado por millones de personas que miran la televisión en sus propios hogares –ya sean burgueses o no–. A pesar de tener menos rating, una *webcam* casera desempeña idéntico papel: abre una ventana virtual en la tranquilidad del hogar y muestra todo lo que sucede entre esas cuatro paredes a quien quiera espiar un poco. Rituales semejantes practican quienes exponen todos los detalles de sus vidas privadas en un *blog* o un *fotolog*, en *MySpace* o en *YouTube*. ¿Qué se ha hecho, entonces, de aquel *homo psychologicus* con su carácter introdirigido? ¿En que se ha convertido el viejo *homo privatus*?

[33] Terence Riley, *op. cit.*, p. 35. El énfasis pertenece al autor.

IV. *YO VISIBLE* Y EL ECLIPSE DE LA INTERIORIDAD

¡No quiero más ser yo! Pero yo me adhiero a mí misma e inextricablemente se forma una tesitura de vida.

CLARICE LISPECTOR

¿Quieres ser diferente? Haz clic aquí y elige la tuya: ¡camisas exclusivas!

REVISTA *CAPRICHO*

CIERTA tradición occidental lleva a pensar al ser humano como una criatura dotada de una profundidad abisal y frondosa, en cuyos oscuros meandros se esconde un bagaje tan enigmático como inconmensurable: su *yo*. Infinitos datos, acontecimientos vividos o fantaseados, personas queridas u olvidadas, sueños, deseos inconscientes, firmes ambiciones, apetitos inconfesables, miedos, afectos, odios, amores, dudas, certezas, penas, alegrías, recuerdos traumáticos o difusos… En fin, todos los sedimentos de la experiencia vivida y de la imaginación de cada uno. Se supone que si fuera posible conocerlo, todo lo que está resguardado bajo la piel y cobijado en el núcleo esencial de cada individuo sería capaz de revelar lo que *es* cada uno de nosotros. Pero ese develamiento no resulta nada simple, porque esa acumulación sustancial es etérea e intangible. Eso que inexplicablemente nos constituye está hecho de la materia de los sueños, es volátil, fluido, espectral. Sus contornos apenas pueden intuirse ocasionalmente, como un destello que súbitamente reluce y enseguida se apaga, entrevisto de manera oblicua, nublada, confusa, ya sea por casualidad o tras un arduo trabajo de introspección.

Tal es, al menos, una forma de caracterizar la esencia del hombre moderno, aquel tipo de sujeto que protagonizó los diversos dramas de las sociedades industriales en el Occidente de los últimos dos o tres siglos: el *homo psychologicus*. Un sujeto que no sólo podía estudiarse con ayuda de las herramientas típicas de aquel período histórico, sino que debía ser analizado de ese modo; entre todos esos instrumentos, en una posición privilegiada, figuraba el psicoanálisis. Ahora, sin embargo, serias turbulencias amenazan ese universo que vio germinar las subjetividades *introdirigidas*. Como consecuencia de esas perturbaciones, estarían emergiendo otras construcciones identitarias, basadas en nuevos regímenes de producción y tematización del *yo*. Al haberse desmoronado aquellos muros que separaban los ambientes públicos y privados en la sociedad industrial, se vuelve visible nada menos que la intimidad de cada uno y de cualquiera. En ese cuadro, el *homo privatus* deberá metamorfosearse.

Acompañando las complejas transformaciones económicas, sociales, políticas, culturales y tecnológicas de las últimas décadas, cuyos sacudones disgregaron buena parte de las viejas certezas, también estaría desplazándose el eje alrededor del cual se edifican las subjetividades. Así, por ejemplo, hoy se pone en cuestión la primacía de la vida interior, una entelequia que desempeñaba un papel fundamental en la conformación subjetiva moderna. Factores como la visibilidad y las apariencias –todo aquello que solía tematizarse como la engañosa exterioridad del *yo*– ayudan a demarcar, con una insistencia creciente, la definición de lo que es cada sujeto. Al mismo tiempo, se estaría desinflando aquel denso acervo interno alojado en las profundidades del alma humana. O, al menos, sus antiguos bríos pierden intensidad, reclaman menos cuidados y atenciones, en provecho de otras regiones del *yo* que súbitamente se iluminan y atraen todas las miradas.

A pesar de esas trepidaciones, no parecen haber perdido vigencia, entre nosotros, aquellas "tiranías de la intimidad" engendradas a lo largo del siglo XIX en el mundo burgués y tan bien descriptas por Richard Sennett en su clásico estudio de los años setenta. Al contrario, tomando en cuenta el exhibicionismo de la intimidad que hoy se expande, esas tiranías se vuelven todavía más audaces y opresivas, porque capturan espacios y asuntos que habrían sido impensables poco tiempo atrás. Además, otros despotismos vienen a ejercer una nueva torción sobre aquellos más antiguos. Emerge así, aquí y ahora, algo que podríamos denominar las "tiranías de la visibilidad".

Por todos esos motivos, parece tratarse de un gran movimiento de mutación subjetiva, que empuja paulatinamente los ejes del *yo* hacia otras zonas: desde el interior hacia el exterior, del alma hacia la piel, del cuarto propio a las pantallas de vidrio. Considerando las dimensiones y los incalculables efectos de estas transformaciones, resultan insuficientes algunas tentativas bastante habituales, que buscan explicar los nuevos fenómenos de exposición de la intimidad en los medios contemporáneos como una mera exacerbación de cierto narcisismo, voyeurismo y exhibicionismo siempre latentes. Según esas perspectivas, sería escasa y meramente cuantitativa la novedad que el fenómeno actual agrega al cuadro iniciado con la Revolución Industrial, con la instauración del capitalismo y el despegue de la industria cultural masiva. Sin embargo, varios indicios llevan a pensar en un conjunto de alteraciones mucho más radicales, que afectan a los mecanismos de constitución de la subjetividad. Una mirada atenta podrá detectar, por todas partes, un sinnúmero de señales de esta mutación, múltiples síntomas de ese distanciamiento con respecto a un modelo de *yo* que marcó una época, pero que ahora se está descomponiendo. O, al menos, parece estar metamorfoseándose en forma gradual aunque veloz y pertinaz, escoltando los cambios que ocurren en todos los ámbitos, al compás de los vertiginosos procesos de globalización, aceleración, espectacularización y digitalización de nuestro mundo.

Pero, ¿por qué todo esto sucede en este momento histórico? ¿Cuál es el sentido de estos desplazamientos? Sabemos que las subjetividades son modos de ser y estar en el mundo, formas flexibles y abiertas, cuyo horizonte de posibilidades transmuta en las diversas tradiciones culturales. Si la experiencia subjetiva puede examinarse según tres niveles de análisis –singular, particular y universal– es la segunda perspectiva la que interesa aquí. Es decir, un abordaje que intenta detectar elementos comunes a algunos sujetos que comparten cierto bagaje cultural en determinado momento histórico, pero que no afectan a la totalidad de la especie humana –nivel universal– y tampoco constituyen trazos meramente individuales –nivel singular–. La "interioridad psicológica" sería un ejemplo de este tipo de atributos subjetivos particulares, porque se trata de una construcción histórica, algo inventado, un modo de producir el *yo* que se impuso en determinado período de la cultura occidental, pero que de ninguna manera contempla al género humano en su conjunto, ni en términos históricos ni geográficos.

La interioridad forma parte de una forma de subjetivación históricamente localizable, que en los últimos tres siglos ha regido de manera hegemónica en el mundo occidental. Una configuración de ese tipo sólo puede derivar de una noción internalista de la mente, que remite al "teatro cartesiano" de la glándula pineal o a la idea de un "cine interno", entidades aún bastante familiares en las cosmovisiones contemporáneas. Su germen, sin embargo, es mucho más antiguo, se remonta hasta la lejana Alejandría del siglo I a. C., a través del pensamiento de filósofos como Séneca, Epícteto y Marco Aurelio. Pero esa idealización de la mente no es la única posible: existen diversos abordajes externalistas, inclusive en la cultura occidental moderna, tales como los que consideran a la conciencia en tanto fruto de la interacción social. De acuerdo con esas perspectivas, sería en la trama intersubjetiva donde las individualidades nacen y se desarrollan, sin interiorizaciones de ningún tipo. Las visiones de esta índole intentan superar las persistentes limitaciones del dualismo interior-exterior: la mente sería una construcción intersubjetiva y de algún modo "exterior" a las entrañas del sujeto. O mejor dicho: ni interior ni exterior, ya que los abordajes de este tipo tienen el mérito de diluir tales dicotomías.

De modo que la noción de interioridad fue inventada: pertenece a un tipo de formación subjetiva que emergió en un contexto determinado, en función de ciertas líneas de fuerza que estimularon su desarrollo. Como muestra Charles Taylor en su libro *Fuentes del yo*, tras realizar un análisis exhaustivo de diversos textos históricos y antropológicos: "de hecho, las ideas modernas de interior y exterior son extrañas y sin precedentes en otras culturas y épocas".[1] Por tal motivo, esa noción se puede desmontar y debería pasar por un proceso de desnaturalización, a pesar de la obvia dificultad implícita en esa tarea, pues aunque sea posible entrever una crisis en la preeminencia de tal concepto, todavía estamos fuertemente marcados por esa forma de comprender y vivenciar la condición humana. De todas maneras, a pesar de los obstáculos que plantea la cuestión, ya se vislumbra que tal noción se podría sustituir por otras invenciones, aunque todavía se trate de un componente fundamental de la subjetividad occidental, cuyo vigor persiste y sigue afectando nuestro mundo y nuestros modos de ser.

Una de las preguntas fundamentales de la obra de Michel Foucault se refiere a la genealogía del sujeto: ¿cómo se constituye un tipo de subjetividad –específicamente, la nuestra–, a partir de la confluencia de ciertas prácticas discursivas y no discursivas? Para elaborar una respuesta, el filósofo francés se remonta a la Antigüedad griega, cuna de nuestra tradición cultural, y verifica que en aquellos tiempos remotos también hubo cierta tematización del sujeto. Sin embargo, éste habitaba un espacio considerado público y no poseía la experiencia de aquello que hoy denominamos interioridad. Así, por ejemplo, en el mundo clásico, las prácticas sexuales no pertenecían al ámbito de la intimidad. Se trataba, en cambio, de un tipo de comportamiento político que involucraba una relación con los demás sujetos, y por eso solicitaba el cumplimiento de los principios del "cuidado de sí". Las reglas de la erótica griega –al igual que los dictámenes de la dietética– implicaban la propuesta de "ser libre" por medio del dominio de sí, incluso de la propia carne: gobernarse a sí mismo era la única vía posible para ser capaz de gobernar también a los otros y presidir la polis.

---

[1] Charles Taylor, *As fontes do self. A construção da identidade moderna*, San Pablo, Loyola, 1997, p. 153 [trad. esp.: *Las fuentes del yo*, Barcelona, Paidós, 1996].

Tras constatar ese enorme distanciamiento con respecto a nuestro presente, Foucault intentó escrutar esa diferencia comparando dos textos: *La ciudad de Dios* de San Agustín y un libro sobre la interpretación de los sueños escrito en el siglo III d. C. por el filósofo pagano Artemidoro, titulado *Oneirocrítica*.[2] Su análisis constata que los sentidos de ambos documentos son muy distintos. En el segundo texto, las prácticas sexuales responden al modelo de la penetración: lo importante es qué hace cada uno con los otros. En cambio, la primera obra presenta una perspectiva bastante diferente, aunque más familiar para nosotros: es el modelo de la erección, que se consagra a la relación de cada sujeto con su propio deseo. El caso griego privilegia la acción: lo que se hace en el mundo y la interacción con los demás; mientras que el discurso cristiano se concentra en la esencia del *yo*: lo importante es lo que se es. Esa relación del sujeto consigo mismo se convierte, precisamente, en la gran incógnita a develar.

La comparación es significativa, entre otros motivos, porque la obra de San Agustín abriga las primeras metáforas de la introspección. En las páginas de sus *Confesiones* aparecen, por primera vez en la tradición occidental, las exigencias de un perpetuo autoanálisis. Por eso suele reconocerse a este monje, que vivió en los siglos IV y V de la era cristiana, como el padre de la interioridad, además de haber sido autor de uno de los primeros escritos autobiográficos de la historia. Bajo la influencia de la filosofía de Platón, cuyas ideas conoció a través de los textos de Plotino, este autor presentó en su propia obra una importante novedad histórica: la autoexploración como un camino para llegar a Dios. *Noli foras ire, in teipsun redi; in interiori homine habitat veritas*, escribió Aurelius Augustinus: "No vayas hacia afuera, vuélcate hacia dentro de ti mismo; pues en el hombre interior reside la verdad".[3] Al mirar para adentro de sí mismo, a fin de conocerse profunda-

---

[2] Michel Foucault, "Sexualidad y soledad", en *Zona Erógena*, vol. 8, Buenos Aires, 1991.

[3] San Agustín, *Confesiones*. Citado en Charles Taylor, *op. cit.*, pp. 171 y 172.

mente, sería posible alcanzar la verdadera naturaleza: el *yo* como
una criatura. En ese sentido, el imperativo de conocerse a sí mismo
pasó a ser un camino necesario para acercarse a Dios. Era necesario practicar una hermenéutica incesante de sí mismo, una autorreflexión radical y constante, ya que al final de esa búsqueda sería posible encontrar la trascendencia.

Así fue como quedó delineada, en esos escritos pioneros,
una primera formulación del interior del sujeto como el lugar de
la verdad y de la autenticidad, una noción que devendría fundamental en la cultura moderna. Bajo la perspectiva agustiniana,
por ejemplo, el castigo de Dios a Adán fue una condena a distanciarse con respecto a sí mismo. Una idea de la cual son tributarios
importantes desarrollos modernos: esa dimensión de sí mismo
que, aun siendo extraña al *yo*, se hospeda dentro suyo. A esa noción se afilian tanto el romanticismo como el psicoanálisis, pasando por una riquísima producción literaria, artística y filosó-
fica que todavía irriga nuestra cultura. Pero fue así como empezó
a germinar, en los albores de la más lejana Edad Media, esa semilla que varios siglos más tarde fundaría la robusta interioridad moderna.

Los textos de San Agustín fueron retomados a fines del Renacimiento y florecieron con todo su ímpetu en los siglos XVI y XVII.
Sus ideas preanunciaron el desplazamiento hacia el centro del
hombre, tanto desde el punto de vista cosmológico como subjetivo, un doble movimiento que sería explicitado de manera definitiva por René Descartes en su idea de "volverse hacia dentro".
Porque un enunciado como el famoso "pienso, luego existo" no
se concentra en el mundo material y exterior de las acciones e interacciones sociales –o sea, en aquel grande afuera del sujeto–
sino que, al contrario, se afinca en la interioridad supuestamente
inmaterial de la mente o del alma. Es decir, en ese misterioso
magma que se hospeda dentro de cada uno. Por eso, al intentar
probar que sería posible alcanzar la verdad por medio de la duda
metódica, llegando al dominio de sí mismo gracias al ejercicio radical de la racionalidad, Descartes halló en la razón el funda-

mento de la existencia del *yo*. Dios seguía siendo la condición de posibilidad del hombre, pero las fuentes morales del *yo* se retiraron de los terrenos divinos y fueron conducidas hacia el interior de cada sujeto.

Sin duda, ése fue un gran desplazamiento histórico del eje de la subjetividad, plasmado explícitamente en los textos cartesianos de la primera mitad del siglo XVII. Un deslizamiento tal vez tan importante como este otro que vivenciamos a principios del siglo XXI, cuyas primeras huellas se pueden adivinar en las nuevas modalidades de autoconstrucción que proliferan en Internet. En este movimiento se insinúa una nueva retirada de las fuentes morales del *yo*, que abandonan su morada emplazada en el interior de cada sujeto, mientras anuncian una gradual exteriorización de la subjetividad.

Al inaugurar oficialmente la Era Moderna, la propuesta cartesiana de volverse hacia dentro de sí mismo no apuntaba más a la búsqueda de un encuentro con Dios en el interior de la propia subjetividad, como era el caso de San Agustín. "Lo que ahora encuentro es a mí mismo: adquiero una claridad y una plenitud de autopresencia que antes no tenía", explica el mencionado Charles Taylor en su análisis de los escritos de René Descartes. "Pero a partir de lo que encuentro aquí, la razón me lleva a inferir una causa y una garantía trascendentes, sin las cuales mis capacidades humanas ahora bien comprendidas no podrían ser lo que son".[4] De este modo, la idea de interioridad continúa puliendo sus contornos. Gana cada vez más autonomía, junto a las capacidades individuales de organización racional y junto a la gradual secularización del mundo que escoltaría los procesos civilizadores de la sociedad industrial.

No obstante, sabemos que esos derroteros no han sido lineales sino zigzagueantes, y que no fue sin resistencias que todas esas novedades se impusieron hasta naturalizarse al volverse hegemónicas. Cabe destacar el papel fundamental desarrollado por la Re-

---

[4] Charles Taylor, *op. cit.*, p. 207.

forma de la Iglesia, por ejemplo, que contribuyó grandemente a cambiarle la cara al mundo a partir del siglo XVI. Al predicar tanto el libre examen de la *Biblia* como el de la propia conciencia, el protestantismo puso en primer plano la responsabilidad individual. Varios rituales eclesiásticos tradicionales perdieron sentido, con su tutela autoritaria y paternalista de los fieles, pues el individuo aislado pasó a ocupar el centro de la relación con Dios: a solas, pero en profundo contacto consigo mismo. Como señaló Max Weber al describir el "ascetismo del mundo interior", la ética protestante se transformaría muy pronto en el suelo fértil sobre el cual brotó el espíritu del capitalismo, diseminando la valorización del trabajo, la disciplina y el compromiso individual, en perfecta sintonía con la formación sociopolítica y económica que se estaba gestando en aquel período histórico.

La interioridad psicológica fue cuajándose como un lugar misterioso, rico y sombrío, ubicado dentro de cada sujeto. Un núcleo secreto donde despuntan y se cultivan los pensamientos, sentimientos y emociones de cada uno, en oposición al mundo exterior y público, compuesto por todo aquello que está fuera de cada individuo en particular. En pleno auge de estas reconfiguraciones, en el siglo XVI, Michel de Montaigne asentó las bases de un nuevo estilo discursivo con sus célebres *Ensayos*: nacía, en sus páginas, la escritura de sí. Los textos de ese autor francés, verdadero pionero de un género que tres siglos más tarde se popularizaría enormemente, también contribuyeron a la gradual secularización de la idea de interioridad, ya que en ellos se celebran las virtudes de la autoexploración por medio de la escritura. En los diversos ensayos que integran su bella obra, Montaigne se proponía alcanzar el conocimiento de sí mismo desdeñando los atributos universales del género humano para indagar en las complejas aristas de una personalidad singular: su *yo*.

A través de ese buceo en su propia inestabilidad interior, en toda la incertidumbre y transitoriedad de una experiencia individual, ese "autor narrador" procuraba mostrar que la condición humana consiste precisamente en eso. Al dejar correr ese flujo de palabras escritas en total soledad –o bien en compañía de sí mismo, a solas con su rica interioridad–, elaboró una autodescripción que no buscaba ser ejemplar, sino apenas fiel a la imperfección y a la ambigüedad de su *yo*. Buscaba descubrir su propia forma, su originalidad, aquello que hacía que él fuese realmente él y solamente él mismo: Michel de Montaigne. Por eso no sorprende que este ensayista haya notado la potencia creadora de la escritura de sí, como un manantial de palabras que al derramarse en el papel ayudan a crear ese *yo* que narra la propia vida. "Yo no hice más a mi libro que él a mí", confesó Montaigne a propósito de los *Ensayos*.[5] Pues el sujeto moderno no sólo se explora, sino que también se inventa usando toda la potencia de las palabras. Un ritual que se difundirá ampliamente en las prácticas cotidianas de los diarios íntimos, a lo largo de los siglos XIX y la primera mitad del XX, con su multitud de textos introspectivos tejidos en los cuartos propios de las casas burguesas.

Fue precisamente en esa época –casi trescientos años después de la muerte de Montaigne– que emergió, con todas sus fuerzas, el régimen de la autenticidad en la creación de sí y la interacción con los otros, apuntado por Richard Sennett como uno de los elementos de la sociabilidad intimista que terminaría asfixiando al hombre público. Resguardados por las paredes del hogar, los sujetos modernos podían sacarse las máscaras en esos ambientes privados. Una vez desenmascarados, desnudaban en el papel sus más íntimas verdades.

Jean-Jacques Rousseau es otra figura clave en este proceso: entre los años 1765 y 1770, este paladín de las Luces escribió –y publicó– un libro significativamente intitulado *Las confesiones*. En sus páginas, el "autor narrador personaje" delineaba la radical singularidad de su *yo*, explicitando sus pensamientos, sus flaquezas y pasiones, en lucha contra la hostilidad del mundo público que estaba allá afuera. "Quiero mostrar a mis semejantes un hombre en toda la verdad de la naturaleza y ese hombre seré yo", co-

[5] Michel de Montaigne, *Ensayos*. Citado en Taylor, *op. cit.*, p. 238.

mienza el valiente alegato. Esa mirada sobre sí mismo –y hacia dentro de sí– está fuertemente marcada por la vocación de sinceridad. "He aquí lo que hice, lo que pensé y lo que fui", afirma Rousseau en sus declaraciones iniciales, resaltando que la franqueza constituye su gran prioridad. "Nada malo me callé ni me atribuí nada bueno; si me ha sucedido emplear algún adorno insignificante, lo hice sólo para llenar un vacío de mi memoria"; pero se apresura a aseverar que jamás sería capaz de firmar con su puño y letra "lo que sabía que era falso".[6] Hacia el punto final, tras recorrer varias centenas de páginas que testimonian su trayectoria personal, el libro se cierra con el siguiente veredicto: "He dicho la verdad; si hay quien sepa algo contrario a lo que acabo de exponer, aun cuando fuese mil veces probado, no sabe sino mentiras e imposturas".[7] Digno ejemplar del ilustrado siglo XVIII, es evidente que el autor de estas confesiones ya no es un hombre que busca dialogar con Dios en las profundidades de su alma, sino un sujeto que afirma su individualidad frente a un orden social que le resulta ajeno, en el cual reinan la falsedad y la hipocresía.

Así como las actividades introspectivas ligadas a la escritura íntima, la lectura en silencio también fue una novedad histórica que conocería su apogeo en la era burguesa. Aunque su historia es larga, y recién después de incontables vericuetos desembocaría en dichas circunstancias: inaugurada en los monasterios medievales alrededor de los siglos VI y VII, sólo se generalizaría mucho más tarde. Por ejemplo, a principios del siglo VIII, un monje cisterciense relató de qué manera "los demonios interrumpían su *lectio* silenciosa, obligándolo a leer en voz alta e impidiéndole, así, la comprensión íntima".[8] Para ubicar este testimonio como un remoto antecedente de la noción moderna de interioridad, basta recordar que los frailes de esa congregación situaban la mente en el cora-

---

[6] Jean-Jacques Rousseau, *Las confesiones*, Santiago, Escuela de Filosofía Universidad ARCIS, 2007, p. 2.

[7] *Ibid.*, p. 403.

[8] Roger Chartier y Guglielmo Cavallo (comps.), *Historia de la lectura en el mundo occidental*, Madrid, Taurus, 1998, pp. 193 y 194.

zón. Ni en el cerebro, ni en el alma o en la psiquis, ni en la glándula pineal y ni siquiera en la cabeza, aunque de todos modos dentro de sí. Incluso en esa perspectiva aún tan distante de la nuestra, esos religiosos consideraban que el acto de leer era indispensable para influenciar el *affectus cordis*. De modo que en ese lejano universo, la lectura individual ya se vinculaba a la meditación: una variante embrionaria de aquel monólogo interior que Theodor Adorno defendería siete siglos más tarde. Tampoco sorprende, en ese contexto, que otro monje del siglo XII –reconocido como el autor de una obra con un título significativo: *De interiori domo*– haya aludido a la meditación usando la metáfora de la "lectura interior".

Junto con esa posibilidad de leerse a sí mismo en silencio, el nuevo hábito de tener un contacto íntimo con los textos sin mover los labios ni pronunciar siquiera un vocablo constituyó tanto un efecto –una consecuencia quizás inevitable– como también un importante aporte para la lenta edificación de la interioridad. De ese modo crecían y se expandían las profundidades del *yo*, que luego anidarían en el núcleo de las subjetividades occidentales. En la Edad Media, sin embargo, en pleno auge de la lectura ritual y oral, ni los textos ni los autores poseían la estabilidad requerida por las prácticas modernas de lectura, ya que la palabra pronunciada detentaba cierta aura sagrada y sus sentidos no eran objetivables de forma individual. Como ocurría en las audiencias de aquellas historias relatadas por el narrador benjaminiano, esas sesiones de lecturas de los monasterios medievales encontraban su sentido en el ritual colectivo de escuchar y en el bagaje de una tradición compartida. Por todo eso, leer para sí constituyó una formidable novedad histórica. Leer silenciosamente y en soledad era una actividad propicia para un tipo de sujeto igualmente nuevo: el individuo aislado de los otros y del mundo, sólo en contacto con su propia interioridad, aquello que se configuraba como un espacio cada vez más denso y opaco, fértil y misterioso.

Esa gradual popularización de la lectura silenciosa y privada fue preparando el terreno en el cual florecería la literatura impresa, que a su vez se convertiría en un campo fecundo para la producción de subjetividad. Como conjeturó el crítico Harold Bloom con respecto a la obra de Shakespeare: nosotros, sujetos modernos, aprendimos a ser humanos con sus personajes, reconociéndonos en esos modelos dominados por una profundidad oculta en el centro de su propia vida interior.[9] Una interioridad oscura y difícilmente penetrable, pero que aún así debía ser develada de forma tan laboriosa como sufriente. Foucault también llamó la atención sobre esa metamorfosis que afectó a la literatura, al analizar el fervor confidente que se apoderó de la sociabilidad burguesa. En lugar de aquel "placer de contar y oír, antes centrado en la narrativa heroica o maravillosa de las pruebas de bravura o de santidad", un cuadro que remite a los relatos épicos del narrador benjaminiano, los últimos siglos de la historia occidental prefirieron "una literatura ordenada en función de la tarea infinita de buscar, en el fondo de sí mismo, entre las palabras, una verdad".[10] En este nuevo tipo de textos no se trata apenas de narrar hechos y actos. En cambio, una compleja trama de pensamientos, emociones y sentimientos envuelve las peripecias del héroe de la novela, una clase de relato que además de describir lo que se hizo pretende, sobre todo, expresar quién se es.

Un deslizamiento comparable se observa en la filosofía: en ese mismo período histórico surgió otra manera de pensar, igualmente basada en el examen de sí mismo. Un método capaz de abastecer, "a través de tantas impresiones huidizas, las certezas fundamentales de la conciencia".[11] Cada vez más, en las sociedades en vías de industrialización de Occidente, no fueron los actos exteriores ensayados en el espacio público los principales encargados de definir quién se era. Al contrario, esa definición se ha replegado hasta implantarse de forma prioritaria en la ins-

[9] Harold Bloom, *La invención de lo humano*, Barcelona, Anagrama, 2002.

[10] Michel Foucault, *História da Sexualidade*, vol. i: *A vontade de saber*, Río de Janeiro, Graal, 1980, pp. 59-63 [trad. esp.: *Historia de la sexualidad*, vol. 1: *La voluntad de saber*, México, Siglo XXI, 1985].

[11] *Ibid.*, p. 59.

tancia privada de la interioridad y la intimidad de cada individuo. Ese movimiento alcanzó su apogeo en el siglo XIX, y es posible percibir sus efectos en todos los ámbitos: no sólo en la
literatura, la filosofía y las escrituras de sí, sino por todas partes,
como tan bien lo han mostrado Foucault y Sennett en sus tesis
antes comentadas.

En ese contexto histórico de límpida separación entre el ámbito público y la esfera privada de la existencia, con un persistente
privilegio de esta última como el nido de la subjetividad burguesa
en el cual era tan grato refugiarse para leer y escribir en la soledad
silenciosa del hogar, ocurrió un intenso proceso de modernización
de la percepción. Fueron enormes las transformaciones en esos
ambientes del mundo occidental estremecidos por la industrialización, e igualmente inconmensurables han sido los efectos de ese
torbellino en los modos de percibir lo real y tratar de procesar lo
percibido. Esa sociedad tan violentamente urbanizada, mecanizada y atravesada por las corrientes modernizadoras, brindaba
un aluvión de novedades y distracciones a sus habitantes. Nuevos
productos de consumo fulguraban en las vidrieras de las tiendas,
así como en las páginas de revistas y periódicos. Veloces medios
de transporte, como el tren y el tranvía, acortaban los trayectos e
inauguraban escenarios inéditos para la sociabilidad. La brillante
luz eléctrica iluminaba de repente las calles, alargando los días y
deslumbrando las noches. Letreros y carteles anunciaban tentaciones siempre renovadas, espectáculos populares se ofrecían por
todas partes y, constantemente, aparecían nuevos medios de expresión y comunicación como el telégrafo, la fotografía, el teléfono, el estereoscopio y el cine. En fin, toda aquella avalancha de
novedades que invadió las metrópolis en el siglo XIX y que ha
sido ricamente descrita por Walter Benjamim, Georg Simmel,
Lewis Mumford y Sigfried Kracauer, sin olvidar, por supuesto, a
Max Weber y a Karl Marx.

Benjamin llegó a describir ese paisaje insuflado por la técnica como una "segunda naturaleza, que el hombre inventó pero
hace mucho no controla"; por eso, frente a ella "estamos obliga-

dos a aprender, como otrora ante la primera".[12] En ese aprendizaje, esa urgente alfabetización técnica, un papel primordial
cupo a los dispositivos que entrenaban el sentido de la vista. El
cine, por ejemplo, se volvería un agente excepcional: "las películas sirven para ejercitar al hombre en las nuevas percepciones y
reacciones exigidas por un aparato técnico cuyo papel crece cada
vez más en su vida cotidiana".[13] Ese huracán de estímulos urbanos y mecánicos desaguó en un enriquecimiento inédito de las
experiencias perceptivas, aunque también acarrease una creciente mercantilización de la existencia y una estandarización de
la vida según los esquemas industriales. Y también, en ocasiones, un aturdimiento sensorial y cierto embotamiento cognitivo.
Pero esa atmósfera que hervía en las calles de las ciudades susci-
taba, en sus residentes y visitantes, tanta fascinación como pavor. Ciertamente, ambos tipos de reacciones contribuyeron a demarcar los rígidos límites entre el espacio público y el ámbito
privado. Ese estrepitoso mundo de las calles, los teatros, las ferias y los cafés podía ser seductor, pero había que tener mucho
cuidado en esas arenas: para moverse en ese universo de afuera
era imprescindible el uso de máscaras protectoras, mientras que
los reinos de la autenticidad y la verdad se encontraban dentro
de casa y dentro de sí mismo.

En su libro titulado *Modernización de los sentidos*, el alemán
Hans Gumbrecht analiza una serie de cambios ocurridos en ese
contexto histórico, que afectaron tanto a las formas de construcción
de sí como a los modos de relacionarse con el mundo y con los
otros. Por eso, sus reflexiones también pueden ayudar a comprender mejor el cuadro aquí enfocado. Ese autor constata la emergencia, a fines del siglo XVIII, de algo que él denomina "observador de

---

[12] Walter Benjamin, "A Obra de Arte na Época de sua Reprodutibilidade
Técnica", en *Obras escolhidas*, vol. 1: *Magia e Técnica, Arte e Política*, San Pablo,
Editorial Brasiliense, 1986, p. 174 [trad. esp.: "La obra de arte en la época de
su reproductibilidad técnica", en *Discursos interrumpidos I*, Madrid, Taurus,
1999].

[13] *Ibid.*

segundo grado".[14] Se trata de un tipo de sujeto *corporizado*, que se observa a sí mismo en el acto de observación. Esta novedad implica una mayor complejidad con respecto a lo que ocurría anteriormente, cuando tanto el estatuto del observador como su relación con el mundo se pensaban de una forma más simplificada. Esa situación previa, que habría sido hegemónica antes del siglo XVIII es bautizada por Gumbrecht como "observación de primer grado".

¿De qué se trata? En los albores de los tiempos modernos, un sujeto racional y espiritual, inspirado en los moldes cartesianos y constituido en los siglos XVI y XVII, observaba una realidad que era exterior a sí mismo. Para eso, se apertrechaba con el poderoso instrumental de su razón o bien se volvía hacia dentro de sí mismo, pero esa indagación se efectuaba de la misma forma que la observación considerada exterior; es decir, utilizando idénticos métodos y herramientas. Todo sucedía como si una especie de luminosidad espiritual orientase su mirada veraz, comparable a una lente transparente y todopoderosa: la luz de la racionalidad humana, que penetraba en las cosas para comprenderlas. Esa mirada era capaz de captar la verdad del mundo tal y cómo éste era, siempre que lograse esquivar los engaños e ilusiones de lo sensible gracias a la limpidez de la razón. De esa forma, el sujeto podía aprehender la realidad exterior en su totalidad, y además de captarla estaba en condiciones de comprenderla y explicarla en su transparencia racional.

No obstante, la espesura del propio cuerpo del sujeto observador se volvió problemática en los siglos XVIII y XIX. De repente, según Gumbrecht, ese cuerpo humano aparecía como un objeto no espiritual sino material, aunque tampoco exactamente exterior al sujeto que observa, piensa y conoce. El propio cuerpo se impuso como una especie de interferencia carnal, que no sólo complicaba la relación del sujeto con el mundo generando cierto ruido entre uno y otro, sino que además era capaz de producir por sí mismo ciertas imágenes –no siempre verdaderas o veraces– en

[14] Hans Ulrich Gumbrecht, "Cascatas de Modernidade", en *Modernização dos sentidos*, San Pablo, Editora 34, 1998, pp. 9-32.

vez de captarlas del mundo observado. Eso podía ocurrir, por ejemplo, en los estados alterados de consciencia debido al consumo de estupefacientes, o bien en los sueños y en las alucinaciones, o simplemente al observar las líneas dibujadas ante los ojos por los vasos sanguíneos de los párpados cerrados. Por diversos motivos, entonces, la relación de observación se complicó considerablemente en este momento histórico, abandonando la supuesta simplicidad del antiguo esquema sujeto-objeto.

 Mientras la realidad exterior perdía su transparencia, su cualidad objetiva y unívoca, el sujeto observador ganaba una complejidad y una opacidad que demandaban la autorreflexión, la introspección y la autoexploración. En fin, toda aquella hermenéutica de sí mismo que caracteriza el desciframiento de la subjetividad moderna. Esa autoobservación tenía dos focos. Por un lado, se dirigía a ese cuerpo cuya espesura material pasó a integrar el acto de percibir y observar, pero por otro lado el autoanálisis apuntaba también hacia la propia interioridad opaca y gaseosa: aquella vida interior singular y personal, que se convirtió en el eje alrededor del cual las subjetividades modernas se construían y definían. Además del cuerpo humano, entonces, la interioridad psicológica emergió con una densidad capaz de complicar la antigua limpidez de la relación sujeto-objeto y, al mismo tiempo, capaz de enriquecerla infinitamente.

En medio de toda esa agitación en las relaciones consigo y con el mundo, no sorprende que los diarios íntimos hayan proliferado en ese período histórico, a fin de transformarse en útiles herramientas para la autoconstrucción. En esos escritos íntimos, los sujetos modernos intentaban procesar todas las turbulencias que sacudían el universo, tanto en su manifestación exterior (público) como interior (privado). Aunque esos dos espacios estuvieran muy bien delimitados, ambos se vieron afectados en la complementariedad de su equilibrio inestable. No es del todo fortuito que ciertos medios de comunicación se desarrollen y sean apropiados por los usuarios de diversas épocas, ya que esos dispositivos tanto expresan como contribuyen a producir ciertas configuraciones subjetivas y corporales: ciertas formas de ser y estar en el mundo. Se utilizan como instrumentos para la autocreación, que acaban dando a luz modalidades subjetivas y corporales especialmente afinadas con diversos modos históricos de percibir, experimentar y comprender el mundo.

Por todo eso, en aquellos ambientes privados que florecieron en el siglo XIX, ayudados por los diarios íntimos y otros dispositivos de autoexploración, los sujetos modernos se volvían hacia dentro de sí, en un sentido bastante diferente de aquel sugerido por Descartes dos siglos antes y todavía más apartado de la lejana propuesta de San Agustín. Los autores de esos diarios íntimos de la era burguesa recurrían a la introspección de una manera más próxima al gesto de Montaigne: al volcar su atención hacia dentro de sí mismos, en esa autobservación cada uno operaba verdaderas "síntesis perceptivas" a fin de construir su *yo* en el papel. La expresión entrecomillada pertenece al historiador estadounidense Jonathan Crary, quien también estudió la modernización de la percepción operada a lo largo del siglo XIX, un proceso que culminaría con la creación del observador y del espectador modernos.[15] Las síntesis perceptivas constituyen un método para el cual los sujetos modernos fueron arduamente entrenados, no sólo a través del cine, sino de un conjunto heterogéneo de dispositivos tecnológicos que ejercieron sus presiones sobre el campo de la vista y sobre el sistema perceptivo humano. Como bastante antes ya había subrayado Benjamin, para aprender a convivir con esa segunda naturaleza creada por la técnica, los sujetos modernos tuvieron que someterse a un novedoso proceso de alfabetización.

Así, a partir de la materia caótica y fragmentaria que constituye toda y cualquier vida, en el relato de sí había que construir una narrativa vital coherente y un *yo* igualmente cohesionado. Esa operación se volvió especialmente crucial en el peculiar contexto de la Modernidad, un mundo de repente tan caótico y fragmenta-

---

[15] Véanse al respecto dos libros de Jonathan Crary: *Techniques of the observer*, Londres, MIT Press, 1992, y *Suspensions of perception. Attention, Spectacle, and Modern Culture*, Londres, MIT Press, 2001.

rio. Había que buscar y conceder un sentido, tanto a *mi vida* como a su protagonista: *yo*. En la soledad del cuarto propio –o, para los menos afortunados y afortunadas, dondequiera que encontrasen esa tan preciada soledad–, el sujeto moderno podía sumergirse en su propia opacidad interior con el fin de delinear sobre el papel los resultados de dichos sondeos y, así, *crearse*. "Elegir la propia máscara es el primer gesto voluntario humano, y es solitario", escribió Clarice Lispector, una indiscutible artista de la autoconstrucción en el papel, que supo llevar hasta la exasperación esa capacidad de hundirse en los abismos interiores, no con la intención de eliminar el misterio, sino para transformar esa oscuridad en belleza.[16]

En esos textos introspectivos, la autorreflexión no pretendía buscar las características universales del Hombre con mayúsculas o de la Humanidad en general, como ocurriera más asiduamente en las biografías renacentistas o entre los más clásicos exponentes del Iluminismo. Es decir, durante el reinado de aquel sujeto que observaba y podía captar fielmente la realidad exterior, y que no parecía estar atravesado de manera problemática por la espesura de su propio cuerpo ni por la densidad de su vida interior, tal como señaló Gumbrecht al referirse a los siglos XVI al XVIII, cuando se conformó el "observador de primer grado". En vez de esas prácticas racionales y objetivas más clásicas, aquellas viejas tentativas de captar la verdad del mundo, estas nuevas escrituras solitarias e intimistas que afloraron a fines del siglo XVIII y a lo largo del XIX pretendían indagar otra cosa. En ellas, la atención del autor se volvía especialmente hacia dentro de sí, a fin de interrogar la naturaleza fragmentaria y contingente de la condición humana. Ese valioso tesoro no se encarnaba en el género humano como un todo, sino en la particularidad de la propia experiencia individual y singular. Por eso era necesario ser auténtico, evocando el "régimen de la autenticidad" que, según Sennett, en el siglo XIX desbancó al teatral "régimen de la máscara" del siglo XVIII.

---

[16] Clarice Lispector, *A descoberta do mundo*, Río de Janeiro, Nova Fronteira, 1984.

En relación directa con todas esas transformaciones, en pleno siglo XIX también se avista un cambio en los géneros confesionales. Una transición que puede parecer sutil pero es fundamental: un pasaje de la sinceridad a la autenticidad. Al emerger aquella figura que Gumbrecht denominó "observador de segundo grado", sufre un duro golpe la vocación de sinceridad en las escrituras de sí, cuyo modelo más leal reluce en la autobiografía de Jean-Jacques Rousseau. "El 'conócete a ti mismo' del templo de Delfos no es una máxima tan fácil de seguir como yo creía en mis *Confesiones*", declaró el mismo Rousseau diez años más tarde, ya en los umbrales de la década de 1780, en sus *Devaneos de un caminante solitario*.[17] Zonas de oscuridad anidaban en las entrañas más íntimas del *yo*, obstaculizando el pasaje de los luminosos rayos de la razón, aun cuando éstos fuesen guiados por las mejores intenciones.

Fue así como emergió, en los textos autorreferenciales de aquellas épocas, una subjetividad más contradictoria, descentrada y fragmentada que, a pesar de todos los esfuerzos de autoconocimiento, renuncia a las pretensiones de ser sincero acerca de quién se es. Ese propósito se volvió súbitamente inalcanzable, debido a los avances de fuerzas sombrías como el inconsciente, el complejo espesor del *yo* y la convulsionada fragmentación del mundo. La sinceridad se revelaría entonces como una convención literaria entre otras, un criterio sin duda ingenuo y tal vez incluso vulgar, pero sin derecho a reclamar su antiguo monopolio sobre la verdad. Por eso, el nuevo objetivo consistirá en ser auténtico. En vez de buscar la sinceridad, explicitando valientemente en la esfera pública las convicciones privadas, la norma pasó a ser otra. En vez de privilegiar aquel gesto más acorde con los ideales de la Ilustración, la autenticidad del universo intimista exigía ser fiel a los propios sentimientos, pero no era más necesario –y ni siquiera recomendable– exponerlos en público. Es evidente que, aun tras este difícil traspié, el *yo* no perdió su centrali-

---

[17] Jean-Jacques Rousseau, *Devaneios de um caminhante solitário*. Citado en Carla Milani Damião, *Sobre o declínio da "sinceridade". Filosofia e autobiografia de Jean-Jacques Rousseau a Walter Benjamin*, San Pablo, Loyola, 2006, p. 26.

dad en la literatura moderna, ni muy especialmente en las escrituras de sí. Pero se volvió una entidad mucho más compleja, múltiple y despedazada, tanto que llegó a promover, en casos extremos, una crisis profunda que podía llevar a la despersonalización.

Otro autor que examina esas mutaciones y desplazamientos acaecidos en el seno de los tiempos modernos es Georg Simmel, con sus teorías sobre las relaciones entre individuo y sociedad a lo largo de los siglos XVIII y XIX. El sociólogo alemán distingue entre un individualismo típico del siglo XVIII y otro que sería característico del XIX, definiendo al primero como cuantitativo y al segundo como cualitativo. Porque el individualismo del Siglo de las Luces sería más abstracto y genérico, en consonancia con el racionalismo que imperaba en aquella época y sus ambiciones universalistas, mientras que cien años más tarde el énfasis subrayaría la singularidad de cada sujeto. Según la primera de esas visiones, el individuo es libre y responsable, calcado en el modelo del "hombre universal". Por eso, este sujeto se observa tanto a sí mismo como a los otros en su cualidad de representante del género humano, cuyos miembros se definen como libres y orgullosamente iguales a todos los demás. "En cada persona individual vive, a título de lo que es esencial, ese hombre universal", explica Simmel, "del mismo modo como cada fragmento de materia, cualquiera que sea su estructura particular, representaría en su esencia las leyes regulares de la materia en general".[18] De esas leyes que comandan la materia humana se deducen la libertad y la igualdad de todos los individuos, es decir, de todos los dignos representantes de esta especie.

Comparable con aquel tipo de sujeto que Gumbrecht refería como "observador de primer grado", ese individuo racionalista del siglo XVIII se considera capaz de conocer fielmente tanto lo que es como lo que debe ser. Por eso, es un sujeto habilitado para hablar con sinceridad sobre sí mismo, sobre los demás y sobre el mundo en general. Porque siempre se trata de verdades generales y abstractas, captadas racionalmente tanto del exterior como del

---

[18] Georg Simmel, *Sociologie et Épistémologie*, París, PUF, 1981, p. 146.

interior. De modo que no serían impresiones personales y por lo tanto imparciales, tan oscuramente atravesadas por el espesor de cada cuerpo humano particular como interferidas por la rica opacidad de cada vida interior. En aquel contexto iluminista del siglo XVIII, como explica Simmel, "el yo ideal, real en el sentido más elevado, es el universalmente humano, y, realizándolo, se alcanza la verdadera igualdad en la esfera de todo lo que es humano".[19]

Estas metamorfosis no podían dejar de reflejarse en los relatos autobiográficos, como constata Roger Chartier en el capítulo de la *Historia de la vida privada* dedicado a desentrañar las diversas prácticas de escritura de sí.[20] Ese autor muestra que, en el período clásico (desde el siglo XVI hasta el XVIII), ya proliferaban las memorias, anotaciones y biografías, pero aún no se trataba exactamente de un género íntimo. En esos textos, el narrador se posicionaba como un espectador de los eventos relatados, que solían ser hechos de relevancia histórica local, nacional o mundial. Pero aunque el relato fuera un testimonio en primera persona del singular, lo cual revelaba la perspectiva de una mirada individual, todavía no había mucho espacio para derramar la intimidad en el papel. Ya en el siglo XIX la tónica cambió: el universo íntimo salió a la luz trémula de las velas, en medio de aquel intenso movimiento que enaltecería la autenticidad.

En un campo sedimentado por los antecedentes iluministas, en el siglo XIX se desarrollaría esa otra forma de individualismo que Simmel denominó "cualitativo". Despuntaba de ese modo, con todos sus destellos, el imperio de los individuos únicos e incomparables. En este nuevo cuadro, la libertad pierde su vocación universal: se vuelve un medio para la realización personal de cada sujeto en su gloriosa particularidad. Es posible identificar, en este desplazamiento, fuertes ecos de las teorías de Sennett sobre el declive del hombre público en la transición del siglo XVIII al XIX. En vez de la

---

[19] Georg Simmel, *op. cit.*, p. 149.
[20] Roger Chartier, "Las prácticas de lo escrito", en Philippe Ariès y Georges Duby, *Historia de la vida privada*, vol. 5, Madrid, Taurus, 1991.

autonomía relativa al género humano en su conjunto, lo que se aprecia aquí más vivamente es la singularidad individual. Lo más valioso
de cada sujeto es aquello que lo torna único, precisamente todo lo
que no comparte con los demás miembros de la especie porque concierne apenas a su propio *yo*: el carácter original de su personalidad.

De modo que no se trata más, en el siglo XIX, de un *yo* ideal o
puro, un hombre universal y abstracto, sino de subjetividades singulares muy concretas. "No se trata más de ser, en general, un individuo libre", dice Simmel, "sino de ser este individuo dado, no
intercambiable".[21] No *un* hombre, sino *este* hombre. Según esa nueva
perspectiva, solamente un individuo en estrecho contacto consigo
mismo –con las profundidades de su originalidad individual– será
capaz de revelar una realidad que es, al mismo tiempo, universal e
individual, objetiva y subjetiva, pública y privada, exterior e interior. He ahí el individuo introdirigido del siglo XIX, con todas las es-
pesuras, repliegues y complejidades del *homo psychologicus*.

Son innumerables las novedades que surgieron en ese transcurso, acompañando estas intensas transformaciones socioculturales, políticas y económicas, y la concomitante fermentación interior de la subjetividad. Una de ellas es el nacimiento de la clínica
médica, que inauguró un saber específico sobre cada individuo,
además de una serie de prácticas que enfocaban la experiencia de
sufrimiento de cada sujeto en particular. Tras reconocer la singularidad del *pathos* individual, las enfermedades empezaron a comprenderse como encarnaciones en el cuerpo de cada individuo, de
modo que el foco se deslizó de la enfermedad hacia el enfermo.
De nuevo y una vez más: del hecho o del acto –del objeto– hacia el
sujeto, hacia aquel que está enfermo. Luego de esa redefinición,
las enfermedades serían pensadas y tratadas como desvíos de la
normalidad, con sus raíces afincadas en el interior de los organismos individuales y de las subjetividades anormales.

Con base en esos reordenamientos, a lo largo de los últimos
siglos de nuestra historia se desarrollaron diversas tecnologías y

---

[21] Georg Simmel, *op.cit.*, p. 155.

todo un abanico de saberes científicos que intentaban conocer a ese sujeto potencialmente enfermo o anormal. Esas herramientas legitimaban el buceo en el interior de los cuerpos y las subjetividades, con la misión de buscar –y extraer– una *verdad* escondida en su intimidad oscura y visceral. La técnica de la confesión es uno de esos instrumentos: un dispositivo de poder cuya historia es tan larga como fértil. Tras su nacimiento medieval en el ámbito eclesiástico y luego en el campo jurídico, esa técnica fue apropiada por las prácticas médicas y las ciencias humanas del siglo XIX. Y, durante buena parte del siglo XX, sobre todo, por el psicoanálisis. Hoy esa táctica tan eficaz brilla con nuevos ropajes en las pantallas electrónicas de Internet y la televisión, así como en las páginas multicolores de las revistas y de los periódicos. Porque en el siglo XXI, por lo visto, la confesión se ha vuelto mediática.

Pero fue también en el contexto de aquel otro desplazamiento histórico que la sexualidad surgió como una poderosa invención de los tiempos modernos. Alrededor de las prácticas sexuales concretas, se edificó una verdad capital sobre los sujetos: una verdad arrebujada en lo más profundo de cada individuo, que pasó a significar algo fundamental sobre lo que cada uno era. Así, la enigmática sexualidad interiorizada, objeto primordial del psicoanálisis, se convirtió en el núcleo de la identidad de cada sujeto. De modo que su medicalización desvió el foco, una vez más, del *acto* (sexual) para posarlo sobre el *ser* (sexuado). Lo que podría haberse considerado un comportamiento puntual se volvió una esencia internalizada y, consecuentemente, una característica constitutiva del sujeto. Mientras el sodomita podía ser castigado por haber realizado ciertos actos inmorales o ilegales, por ejemplo, el homosexual sería patologizado y medicalizado por ser como era, inclusive sin haber cometido acto alguno.

Esta perspectiva retoma el modelo de la erección de San Agustín, ya mencionado en estas páginas, que Foucault analizó en contraposición al esquema griego de la penetración: lo que interesa no es lo que cada uno *hace*, sino lo que cada uno *es*. En otras palabras, no importa lo que *usted hace*, sino lo que *usted es*. También en este contexto, la sexualidad se comprende como una relación consigo mismo, más que como una relación con los otros. El *homo psychologicus* es un tipo de sujeto que organiza su experiencia vital alrededor de un eje situado en su interioridad, una sustancia etérea y espesa, infestada de enigmas y en alguna medida incognoscible, aunque fuertemente atravesada por el vector de la sexualidad. Como diría uno de los críticos más acérrimos de este modelo, Friedrich Nietzsche: "todo el mundo interior, originalmente delgado, como que entre dos membranas, fue expandiéndose y extendiéndose, adquiriendo profundidad, ancho y altura, en la medida en que el hombre fue inhibido en su descarga hacia afuera".[22] Ya no son más los otros –aquellos que habitaban el viejo ámbito público– quienes protagonizan las vivencias del hombre moderno y monopolizan sus energías. En el universo decimonónico, casi todo se juega en esa interioridad abultada e hipertrofiada.

Actualmente, sin embargo, en estos inicios del siglo XXI, el mundo occidental atraviesa serias transformaciones que afectan los modos en que los individuos configuran sus experiencias subjetivas. El *homo privatus* se disuelve al proyectar su intimidad en la visibilidad de las pantallas, y las subjetividades introdirigidas se extinguen para ceder el paso a las nuevas configuraciones alterdirigidas. En este contexto tan presente, se debilita incluso la creencia en el papel crucial o, inclusive, en la misma existencia de aquella interioridad individual, antes tan viva y palpitante. Se abren las ventanas para nuevas modalidades de subjetivación, aún difíciles de aprehender y formular, pero ya evidentes en sus primeras manifestaciones.

En los ya lejanos inicios del siglo XX, al concluir sus reflexiones sobre los diversos tipos de individualismo desarrollados a lo largo de los siglos XVIII y XIX, Georg Simmel se preocupó por destacar que "la idea de la mera personalidad libre y la mera personalidad singular, tal vez no sean aún las últimas palabras del individualismo". El sociólogo alemán manifestó en aquel

---

[22] Friedrich Nietzsche, *Genealogia da moral*, San Pablo, Companhia das Letras, 1999, p. 73 [trad. esp.: *Genealogía de la moral*, Madrid, Alianza, 1995].

128 LA INTIMIDAD COMO ESPECTÁCULO

momento, inclusive, la esperanza de que "el imprevisible trabajo de la humanidad produzca siempre más, y siempre más variadas formas de afirmación de la personalidad y del valor de la existencia".[23] Haciendo eco a esas palabras, aunque también matizando el optimismo esperanzado y aparentemente progresista de Simmel, es probable que hoy estemos ante una nueva torsión en esa genealogía del individualismo que él ha trazado, mientras vemos germinar nuevas formas de "afirmación de la personalidad y del valor de la existencia".

En todo caso, el breve recorrido genealógico de las páginas precedentes sugiere algo primordial: lo que se tiene en cuenta para la definición de la identidad de los sujetos cambia en los diversos contextos culturales. Ahora, en los primeros años de este tercer milenio, la índole sexual y los misteriosos meandros de su interiorización psicológica, por ejemplo, parecen pesar cada vez menos cuando se trata de definir la verdad sobre cada sujeto. *Quién soy yo* no se desprende más –por el menos, no prioritariamente– de esas definiciones labradas con sangre en las profundidades de sí mismo. De forma creciente, las señales emanadas por la exterioridad del cuerpo y por su desempeño visible asumen la potencia de indicar quién se es. Y aún más: esas definiciones pueden cambiar, hasta se diría que deben hacerlo regularmente. Por eso, en vez de premiar el puntilloso bordado cotidiano de los sentimientos más íntimos y profundos, los dispositivos de poder que rigen en la cultura contemporánea tienden a estimular la experimentación epidérmica, invitando a coleccionar sensaciones y a intensificar la experiencia inmediata para sacarle el máximo provecho. Si alguien no está satisfecho con las elecciones efectuadas en su periplo existencial, simplemente debería cambiar, transformarse y volverse otro.

Además, hoy testimoniamos una expansión de las explicaciones biológicas del comportamiento físico y de la vida psíquica, sa-

---

[23] Georg Simmel, "O indivíduo e a liberdade", en Jessé Souza y Berthold Oëtze (comps.), *Simmel e a modernidade*, Brasilia, UNB, 1998, p. 117.

beres que se transforman rápidamente en verdades hegemónicas y que también cuestionan la primacía de la interioridad psicológica en la definición de lo que es cada uno. Basta con pensar en el auge de la genética y las neurociencias, por ejemplo, con una proliferación de investigaciones y descubrimientos que suelen reforzar los mencionados desplazamientos en la organización subjetiva. Porque si en la vieja cultura de lo psicológico y de la intimidad, "el sufrimiento era experimentado como conflicto interior, o como choque entre aspiraciones y deseos reprimidos y las reglas rígidas de las convenciones sociales", como constata Benilton Bezerra Jr., hoy el cuadro es otro. "En la cultura de las sensaciones y del espectáculo, el malestar tiende a situarse en el campo de la performance física o mental que falla, mucho más que en una interioridad enigmática que causa extrañeza".[24] Y las recetas para resolver esas eventuales "fallas" tampoco recomiendan el antiguo recurso a la hermenéutica de sí mismo ni a la introspección. Cada vez más, se ofrecen soluciones técnicas, alineadas con las explicaciones biologicistas y exteriorizantes de la subjetividad.

De modo que todo apunta a ese desplazamiento del eje alrededor del cual las subjetividades se construyen. Abandonando el espacio interior de los abismos del alma o los nebulosos conflictos de la psiquis, el *yo* se estructura a partir del cuerpo. O, más precisamente, de la imagen visible de lo que cada uno es. Esa sustancia se puede modelar, e incluso debería cincelarse con el fin de adecuarla a los modelos de felicidad expuestos en los medios. Con esta nueva torsión de la subjetividad moderna, no sólo la vocación de sinceridad se revela ingenua o incluso inviable, sino que también sufre un serio golpe el régimen de la autenticidad. Algo se afloja en aquella fatiga de tener que ser *yo*, en esa condenación existencial y en toda esa compulsión de ser uno mismo, obedeciendo a las verdades inscriptas en la propia interioridad insonda-

---

[24] Benilton Bezerra Jr., "O ocaso da interioridade e suas repercussões sobre a clínica", en Carlos A. Plastino (comp.), *Transgressões*, Río de Janeiro, Contra Capa, 2002, p. 231.

ble. Todo eso cambia de locus y, junto con ese desplazamiento, cambian también los deleites que anhelamos y los pesares que nos aquejan. En este nuevo contexto, el aspecto corporal asume un valor fundamental: más que un soporte para hospedar un tesoro interior que debería ser auscultado por medio de complejas prácticas introspectivas, el cuerpo se torna una especie de objeto de diseño. Hay que exhibir en la piel la personalidad de cada uno y esa exposición debe respetar ciertos requisitos. Las pantallas –de la computadora, del televisor, del celular, de la cámara de fotos o de lo que sea– expanden el campo de visibilidad, ese espacio donde cada uno se puede construir como una subjetividad alterdirigida. La profusión de pantallas multiplica al infinito las posibilidades de exhibirse ante las miradas ajenas para, de ese modo, volverse un *yo* visible.

En esta cultura de las apariencias, del espectáculo y de la visibilidad, ya no parece haber motivos para zambullirse en busca de los sentidos abismales perdidos dentro de sí mismo. Por el contrario, tendencias exhibicionistas y performáticas alimentan la persecución de un efecto: el reconocimiento en los ojos ajenos y, sobre todo, el codiciado trofeo de *ser visto*. Cada vez más, hay que *aparecer* para *ser*. Porque todo lo que permanezca oculto, fuera del campo de la visibilidad –ya sea dentro de sí, encerrado en el hogar o en el interior del cuarto propio– corre el triste riesgo de no ser interceptado por ninguna mirada. Y, según las premisas básicas de la sociedad del espectáculo y la moral de la visibilidad, si nadie ve algo es muy probable que ese algo no exista. Como bien descubrió Guy Debord hace cuatro décadas, el espectáculo se presenta como una enorme afirmación indiscutible, ya que sus medios son al mismo tiempo sus fines y su justificación es tautológica: "lo que aparece es bueno, y lo que es bueno aparece".[25] En ese monopolio de la apariencia, todo lo que quede del lado de afuera simplemente no existe.

[25] Guy Debord, *La sociedad del espectáculo*, Buenos Aires, La Marca, 1995, tesis 12 y 13.

V. *YO ACTUAL*
Y LA SUBJETIVIDAD INSTANTÁNEA

El hombre sufre de la memoria.

SIGMUND FREUD

En el *reality-show* Belleza Comprada, el personaje Pedro, conversando con su madre sobre las dificultades de mantener el peso, dice que incluso después de la lipo (en la espalda, el pecho y la barriga) le seguirán gustando las comidas grasosas porque no perdió su "espíritu de gordo". Entonces, ella le responde: "eso es una cuestión de memoria, puedes borrarte ésa e implantarte otra". Y Pedro contesta: "¿hay una cirugía para eso?".

ILANA FELDMAN

TANTO la exhibición de la intimidad como la espectacularización de la personalidad, esos dos fenómenos que hoy proliferan como los dos lados de una misma moneda, denotan cierto desplazamiento de los ejes alrededor de los cuales se construían las subjetividades modernas. Se nota un abandono de aquel locus interior hacia una gradual exteriorización del *yo*. Por eso, en vez de solicitar la técnica de la introspección, que intenta mirar hacia dentro de sí mismo para descifrar lo que se es, las nuevas prácticas incitan el gesto opuesto: impelen a mostrarse hacia afuera. Complementando estos complejos movimientos, también es posible detectar deslizamientos en otros pilares de la subjetividad: las turbulencias no conciernen sólo a ese eje "espacial", sino también a lo que podríamos denominar su eje "temporal". Es decir, el estatuto del pasado como otro cimiento crucial del *yo* moderno.

Con ese doble desplazamiento, cambian las reglas de constitución del *yo*. Se transforma aquella primera persona del singular que era autor, narrador y protagonista de los diarios íntimos tradicionales. A pesar de permanecer como factores aún muy relevantes hoy en día, tanto el cultivo de la interioridad psicológica como la reconstrucción histórica del pasado individual parecen perder peso cuando se trata de definir lo que es cada uno. Ya no se trata solamente de un declive de la contemplación introspectiva, sino que también la mirada retrospectiva tiende a extinguirse en las nuevas prácticas autorreferenciales, atenuando su valor antes primordial al plasmar la propia vida como un relato.

Así, los nuevos géneros confesionales de Internet se presentan como tentativas muy actuales de "recuperar el tiempo perdido" en la vertiginosa era del tiempo real, de la falta de tiempo generalizada y del presente constantemente presentificado. Pero se hace evidente el contraste de estas nuevas modalidades con algunas formas modernas de actualizar la memoria de lo vivido: desde el diario íntimo hasta el psicoanálisis, pasando por la novela clásica y las autobiografías románticas. Pero, ¿qué cambia y qué permanece intacto luego de estas metamorfosis? ¿Y cuáles son los sentidos de estos cambios? En primer lugar, llama la atención la peculiar inscripción cronológica de los nuevos relatos de sí. Especialmente notoria en los *blogs* y *fotologs*, aunque también presente en otras manifestaciones de este fenómeno, es esa insistencia en la prioridad de la actualización permanente –y siempre reciente– de las informaciones, por medio de fragmentos de contenido agregados en todo momento. Este procedimiento parece confirmar la idea rápidamente formulada en los párrafos precedentes: no sólo la profundidad sincrónica del *yo* se ve desafiada en estas nuevas formas de autoconstrucción –es decir, su interioridad–, sino también su coherencia diacrónica. Cambia tanto la función como el grado de importancia de este otro factor en la constitución de la identidad individual: el estatuto del pasado como un pedestal del *yo*.

Aludir a la sensación de presente perpetuo como una característica de la contemporaneidad ya se ha vuelto un lugar común. Tras la crisis de los modelos de temporalidad que timonearon la Era Moderna, hoy se desarrollan otras formas de experimentar el paso del tiempo y la inscripción temporal de nuestras acciones. El asunto fue muy debatido en las dos últimas décadas del siglo XX como uno de los rasgos del posmodernismo, un debate marcado por el descrédito en la·linealidad del progreso, la crisis de los grandes proyectos sociopolíticos y del sentido histórico, e inclusive por el supuesto fin de la historia tras la consagración de un presente eterno e inmutable.

La destemporalización sería uno de los elementos constitutivos de este nuevo cuadro. Se refiere al abandono de la idea del tiempo como un flujo lineal y constante, impulsado con todo el vigor de las fuerzas históricas que lo empujaban desde el pasado hacia un futuro prodigiosamente abierto. En esa perspectiva, el mañana se dibujaba como un fruto deseado del pasado y del presente: ya fuese imaginado en términos de progreso o de revolución, era siempre un resultado buscado y construido –y, por lo tanto, en cierta medida previsible– de la acción histórica presente. Pero en la posmodernidad ese flujo se habría detenido, y la primera consecuencia de ese congelamiento sería un aparente bloqueo del futuro: ahora el porvenir no parece más hospedar aquella promisoria apertura hacia la diferencia. En cambio, se le teme a esa posibilidad que alberga en sí lo desconocido, por eso se intenta mantenerla técnicamente bajo control. Se desea la eterna permanencia de lo que es, una equivalencia casi total del futuro con el presente, un cuadro sólo perturbado por el feliz perfeccionamiento de la técnica. Como consecuencia, el presente se volvería omnipresente, promoviendo la sensación de que vivimos en una especie de presente inflado.

En su libro *La condición de la posmodernidad*, por ejemplo, David Harvey alude a la "compresión del tiempoy del espacio" que estaría ocurriendo en la contemporaneidad, como el vórtice de un haz de tendencias que confluyen en ese enaltecimiento del presente perpetuado. Según Guy Debord, ese "tiempo congelado" en la actualidad sería una de las características basilares de la sociedad del espectáculo. No obstante, todo ese ahistoricismo actual convive, de una manera aparentemente paradójica, con una suerte de obsesión por la memoria. O, más precisamente, una aprensión con respecto a sus posibles fallas, un verdadero pavor suscitado por la terrible amenaza de que los recuerdos se puedan borrar. Debido a ese malestar, el asunto invade los debates mediáticos, académicos y científicos, con una proliferación de estudios que ponen el foco en la memoria y en el olvido, así como una creciente tendencia a explorar las recreaciones del pasado. "Porque la historia misma obsesiona a la sociedad moderna como un espectro", explica Guy Debord, "en todos los niveles del consumo de la vida aparece la pseudohistoria construida para preservar el equilibrio amenazado del actual tiempo *congelado*".[1]

Esa preocupación con respecto al estatuto del pasado en la contemporaneidad no podría dejar de tener repercusiones en la producción de subjetividad. Por un lado, es evidente que el propio pasado desempeña un papel fundamental en las personalidades introdirigidas o en aquel tipo de subjetividad que responde al modelo del *homo psychologicus*, configuraciones históricas que hoy estarían en crisis. La reconstrucción de la historia personal constituye una especie de esqueleto del *yo* presente, sin la cual esa subjetividad simplemente no podría existir. Por eso, para los sujetos modernos, las rutinas hermenéuticas de autoconocimiento también incluían una búsqueda por los restos de experiencias que impregnaban la propia memoria, como señales que permitían descifrar los sentidos del *yo* presente. Esos viajes autoexploratorios podían ser auténticos buceos en el mar denso del espacio interior: nadar en las sombrías profundidades de la subjetividad para de-

---

[1] Guy Debord, *La sociedad del espectáculo*, Buenos Aires, La Marca, 1995, tesis 200. El énfasis pertenece al autor.

velar sus enigmas, demorándose en los propios flujos de conciencia como los maestros de la novela psicológica hacían con sus personajes. Apelando a otro campo metafórico igualmente próspero, sería también posible hacer una excavación en el propio *yo*. Un sondeo de este tipo permitiría examinar las diversas capas geológicas que se fueron acumulando a lo largo de la historia individual, para conformar poco a poco la solidez de una determinada subjetividad. Procedimientos de ese tipo equivaldrían a efectuar una genuina "arqueología del yo".

Sigmund Freud, un autor completamente empapado en ese paradigma, recurrió a dos bellas metáforas para ejemplificar las diversas maneras de practicar esa búsqueda arqueológica en los laberintos de la mente: Roma y Pompeya. Fue el crítico francés Philippe Dubois quien exhumó los textos freudianos para rescatar esas imágenes, en un ensayo dedicado a comentar una serie de documentales autobiográficos: cinco películas pertenecientes a un nuevo género cinematográfico, en el cual los directores recurren a la primera persona del singular para transformarse en protagonistas del relato audiovisual narrado, siempre escarbando en la intimidad del "autor narrador personaje". Con el fin de descubrir cuáles eran los mecanismos de conservación de las impresiones mentales, Freud investigó los modos de inscripción del pasado en la psiquis y bosquejó esas dos respuestas: Roma y Pompeya.

La metáfora de Roma evoca la ciudad eterna, como un territorio en ruinas donde una infinidad de escombros constituyen los añicos del pasado, todos dispersos desordenadamente en diversas capas históricas. Esa imagen ilustra muy bien un famoso postulado del psicoanálisis: nada en la vida psíquica se pierde para siempre, porque todo lo que ha sucedido puede reaparecer y tornarse significativo en el presente. Todo queda amontonado en el desván de la memoria. Aunque parezca haber sucumbido a las nieblas del olvido, de repente, cualquier fragmento polvoriento del pasado puede salir a la luz y actualizarse repleto de sentido. En su caos despedazado, sin embargo, Roma también expresa su carácter espectral: el sueño imposible de mantener eternamente cada cosa en su lugar, todo de alguna manera conservado en su totalidad. En contraste con esa acumulación de múltiples pedazos rotos y dispersos que Roma emblematiza, la otra metáfora arqueológica tendiente a elucidar los mecanismos del recuerdo en el aparato psíquico es Pompeya. La alusión a la ciudad petrificada evoca la preservación intacta de una imagen: una instantánea eternizada, genuino recuerdo fotográfico de un momento único e irrepetible. Un bloque de espacio-tiempo congelado de una sola vez y para siempre, como la ciudad momificada bajo la lava del volcán.

Son dos temporalidades distintas y opuestas, que se excluyen mutuamente y a la vez se complementan: una convoca a Roma, la multiplicidad de las capas infinitas, aunque siempre destrozadas; la otra, a Pompeya, la totalidad preservada en un momento singular. Estas metáforas sugieren que la psiquis oscilaría entre ambas modalidades del recuerdo, entre esos dos tipos de restos arqueológicos –marcas mnésicas enterradas, vestigios de un *yo* que ya se ha ido– sin lograr juntarlas jamás, porque sería imposible actualizar simultáneamente todas esas virtualidades. De modo que es Roma o es Pompeya, nunca ambas a la vez. "De un lado, un tiempo de acumulación, propagación y saturación, pero fragmentario; del otro lado, un tiempo de captura, corte, instante, pero totalizante", resume Dubois.[2]

De tal forma se explicaría, metafóricamente, la imposibilidad de fundir la multiplicidad y la integralidad al indagar en el propio pasado: la duración y el instante. Pero ese sueño imposible ha sido bellamente recreado en la ficción, en varias ocasiones. En el cuento "El Aleph" de Jorge Luis Borges, por ejemplo, el protagonista descubre por casualidad, en un sótano de una vieja casa de Buenos Aires, un pequeño orificio a través del cual es posible verlo todo. Todo lo que es, pero también todo lo que fue y será. Todo observado desde todos los ángulos posibles.

---

[2] Philippe Dubois, "A *foto-autobiografia*: a fotografia como imagem-memória no cinema documental moderno", en *Imagens*, núm. 4, Campinas, abril de 1995, pp. 64-76.

Abundan las representaciones de Internet como una eventual consumación de esa ambición de totalidad, de preservar todo en la duración y el instante; muchas veces, inclusive, los argumentos de ese tipo se apoyan en otras imágenes borgeanas que también aluden a esa pretensión de totalidad simultánea, presentes en cuentos como "La biblioteca de Babel" o "El libro de arena". Sin embargo, como dice el narrador de "El Aleph", captando la imposibilidad de consumar esa empresa: "lo que mis ojos vieron fue simultáneo; lo que transcribiré, sucesivo, porque el lenguaje lo es".[3] El pensamiento se articula en el lenguaje, incluso en los lenguajes no puramente verbales, como las diversas gramáticas audiovisuales y los hipertextos de la Web, que aún siendo no lineales en su fragmentación espacial astillada, sólo pueden ser procesados por el pensamiento en el pertinaz carácter sucesivo de la lectura. Además, aquella proeza imposible se ve todavía más dificultada porque "nuestra mente es porosa para el olvido", como apunta el mismo Borges.[4] Aunque quizás haya que agregar: al menos, por ahora.

Hay que admitir, sin embargo, que recurrir a la arqueología para metaforizar el funcionamiento mental puede parecer, hoy en día, un anacronismo. Esa actividad emerge con su aire *retro* o *vintage*, envuelta en una atmósfera digna de otros tiempos que invita a la recreación en películas de aventuras o de época, en parques temáticos o en vistosos escenarios de videojuegos. Así, hoy en día, sin desdeñar esas tradiciones, son otras las metáforas que se imponen con mayor vehemencia cuando se trata de reconstruir el pasado como un elemento significante de la historia individual. Solapando aquellas imágenes ya clásicas que aludían a la arqueología y la geología –y dejándolas juntar polvo en algún rincón de nuestro aleph cultural–, se multiplican las imágenes provenientes de la fotografía y del cine, por ejemplo. Ahora es posible rebobinar

[3] Jorge Luis Borges, "El Aleph", en *Obras completas*, vol. 1, Buenos Aires, Emecé, 1999, p. 623.
[4] *Ibid.*, p. 627.

la película de la propia vida, operar *flashbacks* o cortes abruptos en ciertas secuencias, enfocar o aplicar *zoom* sobre un detalle, evocar una escena en cámara lenta o realizar un montaje cuidadoso, audaz, clásico o vertiginoso. Revelar o velar un recuerdo, verlo empañado, fuera de foco. Obturar, sobrexponer, aplicar filtros. Hacer un rápido *travelling* en un paisaje o en un acontecimiento, efectuar un *close-up* sobre un rostro o un objeto, repasar una escena entera del pasado de manera lineal y pormenorizada, priorizar la banda sonora de un determinado episodio o editar diversos eventos con la estética y los compases de un videoclip.

También proliferan las metáforas procedentes del universo informático cuando se trata de archivar o *deletear* algún dato particular de nuestro acervo mental, *escanear* la propia memoria buscando algo olvidado, grabar una información con seguridad redoblada en el cerebro, *deshacer* un pensamiento indeseable o *hacer clic* en el sitio adecuado para abrir un *link* hipertextual. Puede ocurrir, también –y de hecho sucede cada vez más asiduamente– que nuestra memoria "se cuelgue". En estos casos, es muy probable que nos hayamos olvidado también de hacer *back up*. En ciertas ocasiones conviene apagar el equipo, desconectar todos los cables, respirar hondo e intentar reiniciar el aparato mental presionando algún prodigioso botón. Quizás se deba sopesar la posibilidad de cambiar el disco rígido o, por qué no, mejorar las capacidades de memoria haciendo un *upgrade* general.

A pesar del tono lúdico de las imágenes precedentes, no se trata de cuestiones triviales. Al contrario, son muy elocuentes estas alteraciones en las formas de pensar el funcionamiento de la mente y de los recuerdos, los mecanismos de la memoria y de la propia vida como un relato. Pues esas metáforas no sólo reflejan ciertas transformaciones que están ocurriendo en el mundo, sino que también tienen la capacidad de provocar efectos en nuestras formas de pensar, actuar y ser. Esas imágenes alimentan la creciente modulación de las narrativas de sí como historias inspiradas en los códigos audiovisuales e informáticos que impregnan y recrean el mundo, mientras el *yo* se refleja en los personajes que desbordan de las pantallas y llega a transformarse, incluso, en uno de ellos.

En este contexto en mutación, la tarea de leer desde el principio hasta el final el voluminoso libro *En busca del tiempo perdido* de Marcel Proust, por ejemplo, puede resultar una hazaña incompatible con los ritmos que sacuden la actualidad. Esa obra de ficción con reminiscencias autoarqueológicas, cuya escritura tuvo inicio en 1908 y recién terminó con la muerte del autor, en 1922, tiene dimensiones monumentales. Consta de siete tomos y miles de páginas. No obstante, aún más lejana parece la posibilidad de escribir algo así hoy en día: emprender esa gigantesca tarea de buscar los vestigios del tiempo perdido en la historia de la propia vida, para estilizarla en el papel con recursos literarios. Las velocidades que aceleran cuerpos, almas y relojes en la era del tiempo real parecen boicotear ese tipo de introspecciones profundas y trabajosas retrospecciones, tareas no sólo lentas y penosas, sino también necesariamente metódicas y disciplinadas. Como señalan los estudiosos actuales de la práctica decimonónica del diario íntimo: "el diario en efecto es antes de todo, y es posible que sobre todo, una tarea".[5] Esa actividad cotidiana, autoimpuesta y puntualmente cultivada, podía sin duda constituir un placer refinado, pero también tenía algo de deber escolar. Su cumplimiento cotidiano "impone un trabajo abrumador", como recuerdan con cierta admiración los autores de la *Historia de la vida privada*: "¡piénsese en las diecisiete mil páginas escritas por Amiel!".[6] Semejante actividad demanda tiempo, constancia, esfuerzo, dedicación y perseverancia, un selecto conjunto de atributos contra los cuales todo parece conspirar hoy en día.

¿Por qué esa incompatibilidad? No sólo debido a la tan comentada aceleración de los ritmos vitales y a la compresión del

[5] Alain Corbin y Michelle Perrot, "El secreto del individuo", en Philippe Ariès y Georges Duby, *Historia de la vida privada*, vol. 8, Madrid, Taurus, 1991, p. 160.
[6] *Ibid.*

espacio-tiempo que descarga sus presiones sobre los cuerpos contemporáneos. Vivimos, por otra parte, en una época en la cual el
pasado parece haber perdido buena parte de su sentido como
causa del presente. Más aún: la cuestión del sentido no se problematiza y ni siquiera parece tener mucha relevancia o "sentido"
en este contexto. La velocidad suele despreciar o incluso enterrar
al pasado bajo la tumba de la distancia, amarrándose al presente
y anticipando futuros en los bordes de la actualidad. Además,
otra posible vía para explicar estas transformaciones acusaría
ciertos mecanismos de pensamiento y acción sumamente actuales, que tienden a privilegiar la proyección en los efectos, desdeñando la preocupación por las causas y otros fundamentos. Los
efectos: aquellos fenómenos que bajo otros paradigmas solían
tratarse como "meros síntomas" emanados por una causa profunda, tal como postulan diversas vertientes teóricas, desde el
psicoanálisis hasta el marxismo. O sea, cosmovisiones que denotan cierta *episteme* moderna, una forma histórica de comprender y
explicar el mundo.[7] Las causas y fundamentos: aquel substrato invisible que solía investigarse en busca de nódulos significativos,
capaces de elucidar todos los efectos y síntomas como meras consecuencias o epifenómenos de esa fuente causal. En cambio, en
esta nueva *episteme* que hoy se insinúa, la eficiencia y la eficacia
–la capacidad de producir determinados efectos– se convierten en
justificaciones necesarias y suficientes, capaces inclusive de dispensar toda explicación causal y cualquier pregunta por el sentido. Por eso, ese gesto barredor puede llegar a prescindir también
del otrora pesado anclaje del presente en la historia.

Todo lo que pasó ya se terminó, parece constatar esta nueva
perspectiva. Alguna vez hubo un pasado, claro, pero aparentemente ya no lo hay más. Ahora desapareció, o al menos ha perdido su antiguo sentido. No es casual que esa impresión de comienzo absoluto que marca la contemporaneidad coincida con el

---

[7] Michel Foucault, *Las palabras y las cosas. Una arqueología de las ciencias humanas*, Buenos Aires, Siglo XXI, 1998.

asentamiento de la tecnociencia como un tipo de saber hegemónico, es decir, con la fusión de la ciencia (que sería un saber-*saber*) y la técnica (que es un saber-*hacer*). Un énfasis creciente subraya la prioridad ontológica de este último factor integrante del par, en desmérito de la "ciencia pura" o la "investigación básica" que era privilegiada con un estatus superior algún tiempo atrás. Acompañando esa transición del *homo psico-lógico* de la sociedad industrial hacia el *homo tecno-lógico* del capitalismo informatizado, el pasado ya no abre sus orificios secretos para que se lo explore por medio de la vieja técnica de la retrospección. En vez de instigar esos procedimientos típicos de los géneros autobiográficos que proliferaron en los ya anticuados tiempos modernos, ahora el pasado abre sus archivos y ventanas para el consumo empaquetado, un acervo sólo disponible para quienes sepan tipear las contraseñas adecuadas.

El tiempo perdido de hoy en día ya no se extravía más en la neblina del ayer: se recicla productivamente y se transforma en mercancía. En vez de dejarse recuperar por medio de aquella búsqueda autoexploratoria que se ha vuelto obsoleta o simplemente impracticable, el pasado se consume de modos cada vez más diversos y lucrativos. Con tal fin suele recrearse de manera estetizada, y se pone en venta como objeto de curiosidad, nostalgia o sentimentalismo. No se trata de otra cosa que de aquella pseudohistoria espectacularizada referida por Guy Debord, una profusión de relatos multimedia que intentan "preservar el equilibrio amenazado del actual tiempo *congelado*". Más recientemente, mucho se ha hablado sobre las tendencias a la "museificación" del pasado y la "gentrificación" de los espacios urbanos, a fin de convertirlos en productos más accesibles para el consumo turístico y cultural. Porque la voluntad de mercantilización es un componente común a todas estas artimañas. La vieja función de la historia parece haber caducado, en pleno auge de estos usos mercadológicos y mediáticos: el pasado perdió su capacidad de conceder inteligibilidad al caótico fluir del tiempo, así como su poder de explicar el presente y la mítica singularidad del *yo*.

¿Podemos decir, entonces, que hoy el tiempo se ha extraviado completamente? ¿Perdió su espesor semántico y su potencia causal? ¿El tiempo perdió, en fin, su sentido? Si las respuestas son positivas, ya no sería posible ir a buscarlo en las recónditas cavidades de sí mismo, a fin de recuperarlo y traerlo a la superficie del presente para explicarlo todo. Entonces, el tiempo habría desaparecido justo ahora que se convirtió en uno de los bienes más cotizados de la economía global –aunque hace ya un par de siglos que "el tiempo es dinero"– y cuando acaba de ganar el suntuoso adjetivo de *real*. ¿O quizás fue precisamente por eso que se perdió? Al realizarse, el tiempo abandonó su vieja linealidad de vocación teleológica, presentificándose fatalmente y petrificando todo en una sucesión de Pompeyas instantáneas. Así, aquel tiempo laboriosamente recuperable habría quedado obsoleto. Por todo eso, hoy sería virtualmente imposible efectuar una introspección en las propias entrañas y una retrospección en la historia individual, con el fin de reconstruir como un relato –sea de manera artística, psicoanalítica o artesanal– las ruinas de aquel pasado personal comparables a los vestigios de una vieja Roma.

Sin embargo, no es fácil responder a las preguntas abiertas en el último parágrafo, y tampoco conviene adherir a respuestas apresuradas. Aún hoy, a pesar de las intensas convulsiones que estremecen al mundo de *usted*, *yo* y todos *nosotros*, sería vano negar que la temporalidad constituye las cosas: todo lo que es, es también en el tiempo. Pero conviene no olvidar que el tiempo es una categoría sociocultural, y sus características cambian al sabor de la historia y de sus diversas perspectivas. Una imagen puede ayudar a esclarecer este punto: la del reloj. Máquina emblemática del capitalismo, en las últimas décadas sufrió el *upgrade* de rigor al pasar de las leyes mecánicas y analógicas a las informáticas y digitales. Culminando un proceso que se inició con su invención en los rígidos monasterios de la Europa medieval, ese aparato ha sido plenamente asimilado en el Occidente industrializado de los últimos dos siglos. Una proliferación de modelos adornó edificios y calles, invadió los hogares y se incrustó en los pulsos de los ciudadanos. Sin embargo, algo sucedió en la reciente traducción de los relojes analógicos en digitales: el tiempo perdió sus intersticios. Ahora ya no se compartimenta de forma geométrica, sedimentando minuto a minuto la acumulación de los instantes pasados al compás regular del tictac. Al digitalizarse, convirtiendo al tiempo en un continuo fluido y ondulante, la función del reloj se intensificó en su tarea de regular y sincronizar los ritmos capitalistas. Y se ha vuelto más compleja: una sofisticación muy bien sintonizada con el tránsito de la sociedad disciplinaria de la era industrial, descripta por Michel Foucault, hacia la actual sociedad de control analizada por Gilles Deleuze. Aun sin abandonar el tradicional recurso a la espacialización del transcurrir temporal, en el vértigo de los flujos digitalizados, la lógica de lo instantáneo hizo estallar a la antigua moral de la acumulación.

Todas esas mutaciones se están reflejando en nuestra forma de percibir el tiempo pasado, y también en el papel que éste desempeña en la construcción de sí mismo. En primer lugar, esa sensación de que vivimos en un presente inflado, congelado, omnipresente y constantemente presentificado, promueve la vivencia del instante y conspira contra las tentativas de darle sentido a la duración. Retomando aquellas metáforas arqueológicas freudianas, más que vivir en la temporalidad de Roma, hoy nos instalamos en la espasmódica temporalidad de Pompeya. Si las reglas del juego han cambiado a tal punto, es evidente que nuestra relación con la memoria tampoco podría permanecer intacta.

El filósofo Henri Bergson pensó estos asuntos de un modo tan distante a nuestro credo en el presente perpetuo, que sus reflexiones pueden resultar iluminadoras también en este contexto. Las ideas de Bergson desafían esas cristalizaciones del sentido común que hoy se afianzan por todas partes, empujando los límites del pensamiento y abriendo nuevas vías para reflexionar sobre lo que está ocurriendo. El cerebro, por ejemplo, de acuerdo con la visión de este filósofo francés que escribiera a fines del siglo XIX y principios del XX, no puede ser equiparado a un aparato destinado a archivar recuerdos. Nada más distante de nuestras computadoras, entonces, que la mente humana. Contra nuestra fuerte tendencia a recurrir a imágenes de ese tipo –además de espacializar el tiempo, seccionando su incesante fluir en compartimentos como las horas, los minutos, los instantes, el pasado, el presente y el futuro–, Bergson recurre a la idea de duración para explicar el funcionamiento de la memoria.

Tal como ocurre con la percepción, la memoria es un proceso que sucede en la duración. Ambos fenómenos, percepción y memoria, están relacionados de manera estrecha y compleja. Según las teorías desarrolladas en su ensayo *Materia y memoria*, la percepción y la memoria son actos continuos en la experiencia vital del sujeto, aunque la necesidad de acción imponga límites y filtros a lo que de hecho se percibe y recuerda. Pero el resto no desaparece, sino que permanece latente en el inagotable terreno de la virtualidad. Siempre se efectúa un recorte en el mundo percibido y recordado, en función de las necesidades y de los intereses presentes del sujeto que percibe y recuerda. Y, como ocurre en la metáfora arqueológica de Roma, todo puede reaparecer en cualquier momento: la memoria puede traer a la luz todas las representaciones percibidas, incluso aquellas que no están directamente ligadas a la acción presente. Pero el vigor de ese pasado rememorado en la duración de la propia experiencia vital –con su flujo de recuerdos y su objetivación del tiempo vivido– sólo podrá aumentar si el sujeto se encuentra inactivo; o sea, si son escasas sus necesidades e intereses ligados a la acción en el presente.

Esa combinación de inactividad y dilatación de la memoria llegó al extremo de lo imaginable en un personaje ficticio: Ireneo Funes, "el memorioso" creado por Jorge Luis Borges en 1944. Víctima de un accidente que lo condenó a pasar el resto de su vida postrado en una cama, el joven Funes tenía mucho más que una percepción aguda y una memoria prodigiosa: con sus sentidos infalibles, era capaz de captar absolutamente todas las aristas de la realidad. Y, además, no lograba olvidarse de nada. Por otro lado, ya es mítica la imagen que evoca a la figura de Marcel Proust recluido en su lecho de enfermo, casi inmovilizado durante los últimos años de su vida, con todas las energías dedicadas a rescatar de las brumas de la memoria sus recuerdos de las décadas vivi-

das, con el fin de narrarlas fervorosamente en el papel y transformarlas en una obra de arte ficticia. Se sabe que Proust sufría de
insomnio. En la soledad nocturna, como también se sabe, los fantasmas andan sueltos: aquellas terribles noches en vela insuflaban
una atmósfera propicia para el asedio de los recuerdos, que desti-
laban valiosos materiales para su recreación escrita en el presente.
La fábula de Funes, por su parte, "es una larga metáfora del insomnio", como aclara el mismo Borges, ya que dormir implica
distraerse del mundo y de "la presión de una realidad infatiga-
ble", algo que le estaba vedado a su infeliz personaje.[8]

"Piensen en el ejemplo más extremo, un hombre que no pose-
yera de modo alguno la fuerza para olvidar y que estuviera condenado a ver por todas partes un porvenir". Ese émulo del personaje borgeano que Friedrich Nietzsche imaginó en su *Segunda
consideración intempestiva*, concebida en 1873 "no cree más en su
propio ser, no cree más en sí mismo, ve todo deshacerse en puntos
móviles y se pierde en este torrente de transformaciones". Bergsonianamente, entonces, dice Nietzsche: "a toda acción corresponde
un olvido", y agrega: "un hombre que quisiera sentir siempre históricamente sería similar a uno que se obligase a abstenerse de
dormir". Tras esa notable reincidencia en el insomnio, el filósofo
concluye que "es posible vivir casi sin recuerdos, sí, y vivir feliz
así, como lo muestra el animal; pero es absolutamente imposible
vivir, en general, sin olvido".[9] Hoy, sin embargo, todos parecen
estar de acuerdo: en el torbellino contemporáneo, el olvido suele
devorar casi todo sin piedad, de modo que ese atributo humano
no precisa de nadie que quiera defenderlo ardientemente. ¿Pero
de qué olvido se trata? Esa desmemoria actual, ¿sigue siendo "la
capacidad más elevada del espíritu" aludida por Nietzsche hace
más de ciento treinta años?

---

[8] Jorge Luis Borges, "Funes, el memorioso", en *Obras completas, op. cit.*, pp.
485-490.
[9] Friedrich Nietzsche, *Segunda consideração intempestiva. Da utilidade e desvantagem da história para a vida*, Río de Janeiro, Relume Dumará, 2003, pp. 9 y 10 [trad.
esp.: *Segunda consideración intempestiva*, Buenos Aires, Libros del Zorzal, 2006].

En estos preludios del siglo XXI, memoria y olvido son asuntos bastante debatidos, tanto en las artes como en los discursos científicos, de las humanidades a las ciencias biológicas. Preocupan especialmente los desvíos y anomalías del acto de recordar, la posibilidad de que los mecanismos mentales no funcionen perfectamente, porque es así como suele comprenderse el olvido. Lo que interesa, entonces, es descubrir técnicas capaces de administrar la memoria para optimizar sus recursos. Así, por ejemplo, los medios dedicados a la divulgación científica anuncian que pronto se creará un producto "capaz de borrar malos recuerdos", con base en investigaciones realizadas en los últimos años, que habrían demostrado la fluidez y la flexibilidad de la memoria. Nuestros recuerdos serían plásticos y, por lo tanto, potencialmente modelables, es decir, técnicamente manipulables.

Puede sonar paradójico, pero serían justamente aquellos recuerdos que se encuentran más profundamente asentados, aquellos instalados hace mucho tiempo en nuestras mentes, los que se podrían borrar. Al menos, de acuerdo con los descubrimientos de un equipo de las universidades de Harvard y McGill, según los cuales el cerebro trata de manera diferente a las reminiscencias de eventos traumáticos o cargados de emociones, usando recursos distintos de los que se activan en los recuerdos comunes. Esas recordaciones más fuertes "pueden volverse flexibles si se recuperan bajo condiciones emotivas", descubrieron los científicos. De modo que una vez identificados dichos mecanismos cerebrales, sería posible utilizar medicamentos capaces de "bloquear o borrar" específicamente esas reminiscencias en el nivel molecular. La gran noticia es que esa sustancia ya existe: se denomina *propranolol* y es un betabloqueante que inhibe los efectos biológicos durante la formación de esos "recuerdos fuertes". Nada de esto es banal, evidentemente. Según el psiquiatra Roger Pitman, quien comandó esas investigaciones, se trata de "uno de los descubrimientos más excitantes de la historia de la psicología". Sin embargo, tanta excitación también provocó cierta polémica, porque si esa droga llegara a ser realmente eficaz en sus propósitos, sería posible "retocar y ajustar nuestros recuerdos, eliminando vestigios de culpa, vergüenza o pena".[10]

Frente a ese complejo dilema, hay quien defiende que los individuos deberían tener el derecho de administrar sus propios recuerdos, citando accidentes, violaciones o guerras. Vivencias cuyos rastros sería preferible extirpar de la memoria o, al menos, hacerlos más leves y tolerables disminuyendo el valor de su carga emocional. Sin embargo, también es cierto que ese remedio podría ser usado para librarse de recuerdos no deseados, aunque tampoco considerados patológicos, tales como episodios humillantes o desagradables de la propia historia vital. Esa posibilidad fue dramatizada en la película *Eterno resplandor de una mente sin recuerdos*, dirigida por Michel Gondry en 2004. Sus personajes contratan los servicios de una empresa especializada en borrar recuerdos para aliviar el sufrimiento de sus clientes, penas causadas por amores frustrados y otras desgracias que condimentan la vida de cualquier persona. Pasando abruptamente de la ficción a la realidad, según el científico responsable de las investigaciones antes citadas, cualquier recuerdo emocionalmente fuerte, "desde ganar la lotería hasta la muerte de un ser querido" podría apaciguarse mediante el mismo proceso –y muy pronto, quizás cabría deducir, por el mismo precio–.

Así, quienes sufren de estrés postraumático, por ejemplo, deberían ingerir el remedio cuando se acuerdan del episodio problemático –al experimentar un *flashback*–, ya que ése es el momento en que tales reminiscencias se vuelven manipulables. Pero, ¿qué ocurriría si en ese instante la persona en tratamiento recordase otro evento que no desea descartar, pero que también presenta una fuerte carga emocional? El doctor Pitman admite que es un riesgo posible: esa reminiscencia podría "desvanecerse entre los demás recuerdos ordinarios". ¿Y qué pasaría si fuera posible eliminar el recuerdo de un crimen, de modo que su autor se olvidase de haberlo cometido? También cabe preguntar si sería posible su-

[10] Gaia Vince, "Memory-altering drugs may rewrite your past", en *New Scientist*, núm. 2.528, Londres, 3 de diciembre de 2005.

primir recuerdos ajenos, y todo un conjunto de cuestiones igualmente complicadas.

Un grupo de investigadores brasileños y argentinos también presentó sus hallazgos rumbo a la creación de una droga capaz de borrar recuerdos selectivamente. El equipo comandado por el neurólogo Iván Izquierdo, del Centro de Memoria de la Universidad PUC-RS, descubrió que un recuerdo sólo persiste en el tiempo si, algunas horas después de haberse configurado, el cerebro sintetiza una proteína que intervino en su formación. El accionar de dicha sustancia podría controlarse químicamente, durante ese *flashback* tendiente a consolidar el recuerdo, para que éste se vuelva olvidable. También en este caso, la meta que justifica las investigaciones es la cura del estrés postraumático, pero el eventual medicamento así desarrollado permitiría modificar la duración y la intensidad de cualquier recuerdo, tanto con el objetivo de borrarlo como de fijarlo.

Las promesas latentes en estos descubrimientos tan fabulosos trastornan una de las piedras fundamentales de las subjetividades modernas, preanunciando un posible desmoronamiento de todo ese universo. Rozan la médula del *yo*: esa valiosa acumulación de recuerdos de la historia personal, que constituyen aquel pasado con una gruesa dimensión semántica donde todo significa algo, y donde cada pieza es relevante para la compleja construcción de todo aquello que se es. Lo que estas novedades desafían es, justamente, esa manera peculiar de vivenciar la propia inscripción en el tiempo, que remite tanto a la duración y a la virtualidad bergsonianas como a la metáfora arqueológica de Roma. Y esos desafíos están preñados de tantos buenos augurios como riesgos, por eso despiertan tanta fascinación como temor, y abren tantas posibilidades como sepultan mundos enteros. Sin embargo, todo indica que una mutación está ocurriendo también en este terreno: un desplazamiento en los mecanismos de construcción de subjetividades, que todavía se está delineando pero que ya empieza a dar sus primeros frutos, y que implicará enormes consecuencias al redefinir lo que significa ser humanos.

Aunque el inquietante producto farmacéutico tan profusamente anunciado aún no esté disponible comercialmente, el éxito obtenido por una película como *Eterno resplandor*... sugiere que existiría una demanda reprimida para semejante solución técnica. Y no se trata del único largometraje reciente que ha tocado este asunto: mientras el mal de Alzheimer se propaga como uno de los fantasmas más temibles que hechizan el ocaso de nuestras vidas cada vez más largas –aunque todavía sujetas a la mecánica fatal del envejecimiento y la muerte–, abundan las películas como *Memento, Lejos de ella, Un hombre sin pasado, Spider* o *Iris*, que también se refieren a la pérdida de la memoria. Junto con ese terrible olvido, casi siempre se destroza la identidad del sujeto: se pierde lo que se es. Como dice el neurólogo Martín Cammarota, integrante del grupo del doctor Izquierdo: "somos lo que recordamos que somos".[11] De modo que si el medicamento que su equipo está desarrollando llegara a funcionar, podríamos dejar de ser quienes supuestamente fuimos pero ya no recordamos.

No obstante, si antes fue dicho que "casi" siempre la pérdida de la memoria tematizada en el cine actual implica una disolución del sujeto en las tinieblas de la nada, es porque hay excepciones. Y esas salvedades son muy significativas, ya que quizás expresen un deseo de evitar esa angustia de perderse junto con la propia memoria tan etérea, tan frágil y tan amenazada en el vértigo contemporáneo. Esa interesante excepción radica en las películas de ciencia ficción. O más precisamente, en todos aquellos relatos en los que intervienen máquinas informáticas: computadoras y otros dispositivos similares. Es el caso de *Eterno resplandor*..., pero también de *Johnny Mnemonic, El vengador del futuro, Paycheck* y *La memoria de los muertos*, por ejemplo. Los aparatos digitales nos salvarán, según parece, de esa pérdida fatal. Y la tecnología promete aun más: se propone dotarnos de nuevas memorias, a través del implante de bellos recuerdos personalizados o *customizados*, enco-

---

[11] Rafael García, "Estudo revela base química de 'droga do esquecimento'", en *Folha de São Paulo*, 18 de enero de 2007.

mendados a medida y a gusto de cada consumidor. Además, quizás la tecnociencia también logre aplacar aquellos recuerdos indeseables que guardamos tozudamente en algún lugar.

Pero estos sueños no sólo afloran en el cine: las metáforas computacionales para aludir al funcionamiento de la memoria brotan
por todas partes, y aparecen tanto en las investigaciones de punta
como en las conversaciones cotidianas. Cuando el científico Cammarota explica los mecanismos orgánicos implícitos en el acto de
recordar, por ejemplo, varias imágenes de ese tipo ornan su discurso. En el momento en que un recuerdo antiguo resurge para asis-
tir en la comprensión del presente, dice el investigador que "el cerebro lo reabre para modificarlo y después guardarlo nuevamente".[12]
En ese procedimiento tan equiparable al gesto cotidiano de abrir y
cerrar archivos en nuestras computadoras –o inclusive los *posts* que
conforman *blogs* y *fotologs*–, la droga del olvido podría hacer efecto,
porque se requiere la producción de una serie de proteínas cuya
composición podría modificarse de modo artificial. En perfecta sintonía con estos proyectos y usando el mismo léxico, el psicólogo canadiense Alain Brunet agrega que en ese momento en que el recuerdo se reorganiza y se archiva nuevamente en el cerebro, se
vuelve vulnerable a alteraciones: "durante ese proceso, ocurre algún tipo de interferencia, y la evocación se degrada".[13] Todos estos
científicos coinciden en que la prolongada "falta de uso" de un recuerdo aumenta sus posibilidades de que sea olvidado; tal vez, podríamos añadir: como si se lo hubiera abandonado en algún viejo
disquete enmohecido que ha quedado obsoleto tras la última actualización, o bien en un sitio que hospedaba un *blog* ya pasado de
moda y que perdió actualidad.

Las películas de ciencia ficción antes mencionadas recrean
esa tan soñada compatibilidad entre los dispositivos informáticos y los circuitos mentales, ambos compartiendo la misma ló-

---

[12] Rafael García, *op. cit.*
[13] Emily Singer, "Erasing memories", en *Technology Review*, Cambridge, MIT,
13 de julio de 2007.

gica digital del software y del hardware. En muchas de esas ficciones, los recuerdos transitan como flujos de datos entre los cerebros de los humanos y las máquinas. Los guiones suelen recurrir a cascos conectados a computadoras, éstas últimas equipadas con programas y dispositivos capaces de escanear el contenido del cerebro de los personajes, de modo semejante a como lo hacen los aparatos utilizados en los laboratorios neurocientíficos y en los consultorios médicos. Gracias a la conexión con esos artefactos, no sólo es posible descifrar la información inscripta en el cerebro humano, sino también editarla, borrando lo que sea necesario e insertando nuevos datos.

Más allá de su veracidad o viabilidad, tanto esas ficciones como esas realidades parecen sucumbir a la seducción de una memoria totalmente bajo control, que pueda optimizarse técnicamente. Una memoria fotográfica y total o, al menos, de una totalidad *customizada*, programada a medida para cada uno. Algo que sólo se puede pensar –y quizás también realizar– si la memoria se informatiza: al permitir la digitalización de los "contenidos mentales" y el procesamiento de esos datos con ayuda de computadoras, se superan las tradicionales limitaciones del organismo humano. Un cuerpo que a menudo se presenta tan analógico como obsoleto en los tiempos que corren, y que por tanto debe ser mejorado con recursos técnicos.[14] De modo que se trata de una memoria sobrehumana, capaz de superar aquellos límites del aparato psíquico ilustrado con las metáforas freudianas, a fin de realizar técnicamente la unión otrora imposible de Roma y Pompeya, multiplicidad e integridad, duración e instante.

Tanto los defensores más entusiastas como los críticos más acérrimos de estos proyectos no dudan de que esas drogas del olvido y esos implantes de memoria pronto estarán disponibles en el mercado. Dentro de cinco o diez años, pronostican los científicos, incluso aquellos que preferirían convocar un amplio debate ético

---

[14] Véase Paula Sibilia, *El hombre postorgánico. Cuerpo, subjetividad y tecnologías digitales*, Buenos Aires, Fondo de Cultura Económica, 2005.

previo a los lanzamientos comerciales. "No hay ninguna duda de que la tecnología para borrar recuerdos pronto existirá", admite Eric Kandel, quien obtuvo el premio Nobel en el emblemático año 2000, gracias a sus investigaciones sobre la memoria realizadas en la Universidad de Columbia. Aunque su postura es bastante crítica: "esas drogas nos convertirán en peores personas", dijo en 2006, porque inhibirán las reflexiones sobre las consecuencias de nuestras acciones, que fenecerán deshilachadas en la niebla del olvido.[15] Cammarota, por su lado, alude a "la posibilidad concreta que tendremos en el futuro, calculo que en unos 20 o 25 años, de modificar selectivamente nuestros recuerdos". Además, prevé un éxito garantizado: "si existiera una manera de borrar memorias particulares, la industria farmacéutica no dejaría de aprovechar para facturar; vendería más que Prozac y Viagra juntos".[16]

A la luz de esos sueños tecnocientíficos, adquiere nuevos matices el olvido feliz propuesto por Nietzsche para combatir la hipertrofia de la memoria que regía en los remotos finales del siglo XIX, una época atacada por la fiebre historicista y por la recuperación de los tiempos perdidos de cada uno. En pleno imperio del *homo psychologicus*, intempestivamente, el filósofo confesaba su asombro por el hecho de que el hombre no fuera capaz de aprender el olvido. Siempre amarrado al pasado, "por más rápido que corra, la cadena a la que está esposado siempre lo acompañará".[17] Hoy en día, sin embargo, esos grilletes que nos mantienen atados al propio pasado individual –para no mencionar el colectivo– quizás se estén aflojando, con ayuda de las soluciones prometidas por la tecnociencia. ¿Quiere decir que nos liberaremos del fardo del recuerdo? ¿Aprenderemos, al fin, el olvido feliz?

En este punto, puede ser interesante releer una de las conclusiones del narrador borgeano con respecto al personaje de Funes:

[15] Gaia Vince, *op. cit.*
[16] Rafael García, *op. cit.*
[17] Maria Cristina Franco Ferraz, "Memória, esquecimento e corpo em Nietzsche", en *Nove variações sobre temas nietzschianos*, Río de Janeiro, Relume Dumará, 2002, p. 59.

"Sospecho, sin embargo, que no era muy capaz de pensar. Pensar es olvidar diferencias, es generalizar, abstraer. En el abarrotado mundo de Funes no había sino detalles, casi inmediatos".[18] Un mundo terrible, por lo visto, inundado de un exceso de datos, un gigantesco conjunto de fotos fijas completamente nítidas y absolutamente fieles al referente. Un universo compuesto por infinitas Pompeyas ordenadas con perfecta exactitud en el tiempo y el espacio. "Funes discernía continuamente los tranquilos avances de la corrupción, de las caries, de la fatiga", prosigue el relato de Borges. "Notaba los progresos de la muerte, de la humedad. Era el solitario y lúcido espectador de un mundo multiforme, instantáneo y casi intolerablemente preciso".[19]

Imposible olvidar, entonces, bajo la presión de una memoria implacable que todo registra y nada descarta, esa absurda profusión de detalles donde todos son igualmente importantes y se alinean uno detrás del otro. Imposible abstraer y elegir sólo una serie de trazos en ese mar prolífico, para poder delinear un cuadro que esboce la totalidad confusa de una Roma en ruinas. Una meta ciertamente inviable en el caso de Funes, pero ésa ha sido la tarea emprendida por Proust en sus noches de insomnio transcurridas en la soledad de su cuarto propio, y en sus largos días de escritura sin descanso a principios del siglo XX. Con su memoria demasiado humana –¿o demasiado moderna?–, el novelista francés se sumergió en su frondosa interioridad, hizo una excavación en las capas geológicas de su *yo* pasado, para rescatar todo ese universo íntimo con el fin de recrearlo en su presente como una obra de arte ficticia. Así, llenando con la pluma miles de páginas, Proust pintó todas las ruinas y tesoros de su Roma particular.

La voluntad de conservación total y verídica de lo que se es –y de lo que se fue–, tan bien ilustrada por la metáfora arqueológica de Roma, afectó fuertemente la sensibilidad romántica. Sin duda, ese impulso fue una de las llamas que encendió el furor por

---

[18] Jorge Luis Borges, "Funes el memorioso", *op. cit.*, p. 490.
[19] *Ibid.*

la escritura de diarios íntimos a lo largo del siglo XIX y la primera mitad del XX. En esa plétora de textos intimistas, la propia mirada se volvía hacia dentro de sí mismo (introspección) y hacia atrás de sí mismo (retrospección), en busca de (re)construir una ambiciosa totalidad a partir de los infinitos escombros del tiempo perdido. Si hoy en día ese proyecto se ve seriamente comprometido, eso también ocurre porque la *destotalización* es otra compañera igualmente posmoderna de la *destemporalización*. Cabe preguntarse qué restó, entonces, de esa actividad introspectiva y retrospectiva tan típica de aquellos tiempos idos. Esa tarea a veces extenuante, que no sólo supo dar a luz varias joyas literarias, sino que se convirtió en rutina solitaria en los cuartos propios de la era burguesa, en muchos casos sin pretensiones necesariamente artísticas, sino como útiles herramientas para la autocreación. O mejor, reformulando la pregunta para comenzar a cerrar esta multitud de grandes cuestiones: ¿cuál sería la viabilidad de un diario íntimo en el contexto actual, tan irremediablemente alejado de aquellos escenarios?

Tras la pintura de época esbozada en las páginas precedentes, es fuerte la tentación de responder esa pregunta de manera categórica: ninguna posibilidad. No sólo porque sería muy difícil realizar esa ambición en los turbulentos tiempos que corren, sino también porque no tendría mucho sentido intentar hacerlo. Para qué, en una era tan desmemoriada como la nuestra y tan obsesionada por crear un sustituto tecnológico para la frágil memoria orgánica, o por diseñar una memoria *pret-à-porter* a gusto del consumidor, una memoria editable y modelable. En una época tan viciada en lo instantáneo y tan vertiginosamente sin tiempo, ¿para qué demorarse en semejante quehacer cotidiano? Aquella meticulosa práctica que cien años atrás supo contagiar a millones de almas, hoy en día ha quedado ostensivamente fuera de lugar –y, sobre todo, fuera de tiempo–, confirmando su muerte repetidamente anunciada en las últimas décadas del siglo XX.

Sin embargo, a pesar de su primorosa lógica interna, las afirmaciones del parágrafo anterior contradicen algunos indicios que insisten en desconcertar las certezas más obvias. No sólo la explosión mundial de los *blogs* se yergue desmintiendo esa rápida conclusión, sino también el éxito editorial de las biografías y autobiografías, por ejemplo, que excede los márgenes de un mero fenómeno del mercado editorial o una moda cinematográfica para convertirse en indicio de algo más amplio. Todos esos relatos revalorizan las historias individuales y familiares, con un insólito interés por las vidas ajenas y por los personajes anónimos del pasado. Además, en los diversos medios de comunicación que ponen en escena el espectáculo de la exhibición de la intimidad, late una voracidad acerca de todo lo que pueda remitir a vidas reales, tanto del presente como del pasado. ¿Cómo explicar esta aparente contradicción?

Es posible vislumbrar, en todas estas novedades, algunos rastros de aquel gesto típicamente romántico. Porque ha sido durante el auge de ese movimiento estético filosófico cuando los diarios íntimos y las autobiografías se multiplicaron por el mundo occidental: en los siglos XVIII y XIX, el conjunto de valores y creencias que conformó el individualismo moderno afinaba sus contornos, y el culto a la singularidad individual se encontraba a la orden del día. Había que descifrar ese misterioso secreto, cavando en los meandros interiores de cada *yo* para describir en el papel todas sus peripecias y torsiones. Esa devoción decimonónica por las peculiaridades subjetivas aún persiste, así como esa voluntad de ser singular. Un deseo que, a propósito, hoy se ha vuelto un eficaz imperativo de los mensajes publicitarios y un ingrediente básico de la seducción consumista. No obstante, para estilizar –y mostrar– esas cualidades supuestamente únicas de cada uno, ya no es más necesario socavar las tinieblas del propio pasado, ni cultivar o siquiera indagar la propia interioridad. Aun así, a pesar de estos cambios cada vez más notables, también es cierto que en los nuevos relatos autorreferenciales resuenan ecos de la vieja voluntad romántica de retener el tiempo. Aquí también se intuye ese anhelo de guardar algo propio que se considera valioso, pero que inevitablemente escapará en el frenesí de la aceleración contemporánea. El sueño imposible de preservar toda la minucia que conforma la propia vida: millones de instantes pasados y alineados en su duración hasta el presente.

Los *fotologs* realizan ese proyecto de manera literal, publicando imágenes fotográficas cotidianas de los usuarios de Internet: innumerables Pompeyas mudas, o una serie de instantáneas cuya locuacidad se limita a un modesto epígrafe. Una colección de restos fósiles, aunque siempre recientes, de una vida cualquiera, como momias de una sola dimensión: pura superficie que suele callar su espesor semántico. Los *blogs* confesionales, por su parte, intentan consumar un objetivo semejante recurriendo a una tecnología mucho más antigua: la palabra escrita. Pero los autores de esos diarios *ex*timos también realizan operaciones de congelamiento del tiempo, como diría Debord. Todo ocurre como si en cada *post* fotografiasen un momento de sus vidas, para fijarlo en esa inmensa ventana virtual de alcance global que es Internet. Se producen, así, infinitas cápsulas de tiempo congelado y parado, chispazos del propio presente siempre presentificado, fotografiado en palabras y expuesto para que todo el mundo lo vea.

"Ya pasó el tiempo en que el tiempo no contaba", escribió Walter Benjamin en 1936, retomando las reflexiones de Paul Valéry sobre la decadencia de la artesanía en los tiempos modernos y el nacimiento de las narrativas breves: "el hombre moderno no cultiva lo que no puede abreviarse". En el conturbado siglo XX fue decayendo, tal vez inevitablemente, la artesanía tradicional: aquella "industria tenaz y virtuosa" que pretendía alcanzar la perfección en la laboriosa aprensión del mundo y en la creación de objetos. Inclusive relatos y textos, que eran construidos con esos mismos métodos, plazos y utensilios. "Asistimos en nuestros días al nacimiento de la *short story*", constataba el pensador alemán. El relato breve "se emancipó de la tradición oral y ya no permite esa lenta superposición de capas finas y translúcidas". No sorprende que Benjamin se refiera a aquello que se perdió en términos de lentitud y superposición de finas capas: un trabajo que implicaba dedicación, esfuerzo, paciencia y una delicadeza casi manual, una labor realmente artesanal. Una tarea que refleja

YO ACTUAL Y LA SUBJETIVIDAD INSTANTÁNEA   157

el arduo proceso mediante el cual "la narrativa perfecta sale a la luz del día, como corolario de las varias capas constituidas por las narraciones sucesivas".[20]

Sin embargo, nuestra experiencia habitual delata tiempos fragmentados y volátiles, inexorablemente esquivos en la agitación del tiempo real, que todo lo sincroniza a escala planetaria. En este contexto, la fragilidad de la memoria no podría dejar de estar en evidencia. Como afirmó un escritor de ficciones muy característico de la segunda mitad del siglo XX, "las novelas largas escritas hoy quizás sean una contradicción: la dimensión del tiempo fue sacudida, no podemos vivir ni pensar sino en fragmentos de tiempo, cada uno de los cuales sigue su propia trayectoria y desaparece de inmediato". El autor de esas reflexiones es Italo Calvino, quien todavía agrega: "sólo podemos redescubrir la continuidad del tiempo en las novelas del período en que éste ya no parecía parado y aún no parecía haber explotado, un período que no duró más de cien años".[21] Calvino se refiere al momento histórico en que la novela moderna vivió su apogeo, justamente cuando la ficción literaria era un espejo de la vida real. Y cuando Amiel era capaz de escribir diecisiete mil páginas de labor cotidiana, frutos de una arqueología de sí mismo que todos los días se plasmaba en las finas capas de su diario personal.

Hoy, en cambio, hay quien dice que los *blogs* ya se han convertido en una antigüedad, porque la nueva moda son los *nanoblogs* o *microblogs*. Se trata de mensajes mínimos, que jamás superan los ciento cuarenta caracteres –nunca más de dos renglones–, y circulan a un ritmo de decenas de miles por hora en servicios específicos de Internet como *Twitter*, *Pownce* o *Jaiku*. Esos miniartículos pueden enviarse por correo electrónico o por los celulares de sus autores-narradores-personajes, y tratan invariablemente

[20] Walter Benjamin, "O narrador", en *Obras escolhidas*, vol. 1: *Magia e Técnica, Arte e Política*, San Pablo, Editorial Brasiliense, 1994, p. 206 [trad. esp.: "El narrador", en *Discursos interrumpidos I*, Madrid, Taurus, 1999].
[21] Véase David Harvey, *Condição pós-moderna*, San Pablo, Loyola, 1993 [trad. esp.: *La condición de la postmodernidad*, Buenos Aires, Amorrortu, 1998].

sobre un tema crucial: "¿Qué está haciendo *usted* en este momento?". Solamente *Twitter* reclutó quinientos mil entusiastas usuarios en sus primeros meses de vida, gracias a las promesas que vende: "ver un píxel de la vida de alguien", además de "disfrutar de una presencia virtual íntima, siempre conectada, con sus colegas y amigos". De modo que la tendencia parece clara, por lo menos en estas arenas: los relatos de sí tienden a ser cada vez más instantáneos, presentes, breves y explícitos.

Frente a semejante fragmentación y compresión del espacio-tiempo, no sorprende que los abultados cuadernos de los diarios íntimos de antaño se hayan convertido en los veloces *posts* de los *blogs* actuales llegando, inclusive, hasta los escuetos *nanoblogs*. Tampoco desconcierta que las largas novelas decimonónicas se hayan transmutado en *short stories* y luego en videoclips. Pero no se trata apenas de una disminución de los tamaños y una aceleración de las velocidades. Claramente vinculada a esas constricciones, la mutación es más radical: involucra otras formas de experimentar la propia temporalidad y nuevos modos de construirnos como sujetos. Una de las fases de ese complejo fenómeno podría bautizarse como "informatización de la experiencia". El asunto no sólo se dramatiza en el cine y en las artes en general, sino que los científicos buscan desarrollar sustitutos computacionales para los vapuleados circuitos orgánicos y métodos para controlar técnicamente su contenido borrando o agregando datos.

Por otro lado, los aparatos digitales con los cuales nos comunicamos cada vez más estrechamente no cesan de revelar sus fallas al almacenar informaciones, ya sea debido a la incompatibilidad entre los diversos formatos de archivos y dispositivos, que velozmente quedan obsoletos, o por los ataques de *hackers*, virus y otras plagas igualmente dañinas que afectan nuestros registros digitalizados. Por eso, a pesar de los avances técnicos y las fabulosas ambiciones de los científicos, continúa valiendo una antigua aseveración de Walter Benjamin con resonancias nostálgicamente platónicas: "la memoria es la más épica de todas las facultades". Frente a ese heroísmo arcaico, las herramientas humanas siguen revistiendo un

estatuto ambiguo: desde la ancestral escritura hasta las hoy omni-
presentes cámaras digitales, nuestras tecnologías se presentan al
mismo tiempo como sus verdugos y como sus posibles redentores.

Después de un período inicial de estruendoso crecimiento y
mucha repercusión mediática, datos divulgados a fines de 2003
causaron cierto impacto al anunciar que la ola *bloguera* habría in-
gresado en una etapa de calma. Entre los cuatro millones de diarios creados hasta entonces en los ocho principales servicios de
hospedaje del mundo, la encuesta informaba que dos tercios estaban prácticamente abandonados porque no se habían actualizado
en los últimos dos meses. Sus autores, aparentemente, se cansa-
ron. La encuesta proporcionaba otros datos: el promedio de actualización de los *blogs* activos solía ser de un *post* cada catorce días,
sólo una mínima parte –poco más de cien mil– se actualizaban
una vez por semana, y menos de cincuenta mil lo hacían todos los
días. No obstante, el estudio aclaraba que los diarios íntimos de
Internet siguen surgiendo a una velocidad que supera ampliamente la del abandono. Datos elocuentes sobre la nueva práctica,
sin duda, pero nada demasiado sorprendente; de algún modo
hasta parece lógico, ya que en la febril actualidad no hay más
tiempo para nada. Si no hay tiempo para leer, ni para escribir o
siquiera para practicar la más modesta introspección, ¿por qué habría tiempo disponible para mantener un *blog*? Aunque obedezca
a la lógica de la brevedad y del instante, esa actividad no deja de
reclamar constancia y perseverancia para continuar existiendo,
con todas las exigencias de una tarea a la vieja usanza.

Pero tampoco hay más tiempo en otros sentidos. Si no hay
más pasado fundador del presente y del *yo*, ni tampoco un futuro
radicalmente distinto en el horizonte, entonces sólo restaría nuestro presente constantemente presentificado. Lejos de aquellos diarios íntimos del siglo xix, en los cuales el tiempo sedimentaba en
lentas capas de sentido y había que recobrarlo en esa faena tan insistente como cotidiana, los *blogs* conforman prolijas colecciones
de tiempos presentes ordenados cronológicamente. Además,
ahora es lícito abandonar la tarea si se vuelve demasiado tediosa,

sabiendo que siempre será posible renacer en otro momento, abriendo otro *blog* o incluso un *fotolog*, o un perfil en *MySpace* o *FaceBook*, o alguna otra novedad que pronto aparecerá y será todavía más resplandeciente. Siempre es posible renacer, no sólo con otro diseño gráfico más bonito y actual, sino inclusive con un perfil renovado. Al fin y al cabo, en esas playas virtuales se crean "identidades de vacaciones", según la expresión de Philippe Lejeune, formas subjetivas con reglas más flexibles y ligeras, que por eso mismo permiten "descargar un poco del peso de la propia vida, darse una nueva oportunidad".[22]

Como ilustra muy bien la publicidad de un portarretratos digital en venta por catálogo: "Dynamic Frames exhibe fotos que cambian tan rápido como la vida". La imagen muestra una serie de tres fotografías en un marco que parece tradicional, pero el epígrafe explica el ingenioso *upgrade* del dispositivo: "parece un collage de fotos de familia pulcramente enmarcado... pero, como la vida cambia, ¡es muy fácil reemplazar las fotos viejas!". En la misma línea se inscriben los servicios de "supresión de personas" en las fotografías familiares del pasado, por ejemplo. Un artículo periodístico sobre la popularización de esta técnica comentaba el caso de una mujer que, después de divorciarse, decidió eliminar a su ex marido de todas las fotos de su colección familiar. "Cada vez que las miraba, me sentía mal", confiesa, "por eso decidí sacarlo de las fotos". Además de estos servicios profesionales realizados con software para editar imágenes, como el conocido *Photoshop*, las cámaras digitales ya ofrecen recursos para que el mismo usuario pueda realizar esas operaciones de cortar y pegar en las instantáneas de su propio pasado, para luego publicarlas, si así lo desea, en sus *fotologs* de Internet. Siguiendo el práctico lema *hágalo usted mismo*, es posible *deletear* con total rapidez y facilidad todo aquello –y a todo aquel– que no merezca quedar en el desván de la memoria. En este sentido, las herramientas digitales prometen ser mu-

---

[22] Philippe Lejeune, *Cher écran... Journal personnel, ordinateur, Internet*, París, Seuil, 2000.

cho más eficaces que el antiguo método analógico del "pasado pisado" y la lenta digestión intestina.

Más allá de las posibilidades siempre disponibles de editar, recortar, pegar y borrar, uno de los trazos constitutivos de los *blogs* es su organización cronológica al presentar las informaciones. Las últimas actualizaciones aparecen siempre al principio de la página inicial, y las más antiguas van quedando cada vez más abajo. Además, cada *post* o bloque de texto se encabeza obstinadamente con la fecha y el horario de la publicación. "Esta estructura privilegia siempre la actualización más reciente, mostrando al visitante de modo casi inmediato si el sitio fue actualizado o no", resume una especialista al definir el género, agregando que ese esquema se basa en dos principios: "actualización frecuente y microcontenido, o sea, pequeños bloques de texto, actualizados frecuentemente, siempre con la última actualización al principio del sitio".[23] En otras palabras, los *blogs* exhiben una serie de fotos fijas y bien ordenadas, retazos de instantes pegados uno después del otro: retratos instantáneos de momentos presentes de la propia vida que van pasando, pero que no se articulan y sedimentan para constituir un pasado a la vieja usanza. En fin, una colección de Pompeyas petrificadas y primorosamente clasificadas en orden cronológico; nada de Romas eternas, infinitas y fatalmente desordenadas en una estructura narrativa con sueños de coherencia y vocación totalizadora.

Las lúcidas reflexiones de Walter Benjamin con respecto a las mutaciones en las formas narrativas pueden, una vez más, ayudarnos a comprender también este fenómeno de la extinción de Roma y la proliferación de Pompeyas en los relatos de sí. Al detectar la desaparición de los rituales tradicionales ligados al acto colectivo de contar historias, el filósofo alemán asoció ese cambio a los ritmos agitados de los tiempos modernos, con el ocaso de la artesanía y "una aversión cada vez mayor al trabajo prolongado".

[23] Raquel Recuero, "O interdiscurso construtivo como característica fundamental dos webrings", en *Intexto*, Porto Alegre, UFRGS, 2004.

Todo eso tendría una relación profunda con la merma en la comunicabilidad de la experiencia y, también, con el debilitamiento en los espíritus de dos ideas graves: la de muerte y la de eternidad. Fue en la era burguesa cuando la muerte perdió su carácter de espectáculo público: expulsada del universo de los vivos y relegada al ámbito de la privacidad, se tornó un secreto envuelto en pudores, silencios y tabúes. Pero ocurre que la muerte es un elemento fundamental de la narrativa, porque en el momento de morir, la sabiduría del hombre sobre su existencia vivida se vuelve transmisible. "Y es de esa sustancia que están hechas las historias", concluye Benjamin. En el momento sublime de la muerte, "cualquiera" asume una autoridad digna en el relato de su propia vida, y esa potencialidad reside en el núcleo de la narrativa, "esa autoridad que hasta un pobre diablo posee al morir".[24] La muerte sanciona todo lo que el narrador puede contar, porque nadie muere tan pobre como para no dejar algo: vestigios de una vida, su experiencia narrada, sus relatos de sí.

En el modelo básico del *blog* confesional, sin embargo, la idea de muerte no parece estar presente. Al menos, no es el fluir de una existencia fatalmente marcada por su propio fin lo que suele mostrarse en la pantalla. En cambio, en esas Pompeyas multicolores que se suceden una tras otra, lo que se ve es una secuencia de episodios de la vida cotidiana y de la supuesta intimidad, todos relatados en el tiempo presente de la primera persona del singular. Entonces, si la memoria es de hecho "la más épica de las facultades", y si bien la novela surgió del seno de la epopeya –aquellas narrativas que intentaban conservar y transmitir la memoria colectiva de lo vivido–, Benjamin muestra que en ese nuevo género el recuerdo aparece bajo una forma inédita. Porque el tiempo es un ingrediente fundamental de toda novela, visto que hay en ella una "reminiscencia creadora" que lleva a procurar una unidad en la corriente vital del pasado individual del héroe. Esa búsqueda de sentido para la experiencia individual sería el

---

[24] Walter Benjamin, *op. cit.*, pp. 207 y 208.

duro carozo de toda novela, mientras que la narrativa tradicional –encarnada en géneros como la épica y la epopeya– pretendía enunciar una lección o una enseñanza. Por eso, los proverbios son ruinas de esas narraciones de otros tiempos, en las cuales la vieja moraleja "abraza un acontecimiento como la hiedra abraza un muro". Es el clásico mecanismo del consejo: la transmisión de la experiencia por parte de los ancianos del grupo, dentro de una tradición colectiva que era capaz de imantar todas las vivencias con sus sólidos significados.

La novela burguesa, en cambio, aquella que los individuos modernos devoraban en el silencio solitario de sus cuartos propios, busca desesperadamente otra cosa: el sentido de la vida. Busca aquello que sólo puede surgir de una infinidad de episodios minúsculos, pero todos relacionados entre sí y cargados de connotaciones capaces de cristalizar "como un sedimento en la copa de la vida".[25] Para alcanzar ese objetivo, hay que recurrir a los métodos de construcción del relato de sí que sintetiza la metáfora arqueológica de Roma: una búsqueda de la totalidad en la duración. Por eso, la novela necesita rigurosamente un fin: requiere un punto final, además de un formato estable y fijo. Esa necesidad la distingue tanto de la narrativa tradicional como de los *blogs* contemporáneos. Aquella pregunta que puntea los rituales del narrador, "¿y qué pasó después?", no puede ser formulada cuando se ha llegado a la conclusión de la novela. Porque en este otro género, la palabra *fin* "invita al lector a reflexionar sobre el sentido de una vida", con la seguridad de haber leído la obra entera y, en ese fértil diálogo solitario con el autor, haber sido testigo del trayecto existencial del héroe.[26]

Así como la sombra de la muerte no pende sobre la acumulación cronológica de episodios presentes que constituyen los *blogs*, éstos tampoco suelen tener un fin ni una invitación a buscar el sentido de la vida. Al menos, esos trazos no son constituti-

---

[25] *Ibid.*, p. 212.
[26] *Ibid.*

vos de ese género discursivo, que se estructura de una forma diferente y enteramente nueva. Su lógica remite más a la instantánea Pompeya que a la desmesurada Roma: en vez de acercarse al modelo clásico de la narrativa épica –o al burgués de la novela–, los nuevos géneros autobiográficos adhieren a la naturaleza de la información. Y su lógica es informática en más de un sentido. La información "sólo tiene valor cuando es nueva", recuerda Benjamin. Por eso "sólo vive en ese momento, precisa entregarse enteramente a él y sin pérdida de tiempo tiene que explicarse en él".[27] Nada más cercano a la descripción de cada uno de los breves *post* de un *blog*.

Muy diferente es la narrativa tradicional: atrapada en la densa memoria épica, "la narrativa conserva sus fuerzas y después de mucho tiempo todavía es capaz de desarrollarse".[28] Pero la relación con la eternidad también es distinta en los relatos que circulan por el ciberespacio, ya que éstos no pretenden alcanzar una inmortalidad en el tiempo, sino una celebridad en el instante. Si durante una semana todo el mundo hablará del nuevo video erótico y real de Paris Hilton o Pamela Anderson que se filtró en la Web, por ejemplo, y todos desearán verlo y comentarlo, también es cierto que nadie lo recordará dentro de dos mil años. Eso, claro, para no hablar del próximo verano.

En las nuevas prácticas confesionales de Internet, así como en las películas antes comentadas y en las investigaciones científicas tendientes a desarrollar técnicas capaces de editar los recuerdos, la memoria humana suele pensarse bajo la lógica de la información. Y también se la trata según esa lógica: como si fuera posible seccionar, fragmentar, editar, *deletear*, copiar y retocar digitalmente sus contenidos grabados en el cerebro. Nada más alejado de las visiones de algunos pensadores del siglo XIX como Bergson y Nietzsche. Así como las prácticas autobiográficas cotidianas que reinaban en aquella época, los escritos de esos filósofos presentan

---

[27] Walter Benjamin, *op. cit.*, p. 204.
[28] *Ibid.*

otras maneras de digerir la memoria del tiempo vivido, y de crear un *yo* en función de esos cimientos pasados pero actualizados en el presente.

Según la perspectiva de Bergson, como vimos, la función del cerebro no consiste en archivar recuerdos sino en "suspender la memoria", una forma del olvido necesario para la vida y la acción.[29] Pero suspender no equivale a *deletear*, de ningún modo, porque todo permanece en la virtualidad del espíritu y todo puede, siempre, retornar. Se trata de una manera de tratar las vivencias personales muy distinta del modo como nuestras computadoras e Internet procesan informaciones. Una modalidad más emparentada con los metabolismos orgánicos al gusto nietzscheano, ya que esa suspensión bergsoniana tendría el objetivo de filtrar las percepciones y los recuerdos, como una protección contra el flujo avasallador que paralizaba al memorioso personaje de Borges, por ejemplo. En esta perspectiva tan apartada de Pompeya como cercana a Roma, "el cerebro no sirve para guardar o 'archivar' recuerdos sino, al contrario, para suspenderlos, para evitar que nos acosen, impidiéndonos actuar en el mundo".[30] Y, podríamos agregar, impidiéndonos también la creación de un relato autobiográfico como aquellos que fermentaban en los viejos tiempos modernos.

"Enfrentado a una realidad verdaderamente infinita, el artista está obligado a elegir", explica el crítico de arte Ernst Fischer, "a poner de lado lo accesorio, a retener lo esencial, a reconocer una *jerarquía* de lo real".[31] Tejer un relato implica descartar, modelar, suspender, pero siempre considerando el telón de fondo de la

---

[29] Henri Bergson, *Matéria e memória. Ensaio sobre a relação do corpo com o espírito*, San Pablo, Martins Fontes, 1999 [trad. esp.: *Materia y memoria. Ensayo sobre la relación del cuerpo con el espíritu*, Buenos Aires, Cactus, 2006].

[30] Maria Cristina Franco Ferraz, "Tecnologias, memória e esquecimento: da modernidade à contemporaneidade", en *Famecos*, núm. 27, Porto Alegre, PUC-RS, 2005, pp. 49-57.

[31] Ernst Fischer, "El problema de lo real en el arte moderno", en *Realismo: ¿mito, doctrina o tendencia histórica?*, Buenos Aires, Lunaria, 2002, p. 58. El énfasis me pertenece.

totalidad: todo aquello que permanece en la suspensión de la virtualidad. En ese sentido, tanto la fragmentación como la aceleración que hacen estallar lo real en la contemporaneidad, conspirando contra las visiones totalizantes, también dificultan aquella tarea artesanal de ordenar las propias percepciones y recuerdos a fin de montar un relato de sí. Bajo estas nuevas temporalidades, deberán mutar los procedimientos para actualizar la memoria de lo vivido, así como los mecanismos para construir las narrativas del *yo*.

"Cuando el arte no puede tener una visión totalizadora de las cosas, recurre a lo parcial", explica Fischer, constatando que esa segmentación se fue haciendo cada vez más habitual en el campo artístico a lo largo del siglo xx, y que ahora se enfrenta a "conjuntos cuyas partes no están unidas de acuerdo con una cohesión interna sino ensambladas según los caprichos de asociaciones subjetivas arbitrarias". Ocurre, entonces, lo que ese autor denomina "una huida hacia la ahistoricidad". Una presentificación despedazada, fruto de la impresión de que la realidad se ha convertido en "ese campo de ruinas infinito que desafía toda posibilidad de representación artística".[32] Porque el mundo no sólo se habría vuelto irrepresentable, sino también indigno de ser representado. He aquí una explicación para la decadencia de aquella ambiciosa literatura realista que tuvo su auge en el siglo xix, en la cual la totalidad del universo, aunque fuese el ínfimo y abismal universo del *yo*, respiraba en cada detalle, mientras en cada uno de sus poros intentaba asomar el sentido de la vida. Con fuertes ecos de las teorías frankfurtianas, este poeta y filósofo austríaco nacido en 1899 vinculaba esa transformación al "asalto de los medios de la técnica", especialmente el cine, la radio y la televisión, con su proliferación de productos culturales de fácil consumo, que evitan suscitar reflexiones "para no fatigar el tubo digestivo espiritual".[33] Sea como sea, el desafío fue lanzado a los artistas de hoy en día, pues ahora vivimos

[32] Ernst Fischer, *op. cit.*, p. 71.
[33] *Ibid.*, pp. 72 y 73.

en una realidad mucho más difícil de representar con recursos estéticos, por lo menos según el modelo de Roma. Tal vez deberíamos explorar las inmediaciones y las potencialidades de Pompeya.

No es casual que bajo el imperio de esta nueva temporalidad se multipliquen las propuestas de optimizar técnicamente una memoria informática. Sin embargo, visiones tan distantes de esta perspectiva como las de Bergson y Nietzsche sugieren que sería tan imposible como indeseable desarrollar una memoria editable del puro instante, o incluso una memoria total capaz de fundir duración e instante, como aquellas que iluminan el horizonte de nuestra tecnociencia digitalizante. "Dos o tres veces había reconstruido un día entero", relata Borges con respecto a su personaje Irineo Funes, "no había dudado nunca, pero cada reconstrucción había requerido un día entero".[34] Porque a pesar de su prodigiosa memoria y su aguda percepción, que podía dispensar el auxilio de una cámara digital capaz de fotografiarlo todo, ese personaje era incapaz de filtrar. Sin embargo, para poder pensar, actuar y vivir, e inclusive para poder narrar la propia vida y construir un *yo* "narrador autor personaje" a la vieja usanza, hay que ejercer la actividad más elevada del espíritu, en términos nietzscheanos: olvidar. O más bergsonianamente: suspender. O como diría Fischer: jerarquizar, escoger, seleccionar. Y si tomamos finalmente a Borges: olvidar las diferencias, generalizar, abstraer.

Pero la definición de ese olvido que todos estos autores sugieren o proponen explícitamente es mucho más compleja que el simple acto de borrar recuerdos con que sueña nuestra tecnociencia. En este caso, olvidar significa rumiar y digerir, filtrar, elegir, seleccionar, decidir y suspender. En fin, actuar y crear. Nada más distante de borrar, editar o copiar, eliminando algunas escenas y retocando otras –todas ellas instantáneas y casi todas muy recientes– con ayuda de programas como el *Photoshop* o la tecla *Delete*.

[34] Jorge Luis Borges, "Funes el memorioso", *op. cit.*, p. 488.

VI. *YO AUTOR* Y EL CULTO
A LA PERSONALIDAD

> No en vano he enterrado hoy a mi cuadragésimo
> año, me era lícito darle sepultura –lo que en él
> era vida está salvado, es inmortal–. La *Transvalo-*
> *ración de todos los valores*, los *Ditirambos* de Dio-
> niso y, como recreación, el *Crepúsculo de los ídolos*
> ¡todo, dádivas de este año, incluso de su último
> trimestre! ¿Cómo no habría yo de estar agrade-
> cido a mi vida entera? Y así me cuento mi vida a
> mí mismo.
>
> FRIEDRICH NIETZSCHE

> No sé si lo que hago [en el *blog*] es bueno. Sólo
> sé que unas cien personas, todos los días, me
> preguntan qué pasó ayer, y están realmente in-
> teresadas.
>
> ALEX MASIE

¿QUÉ ES un autor? En las diversas culturas y épocas históricas,
hay ciertos discursos que están dotados de la función de autor y
otros que prescinden de esas referencias. Tal es la síntesis de la
respuesta dada por Foucault en la conferencia así titulada, que
fue proferida en 1969. Si esa "función autor" rige los modos de
existencia, circulación y funcionamiento de los discursos dentro
de una sociedad, ¿qué forma adopta en nuestra cultura? ¿Por qué
algunos textos la portan y otros la ignoran? ¿Qué motiva que ciertos documentos estén habitados por un sujeto, que desempeña
en ellos esa función variable y compleja, mientras tantos otros se
liberan en el dulce mar del anonimato? La "función autor" es una

de las formas de la "función sujeto" y, como tal, también cambia históricamente. Es posible imaginar, inclusive, que algún día desaparezca por completo. En tal caso, "todos los discursos, cualquiera que sea su estatuto, su forma, su valor, y cualquiera que sea el tratamiento que se les imponga, se desarrollarán en el anonimato del murmullo".[1] Entonces exclamaremos, despreocupadamente: "¡Qué importa quién habla!". La marca del autor se diluiría en el océano de lo que se ignora. Pero es evidente que ese momento aún no ha llegado; al menos, no para todos los discursos que circulan entre nosotros.

Los géneros autobiográficos integran un conjunto específico de textos en los cuales la "función autor" opera de forma singular. En esos relatos, el autor es también el narrador y el protagonista de la historia contada o, al menos, el lector se compromete a creer en esa triple identidad, según el pacto de lectura que acepta tácitamente al enfrentarse con una narrativa de ese tipo. ¿De qué modo se ejerce y se reconfigura, en estas prácticas confesionales, esa peculiar "función autor" de los géneros autobiográficos? ¿Y cuáles son los sentidos de esos cambios, cómo afectan a la "función sujeto" y la construcción del *yo* en la actualidad?

En el ensayo de Walter Benjamin dedicado a la muerte del narrador, esa figura agonizante se delinea con los rasgos del artesano: aquel que al contar historias realiza una actividad comparable a la del tejedor. Narrar sería "una forma artesanal de comunicación", ya que el contador de historias no sólo usa su voz para tejer sus relatos, sino que también trabaja con las manos. Esas manos que, tras el advenimiento de la fotografía, también se han liberado de las responsabilidades pictóricas, en provecho de un ojo cada vez más soberano. Hoy las manos todavía tipean en los teclados, pero es muy probable que pronto ese gesto termine dispensándose, para ingresar en un terreno cada vez más alejado de aquellos narradores orientales que también eran juzgados por su esmero caligráfico.

---

[1] Michel Foucault, *¿Qué es un autor?*, México, Universidad Autónoma de Tlaxcala, 1985, p. 43.

Porque el teclado, una interface poco amigable para los parámetros actuales, remite a la prehistoria analógica de las máquinas de
escribir y parece condenada fatalmente a la extinción. De hecho,
tanto en las computadoras como en los demás dispositivos de comunicación e información que hoy usamos con tanta asiduidad, ya
se percibe un movimiento hacia el abandono de esta especie de fó-
sil de la escritura mecánica. Esa tendencia se apoya en el perfeccionamiento de las interfaces de voz, por ejemplo, cuyas primeras
versiones ya están disponibles en el mercado hace algún tiempo:
esos dispositivos utilizan una herramienta de software capaz de
reconocer los sonidos de la voz del usuario, digitalizando los fone-
mas para transformarlos en letras escritas. De esa manera, se evita
la necesidad de tipear el texto letra por letra presionando las teclas
con los dedos. Entonces todo ocurre en la pantalla, y el relato deviene enteramente audiovisual.

Sin embargo, "en la verdadera narración, la mano interviene
decisivamente", como dice Benjamin, "con sus gestos aprendidos
en la experiencia del trabajo, que sostienen de cien maneras el
flujo de lo que se dice".[2] Por todo eso el narrador benjaminiano no
es un artista, sino algo muy diferente: es un *artesano*. La oposición
entre ambas figuras podría resumirse de la siguiente forma. El artesano es alguien que *hace* algo, aplicando su destreza y su dominio de una técnica para ejercer un oficio, y como resultado de ese
trabajo produce algo; en este caso, ese producto serían los relatos
narrados. El artista, en cambio, no se define necesariamente como
alguien que hace algo, sino como alguien que *es*. Hay una especie
de esencialidad en el ser artista, que va más allá de la práctica de
un oficio y que incluso puede llegar a dispensar la fatigosa tarea
de producir una obra. Es posible ir aún más lejos: según esta definición esencialista, si el sujeto posee esa preciosa esencia, algo así
como una "personalidad artística", entonces los principales ingre-

[2] Walter Benjamin, "O narrador", en *Obras escolhidas*, vol. 1: *Magia e Técnica, Arte e Política*, San Pablo, Editorial Brasiliense, 1994, pp. 220 y 221 [trad. esp.: "El narrador", en *Discursos interrumpidos I*, Madrid, Taurus, 1999].

dientes que lo definen como tal ya están presentes. Aunque la obra todavía no exista, de algún modo permanece en latencia y todo indica que será producida de hecho, porque su realización no sería más que una mera consecuencia casi natural de ese ser artista que habita dicha subjetividad. Por eso el autor es un artista: alguien que *es*, sin que ni siquiera haya necesidad de que *haga* algo para que siga siendo él mismo así definido.

Cuando Benjamin destaca la diferencia entre el narrador tradicional y el novelista de la era burguesa, recurre a términos e imágenes semejantes. Mientras el primero era un laborioso alfarero, que repujaba primorosamente las historias contadas, con el paso del tiempo "se volvió más modesto el papel de la mano en el trabajo productivo, y el lugar que solía ocupar durante la narración ahora está vacío". Si el oficio del narrador consiste en "trabajar la materia prima de la experiencia –la suya y la de los demás– transformándola en un producto sólido, útil y único", el novelista y su moderno lector hacen otra cosa.[3] En primer lugar, éstos se encuentran a solas, ya sea en la comodidad de sus hogares burgueses o en los cuartos bohemios de sus pensiones baratas. Y, en oposición a lo que sucedía con el narrador y su audiencia, lo que anhelan estos últimos también es otra cosa: se sumergen en sus propias esencias. Se buscan infinitamente dentro de sí mismos, y en esa exploración pretenden encontrar el sentido de sus propias experiencias.

¿Y ahora, cómo transmutan todas estas figuras en el contexto contemporáneo? Quienes recurren a las diversas herramientas de autoconstrucción y de autoexposición disponibles en Internet parecen emparentados más directamente con la figura del "autor artista" que con aquella silueta arcaica del "narrador artesano". No obstante, ¿de qué tipo de autor o artista se trata? Para comprender mejor estas nuevas configuraciones, conviene afinar la mirada histórica. En la Edad Media, por ejemplo, no habría tenido el menor sentido la idea de "personalidad artística", con su exaltación de la originalidad individual del autor que se plasma en cada una de

---

[3] Walter Benjamin, *op. cit.*, pp. 220 y 221.

sus obras. En aquel período de la civilización occidental, la función explícita del artista consistía en copiar, de una manera siempre condenada a la imperfección, la belleza de la obra divina plasmada en la Naturaleza. Su misión no era crear algo nuevo sino apenas imitar el mundo ya existente, e intentar hacerlo de forma habilidosa aunque neutra, con el menor grado posible de distorsiones subjetivas.

Esto explica que muchas obras medievales sean anónimas, ya que lo importante era el objeto creado y de ninguna manera su autor, el sujeto creador. De modo que las categorías retornan: el artista de aquella época era un artesano cuya habilidad se definía por su capacidad de producción y no por su distinción de poseer una subjetividad especial. Quien hacía una obra de arte era, entonces, una especie de artesano que disponía del equipamiento necesario para elaborar esos objetos: herramientas, dominio técnico, aptitud, experiencia. En esa maestría radicaba todo su valor como practicante de dicho oficio.

Vale la pena rastrear también, brevemente, las raíces griegas de estas nociones en los conceptos de *techné* y *ars*, considerando las reflexiones de Platón acerca de los artistas como imitadores de lo real y, por lo tanto, peligrosos creadores de simulacros. Fue justamente esa condición la que motivó toda la desconfianza platónica, que llevaría a expulsarlos de la República ideal. Una de las mejores ilustraciones para esta concepción del artista quizás sea el famoso relato de Plinio el Viejo, expuesto en su libro *Naturalis Historia*. En el siglo V a. C., dos pintores griegos se enredaron en una disputa, a fin de determinar cuál era el mejor en su actividad. Uno de ellos dibujó unos racimos de uvas con tal grado de realismo que logró engañar a los pájaros; atraídas por la pintura, las aves intentaron picotear las frutas dibujadas. Creyéndose vencedor, el autor de semejante proeza pidió al otro artista que retirase el velo que cubría su propia obra; pero éste había dibujado un cuadro cubierto con una cortina, precisamente, y así consiguió engañar a su colega. Copiar la realidad de la forma más fiel posible y, de ese modo, traicionar a los sentidos: ésa era la función del artista en la Antigüedad.

Vestigios de esa tradición mimética llegaron hasta el Renacimiento, como constata el historiador y crítico de arte Jan Mukařovský: "la imitación, es decir la renuncia a la propia personalidad, se consideraba no como un defecto, sino como una ventaja" en la actividad del artista.[4] Incluso porque en aquellos tiempos previos a la Era Moderna los objetos que ahora definiríamos como artísticos se concebían como meros medios al servicio de un fin que los excedía: una meta trascendente, más allá de la materialidad de la pieza concreta. Con frecuencia, las raíces de esa finalidad se hundían en la magia, la religión o cualquier otro dominio donde gravitase la simbología de lo sagrado.

Era justamente su "valor ritual" lo que hacía especiales a esas obras, según el vocabulario de Walter Benjamin, y no su "valor de exposición". Lo que realmente importaba era que esas creaciones existiesen, y no que fueran contempladas. Incluso en los antecedentes más remotos de nuestro pasado, en las cavernas prehistóricas, las pinturas rupestres solían permanecer ocultas en áreas oscuras e inaccesibles. A su vez, algunas de las esculturas más bellas de las catedrales medievales se emplazaban de manera tal que ningún ojo humano pudiera apreciarlas. Porque esos objetos cargados de significados no tenían la función de ser observados, sino que estaban allí ubicados para operar como símbolos capaces de poner su aura en representación de lo sagrado. A pesar de la gradual secularización del arte, esa función no se extinguió por completo: todavía se pueden vislumbrar algunos ecos de esa vocación ritualista que manaba de los objetos artísticos premodernos, cuyas huellas permanecen en ciertas formas profanas del culto a lo bello surgidas en el Renacimiento y aún vigentes en los resquicios de la cultura occidental.

No obstante, ya desde el final de la Edad Media, esa actividad humana empezó a recorrer el largo trayecto que la llevaría a ocupar una esfera autónoma: el arte abandonó su existencia parasita-

---

[4] Jan Mukařovský, "La personalidad del artista", en *Escritos de estética y semiótica del arte*, Barcelona, Gustavo Gili, 1977, p. 277.

ria y se independizó. Al emanciparse de esas ceremonias, dejó de ser un mero medio para alcanzar un determinado fin: las obras de arte se volvieron justificables por sí mismas, disponibles para ser expuestas, contempladas y consumidas. No es casual que haya sido también en esa época cuando la actividad artística comenzó a subjetivarse. "La forma artística ya no surge de la cosa en sí y de su propio orden", constata Mukařovský, "sino de la vivencia óptica o auditiva provocada por la cosa en el sujeto creador".[5] Pero ese subjetivismo desarrollado a lo largo de los siglos XV y XVI todavía difería bastante de su forma moderna, porque aunque fuera consciente de la importancia de su personalidad y del valor singular de su arte, el artista de aquel período jamás habría considerado a sus obras como productos directamente emanados de su modo de ser. En cambio, cada uno de esos objetos era el resultado de su voluntad consciente y de su habilidad práctica, ambas orientadas a captar el orden natural a través de los sentidos y de la razón, de la manera más objetiva e impersonal posible. De modo que las ideas modernas relativas a la singularidad individual del genio creador, tan familiares para nosotros, seguían ausente en aquel universo.

Sin embargo, ya muy lejos de esos viejos tiempos, hoy en día es otro el estatuto del artista. Todo comenzó a cambiar en la primera mitad del siglo XIX, con la irrupción del movimiento estético y filosófico conocido como Romanticismo. Fue entonces cuando esta nueva concepción del artista se terminó de concebir, una idea que sigue emitiendo sus fulgores y aún nos deslumbra con sus brillos. Esa figura empezó a perfilarse como una especie de genio, un ser movido por la fuerza espontáneamente creadora de su personalidad. Así, en las primeras décadas del siglo XIX, el artista romántico se constituyó como un ser especial, alguien dotado de un carácter singular y radicalmente distinto de todos los demás, una individualidad excepcional, fuera de lo común, con una opulenta vida interior. Esa interioridad burbujeante constituía, precisamente, la fuente de su arte.

[5] *Ibid.*, p. 278.

A partir de esa mutación histórica, se fue instaurando una relación directa y necesaria entre la personalidad del artista y su obra. Como consecuencia, el artista ya no crea más porque quiere o porque se propone activamente hacerlo, sino porque algo misterioso y oscuro que mora dentro de sí mismo lo lleva a crear: la fuerza de la inspiración, el talento creador que brota de la interioridad singular del genio artístico. Fue en el corazón de ese intenso movimiento cultural europeo cuando la personalidad de aquel que era capaz de crear se volvió un valor en sí mismo, en algunos casos, inclusive, en detrimento de la obra que de hecho se creaba, pasando a predominar sobre ésta con un grado de insistencia creciente. "La obra aparece de repente como la expresión auténtica de la personalidad del autor; como réplica 'material' de su constitución psíquica", explica Mukařovský, "es un proceso tan espontáneo como la formación de una perla". Este nuevo tipo de artista ya no busca el orden en la naturaleza exterior, que percibe y capta activamente a través de sus sentidos, sino dentro de sí mismo, ya que "la imagen de la naturaleza tal como él la siente en su interior y como la representa en su obra es más auténtica que el testimonio de los sentidos en su reproducción mecánica".[6]

Fue así como nació, cerca de doscientos años atrás, una manera artística de mirar para dentro de sí mismo que no parece haber existido en las épocas de Leonardo o de Homero, por ejemplo, ni tampoco en los tiempos de Descartes, y que ha sido primorosamente burilada en los últimos dos siglos de la historia occidental. Una subjetividad bien afinada con el *homo psychologicus* y con todas las complejas aristas de los sujetos modernos, cuyo carácter se pensaba como introdirigido. Junto con esa mirada introspectiva y esa exteriorización de la creatividad que aflora del interior de cada sujeto, se consolidó también la figura del autor. O sea, aquel que se reivindica como creador de un universo: su obra. La figura del autor implica, además, una idea de propiedad legal sobre el

---

[6] Jan Mukařovský, *op. cit.*, p. 280.

objeto creado. En ese sentido, toda obra es un producto, una mercancía. Se trata de una categoría jurídica, no meramente literaria o artística, que sólo pudo desarrollarse en la sociedad occidental tras la maduración de dos ideas primordiales: por un lado, el concepto de individuo creador recién mencionado; por otro lado, la noción de una cierta estabilidad de la obra, como un producto intocable que los lectores o espectadores no podrían alterar sin adulterarlo. Una institución como ésa sólo pudo procesarse y asimilarse con los cambios vinculados a la Revolución Francesa, y con la consecuente promulgación de un conjunto de reglas destinadas a cuidar los derechos y deberes de los autores. Y, también, con la reglamentación de toda obra como un producto fabricado por alguien; es decir, como una especie de mercancía que porta una firma o una marca autoral.

Lo que ocurrió en ese momento histórico fue una transformación sustancial de la "función autor", para retomar la categoría acuñada por Michel Foucault. En épocas más remotas, los discursos científicos se apoyaban en la autoridad de quien hablaba, mientras aquellos que hoy consideraríamos literarios circulaban libremente sin que la cuestión del autor ni siquiera se planteara. Pero hubo un cambio radical en la transición del siglo XVII al XVIII. Entonces los discursos científicos se empezaron a recibir "por sí mismos, en el anonimato de una verdad establecida o siempre demostrable" porque obedecían a un conjunto de criterios consensuados, tal como ocurre hasta hoy en día. Los discursos literarios, a su vez, atravesaron un proceso opuesto: sólo se admitían si estaban dotados de la "función autor". "A todo texto de poesía o de ficción se le preguntará de dónde viene, quién lo escribió, en qué fecha, en qué circunstancias o a partir de qué proyecto", explica Foucault. Por eso, la apreciación de cada texto literario dependerá de las respuestas dadas a esas preguntas; de ellas se derivará "el sentido que se le otorga, el estatuto o el valor que se les reconoce". De ese modo, en un ensayo que abordaba con cierta polémica la supuesta muerte del autor, desmitificando los alcances de esa noción, Foucault constató que "no soportamos el anonimato literario, sólo lo aceptamos en calidad de enigma".[7] Cuarenta años más tarde, la veracidad de esa afirmación permanece intacta: la "función autor" aún opera con todo su vigor en las obras literarias y artísticas; al menos, en aquellas consagradas por los medios y el mercado.

Aunque la desaparición del autor y su hibridación con el lector –o con el espectador– figuran entre los tópicos preferidos de quienes analizan los nuevos géneros de la Web 2.0 y las diversas manifestaciones de las artes contemporáneas, es fuerte la tentación de sugerir que hoy esa problemática estaría fuera de toda cuestión. El asunto viene siendo calurosamente discutido, por lo menos desde las décadas de 1960 y 1970, pero a pesar de mantener toda su actualidad en algunas de las áreas más potentes de nuestra cultura, también es cierto que en estos campos tan impregnados por la lógica mediática y mercadológica, ese debate hoy reviste un tono anacrónico. El mismo Roland Barthes, uno de sus pregoneros más entusiastas, provee una clave capaz de explicar semejante giro histórico: el regreso triunfal de aquel "tirano", pocos años después de su muerte tan copiosamente anunciada. En 1968, el crítico francés concluía así su famoso ensayo titulado, precisamente, *La muerte del autor*: "para devolverle su porvenir a la escritura hay que darle la vuelta al mito: el nacimiento del lector se paga con la muerte del Autor".[8] Pero las cosas han cambiado bastante: transcurridas cuatro décadas desde que se decretara ese digno asesinato –en significativa coincidencia con la publicación de *La sociedad del espectáculo* de su compatriota Guy Debord–, ahora quien parece agonizar es ese magnífico lector. Y en una contrapartida no exenta de ironía, el mito del autor resucita con todos sus ímpetus.

Quizás el argumento estadístico sea convincente: se calcula que en los Estados Unidos se han perdido veinte millones de lectores en potencia en los últimos diez años. Hay que considerar que eso ocurrió en uno de los países con mayores índices de lec-

[7] Michel Foucault, *op. cit.*
[8] Roland Barthes, "La muerte del autor", en *El susurro del lenguaje*, Barcelona, Paidós, 1987, pp. 65-71.

tura del mundo. La otra cara de ese proceso es que la cantidad de escritores aumentó casi un tercio durante el mismo período, pasando de once a catorce millones.[9] Algo semejante parece estar ocurriendo en una nación tan diferente como el Brasil, que ostenta índices elevados de analfabetismo –el 20% en 1991, el 14% en 2001– y en la cual las tres cuartas partes del resto de la población corresponden a la categoría de "analfabetos funcionales". De modo que es muy pequeña la porción de brasileños que constituyen el público lector de libros, un contingente que aún así abarca entre veinte y treinta millones de personas. Mientras el total de libros vendidos en el territorio nacional se mantuvo prácticamente idéntico en la última década –denotando cierta estabilidad en la cantidad de lectores, a pesar del aumento de la población y de la disminución del analfabetismo– se duplicó el número de títulos lanzados por año.[10] Todo eso sugiere un incremento equivalente de la diversidad de autores. En una coincidencia que no sería prudente atribuir al mero azar, el Brasil es el país del mundo que posee más usuarios de *fotologs* y de la red de relaciones *Orkut*, de Google, superando ampliamente a todos los demás.

Pero no es necesario recurrir a la crudeza de las cifras: con buena parte de la parafernalia mediática volcada a estetizar la personalidad artística, la figura del autor parece estar más viva y exaltada que nunca. Basta pensar en un tipo de evento nacido este siglo, como la Fiesta Literaria Internacional de Parati o los Hay Festival de Inglaterra, Cartagena y Segovia, que combinan hábilmente intereses culturales, mediáticos y turísticos. Realizados todos los años en ciudades pequeñas y atractivas para eventuales visitantes de fin de semana, su éxito de público y su repercusión en los medios suelen opacar a las adustas ferias más tradicionales. Aunque estas últimas ya acusaron el golpe y, a su vez, también se reciclan al sabor de

---

[9] Dana Gioia, *Reading at Risk: A Survey of Literary Reading in America*, Washington, National Endowment for the Arts, 2004.

[10] Rodrigo Carrero, "Um país de poucas letras", en *Continente Multicultural*, núm. 29, Recife, mayo de 2003, pp. 14-23.

los tiempos: la Bienal Internacional del Libro de San Pablo y Río de
Janeiro, por ejemplo, que se considera uno de los eventos de ese
tipo más voluminosos del mundo, anunció un acuerdo por una cifra millonaria con una compañía fabricante de automóviles. Bajo la
excusa de "conmemorar los doscientos años de la industria del libro en el Brasil", la empresa se impuso como gran patrocinadora de
la edición 2008 del evento. Hace ya varios años que negocios de ese
tipo articulan diversas áreas·de la producción y distribución artística, como el cine y la música, pero demoraron un poco más para
conquistar a la vieja industria editorial.

Esas novedades evidencian algo que afecta a la creación artística contemporánea en todos sus flancos: "la producción del arte
gira en torno a la exposición del arte, que a su vez gira en torno a la
producción de exposiciones", apunta Peter Sloterdijk.[11] El enorme
engranaje que hoy comanda la industria cultural es, antes que nada,
una "máquina de mostrar, que desde hace ya largo tiempo es más
poderosa que cualquier obra individual a exponer". Ese gigantesco
mecanismo de fabricación de exposiciones y festivales, con su combustible mercantil y sus turbinas mediáticas, se ha vuelto autó-
nomo: ahora funciona por sí mismo y necesita una alimentación
constante, aunque poco importe qué nutrientes se les suministre en
cada temporada. Lo que interesa es hacer –y sobre todo hacerse– visible. "Hoy día los poderes creadores de obra se invierten a sí mismos en los aparatos que rigen la visibilidad", continúa el filósofo
alemán, "la exposición de sí mismas por parte de las ferias, museos
y galerías ha usurpado el lugar de la autorrevelación de las obras;
ha forzado en las obras la costumbre de la autopromoción".

En una de las ediciones de la fiesta literaria que todos los años
se celebra exitosamente en la pintoresca ciudad de la costa brasileña, por ejemplo, la noticia más divulgada –y sobre todo fo-
tografiada– fue un partido de fútbol entre algunos de los "escritores estrella" invitados. Por su parte, un público no necesariamente

---

[11] Peter Sloterdijk, "El arte se repliega en sí mismo", en *Observaciones filosóficas*, Valparaíso, 2007 (disponible en línea).

constituido por lectores –más fácilmente definidos como turistas, espectadores o incluso "cholulos"– suele disputar las pocas vacantes disponibles en las concurridísimas sesiones-espectáculo donde los autores debaten y leen trechos de sus libros más recientes. "Hoy en día piden que uno vaya a hablar a todas partes, hay muchas conferencias, mucho festival de libros", se quejaba en una entrevista el historiador Eric Hobsbawm, uno de los más lúcidos observadores del siglo XX, de cuya extensión fue testigo casi en su totalidad.[12] En otro evento inspirado en estos modelos, realizado anualmente en una coqueta librería de Buenos Aires, varias decenas de escritores se encuentran con sus lectores durante una misma velada, para leer fragmentos de sus obras y conversar informalmente. Entre el público, una mujer de 32 años de edad le explicó a un periodista los motivos de su presencia, considerados paradigmáticos: conocía a varios de los autores por "haberlos visto en la televisión" y le resultaban "interesantes como personas".[13]

Entre los escritores invitados a esos festivales sobresalen las figuras más habituadas al estrellato. No deja de ser irónico lo que escribió uno de ellos, Chico Buarque de Holanda, en la exitosa novela *Budapest*, que promoviera en uno de esos eventos: "la literatura es el único arte que no exige exhibición".[14] En una declaración a la prensa, cupo a otra invitada la actualización de la idea: "los escritores son personas que escriben para esconderse", dijo la novelista Rosa Montero, "pero cada vez más son obligados a aparecer, hablar, estar en la televisión y en los festivales". La autora española continuó así su descarga: "nos convertimos en actores, somos los leones del circo".[15] Porque en esta nueva genera-

---

[12] Sylvia Colombo, "Superioridade americana é fenômeno temporário. Entrevista com Eric Hobsbawm", en *Folha de São Paulo*, San Pablo, 30 de septiembre de 2007.

[13] Laura Casanovas, "Acercarse a la persona por detrás de los textos", en *La Nación*, Buenos Aires, 4 de noviembre de 2007.

[14] Chico Buarque, *Budapeste*, San Pablo, Companhia das Letras, 2003.

[15] Carla Rodríguez, "A festa da performance", en *No Mínimo*, Río de Janeiro, 19 de julio de 2004.

ción de eventos literarios globales que obedecen de manera explícita a la lógica de la exhibición, los principales productos en exposición y venta no son las obras, sino los mismos festivales o, incluso, los fulgurantes autores.

El fenómeno fue ilustrado de manera espantosamente literal en 2005, en una experiencia artística denominada *Novel: A Living Installation*. Organizada por un grupo de Nueva York denominado Flux Factory, la instalación consistía en enjaular a tres escritores en sendos cubículos translúcidos durante un mes, para que cada uno de ellos escribiera una novela entera a la vista del público. "Lo que escriban no es tan importante como su manera de vivir mientras escriben", explicaron los organizadores, ya que la exposición tenía como propósito "considerar los aspectos públicos y privados de la escritura".[16] De hecho, como corroboran otros dos novelistas, el argentino Pablo de Santis y el peruano Alonso Cueto, "hoy ser escritor es un acto de exhibición".[17] O, en palabras de otro autor de ficciones, Martín Kohan, entrevistado a propósito de la creciente "farandulización de la cultura" en el Hay Festival de Cartagena, actualmente llega a parecer que "las ganas de ser escritor están por delante de las ganas de escribir".[18] No sorprende que este asunto sea uno de los más discutidos en esos contextos, tanto de manera implícita como explícita: "la cuestión más interesante del arte hoy es la autoría", explica la crítica literaria Beatriz Resende; "ese interés por el autor hace al éxito de la Fiesta de Parati".[19]

Confirmando que no se trata de meros ejemplos puntuales y aislados, sino de cierto clima de época mucho más amplio, una nota periodística conmemoraba recientemente, en la Argentina, el

[16] Julie Salamon, "Would you, could you in a box? (Write, that is.)", en *The New York Times*, Nueva York, 9 de mayo de 2005.

[17] Susana Reinoso, "El secreto y la soledad como disparadores en dos novelas. Entrevista con Pablo De Santis y Alonso Cueto", en *La Nación*, Buenos Aires, 3 de agosto de 2007.

[18] Susana Reinoso, "El ego y la vanidad del escritor fueron motivo de una charla en Cartagena. Entrevista a Martín Kohan, Pedro Mairal y Ariel Magnus", en *La Nación*, Buenos Aires, 10 de febrero de 2008.

[19] Carla Rodríguez, *op. cit.*

surgimiento de una nueva generación de editores jóvenes, con edades entre los veinte y treinta años, que decidieron invertir en un nuevo modelo de edición e inauguraron una tendencia de mercado. "No somos muy lectores", confesaba uno de ellos sin falsos pudores, mientras otro afirmaba que su interés primordial era "el libro como objeto y por quien lo escribe".[20] De modo que el principal atractivo no reside en la obra, sino en el libro como bella mercancía y por la magnética figura del autor que estampa su firma en la tapa, y que muchas veces también imprime su fotografía en ese espacio privilegiado.

Flota en el recuerdo una experiencia realizada por uno de esos autores que hoy encantan a los jóvenes editores, como es Michel Foucault, que en 1980 aceptó dar una entrevista al periódico *Le Monde* bajo la condición del anonimato. "El nombre es una facilidad", provocó el filósofo, en una tentativa de esquivar los juegos de poder que insisten en transformar al *yo* autoral en una marca, cuando se valoriza cada vez más la personalidad de quien habla en desmérito de lo que se dice. "Sueño con una nueva era de la curiosidad", declaró Foucault en aquel entonces, evocando un tipo de lectura tan ávida que ignore las firmas, una curiosidad tan intensa que sea capaz de gambetear las tercas artimañas de la "función autor". Por lo visto, esa nueva era todavía está lejos de haber llegado, incluso es probable que hoy esté aún más apartada que hace treinta años.

Para comprobar esa distancia con respecto a aquellos tiempos en que la muerte del autor parecía una utopía tan deseable como realizable, en vez de una realidad ya falsamente conquistada como suele presentarse hoy en día, cabe citar un experimento mediático mucho más reciente. En 2004, el suplemento cultural más leído y respetado del Brasil publicó una serie de entrevistas a seis escritores de renombre internacional, todos ellos –¿paradójicamente?– famosos por mantenerse retirados de las luces del espectáculo que bañan el universo de las bellas letras. Pero todas las

---

[20] Susana Reinoso, "Surge una nueva generación de editores que apuestan al libro", en *La Nación*, Buenos Aires, 14 de abril de 2007.

entrevistas estaban firmadas por escritores locales más o menos conocidos, en su mayoría como autores de ficción. Bajo un ambiguo título general, "Exclusivo y ficticio", se advertía sutilmente que las entrevistas tal vez fueran apócrifas. Y los mismos entrevistadores insinuaban que el rechazo activo a los flashes de la fama por parte de esos "escritores estrella" entrevistados quizás no fuera más que una hábil autoestilización o una jugada de marketing.[21] Pero la "función autor" sale reforzada de esos ambiguos juegos: lejos de la obra, la curiosidad se alimenta en torno del nombre, esa facilidad que se vuelve más fascinante cuanto más esquiva y exótica.

Otro caso digno de atención ocurrió en la edición de 2005 de la Bienal Internacional del Libro de Río de Janeiro, cuando se registró un récord inusual de público. Sin embargo, una encuesta efectuada en el lugar descubrió que muchas de las centenas de miles de visitantes tampoco eran lectores; algunos, inclusive, jamás habían leído ni siquiera un libro. La aparente paradoja se explica, en parte, al constatar quién fue uno de los autores más asediados del evento, con tumultos de fans que le pedían autógrafos, ventas de libros hasta agotar una amplia tirada y solicitudes de entrevistas por parte de los medios. Se trata de un joven de treinta años cuya obra autobiográfica era una primicia de la editorial Globo: su nombre es Jean Willys, flamante celebridad de la televisión que acababa de ganar la quinta edición del *reality-show Gran Hermano*, también producido por la TV Globo. El libro que presentaba, cuyo título era *Todavía me acuerdo*, constaba de un centenar de páginas y en su tapa lucía una gran fotografía del sonriente autor. La obra se compone "mitad con crónicas que tratan de sentimientos como soledad, amor y resentimiento", según la descripción del mismo Willys, "y una segunda parte con cuentos que hablan de la experiencia de vivir confinado en esa casa con personas tan diferentes y distantes de mi realidad".[22]

---

[21] "Exclusivo e fictício", en *Folha de São Paulo*, San Pablo, 25 de abril de 2004.

[22] Ana Cora Lima, "Patrulha do bem. Entrevista com Jean Willys", en *Eco-Pop*, 1º de junio de 2005.

Quienes fueron a la Bienal para adquirir los relatos autobiográficos de Jean Willys querían, aparentemente, ver de cerca al personaje que hasta entonces sólo habían visto en la pantalla del televisor. Una celebridad de la TV que, súbitamente, también se había convertido en autor y narrador, pero su papel como personaje seguía siendo el más importante de todos. El público no sólo quería verlo en la realidad, sino también comprar su libro; de preferencia, con una dedicatoria firmada por el autor en la primera página. Y llevárselo a sus casas, aunque no fuera necesariamente para leerlo. Incluso siendo un poco caricaturesco –o tal vez precisamente por eso–, este episodio puede servir para iluminar algunos aspectos de esa hinchazón tan actual de la figura del autor, porque hay varias paradojas que merecen explorarse. Una de ellas es que la amenaza de muerte ya no pende únicamente sobre el lector, sino también sobre una vieja compañera de ambos: la obra. El caso de Jean Willys es emblemático, porque su obra es él mismo: la obra de este autor consiste en su propia transformación en personaje. Una obra efímera, presumiblemente condenada a la fugacidad de las modas de temporada, pero es eso lo que estaba en venta en la Bienal y es eso lo que el público compró; no exactamente –o no sólo– un libro a la vieja usanza.

Otro indicio ambiguamente elocuente de esta tendencia es el suculento mercado internacional de objetos que pertenecieron a escritores famosos de otros tiempos. Inclusive los *auráticos* manuscritos originales de sus obras. Algo que hoy en día, con la popularización de los medios digitales para la producción y el almacenamiento de textos, se ha vuelto una especie extinta: los escritores de las generaciones más recientes ya no dejan este tipo de tesoros que podrían hacer la alegría de los rematadores en un futuro próximo. He aquí una nueva muerte de la vieja aura, cuyos estertores póstumos se buscan ansiosamente en las subastas de estas últimas reliquias. Un ejemplo particularmente ilustrativo de este movimiento ocurrió a fines de 2004, cuando la tienda Christie´s de Nueva York puso en venta un cuento inédito que Ernest Hemingway escribiera a los veinticinco años de edad, cuya calidad literaria es reconocidamente pobre y, además, el comprador debía asumir el compromiso de no publicarlo, pues se trataba de un borrador descartado por el autor. Aún así, el precio inicial del remate rondaba los veinte mil dólares. Son innumerables los acontecimientos mercadológicos de este tipo, anunciados por los grandes medios de comunicación con una frecuencia casi diaria.

En la Feria Internacional del Libro Antiguo, por ejemplo, decenas de coleccionistas venden manuscritos, libros y otros objetos que pertenecieron a escritores célebres como Balzac, Goethe, Faulkner y Joyce. En una de sus ediciones, un lote de veinte objetos vinculados a Jorge Luis Borges sumaba más de dos millones de dólares; no por nada, se lo presentó como "el autor argentino mejor cotizado en el mercado del libro antiguo". La versión original del cuento "La biblioteca de Babel", por ejemplo, cotizada en medio millón de dólares, se describía en el catálogo como "tal vez el mejor manuscrito del siglo XX en manos privadas". La tienda Sotheby´s de Londres, por su parte, anunció que subastaría tres cartas privadas de James Joyce a partir de ciento sesenta mil dólares. Este dinámico comercio de fetiches extraliterarios llega a rozar el absurdo o inclusive el escándalo, alcanzando precios exorbitantes que expelen cierto tufo de profanación. Una vez más, la vieja aura parece mostrar su rostro agonizante.

El tono macabro de esta última imagen no pretende ser puramente metafórico, ya que la exhumación de cadáveres se ha tornado una práctica usual para recuperar informaciones acerca de las grandes personalidades de la historia. Las víctimas son artistas que murieron en tiempos menos informatizados que los actuales; o menos curiosos, en todos los sentidos del término –incluso en los más necrofílicos–. El poeta italiano Francisco Petrarca es uno de los integrantes de esa lista fúnebre: sus restos mortales fueron desenterrados recientemente por investigadores que intentaban descubrir algunos secretos sobre la vida del escritor –y no sobre su obra, como queda claro– usando sofisticadas técnicas paleo-patológicas aplicadas al cadáver. La expresión "muerte del autor" gana resonancias cada vez más inesperadas, al igual que su pomposa resurrección en los albores del siglo XXI.

Así, gracias a la insistencia del arsenal mediático, con su capacidad de fabricar celebridades y satisfacer la sed de vidas reales del público, se estaría desplazando hacia la figura del artista aquella vieja aura que Walter Benjamin examinara como un atributo inherente a toda obra de arte. Una cualidad ya fatalmente acorralada en el análisis que el filósofo alemán realizó en 1935, debido a los avances de las técnicas de reproducción mecánica y a la supuesta desvalorización o desaparición del original. Conviene resaltar que el propio Benjamin vislumbró este posible deslizamiento del aura, que se aleja de la obra para orientarse hacia el autor, y llegó a apuntarlo en una nota al pie de la versión revisada de su famoso artículo, revisión que comenzó en 1936 pero sólo se publicó varios años después de su fallecimiento, ocurrido en 1940. A medida que la obra de arte se seculariza, "el espectador tiende a reemplazar la unicidad de los fenómenos que aparecen en la imagen cultual por la unicidad empírica del artista o de su actividad creadora", escribió Benjamin en aquella breve anotación de pie de página.[23] No obstante, después aclaraba que "sin duda, esa sustitución nunca es integral". Porque aunque sea innegable que la idea de autenticidad se hace más ambigua como fruto de la secularización del arte, su valor jamás podría limitarse a "una simple garantía de origen". Hoy en día, sin embargo, tal vez eso también esté cambiando, y entonces ese "jamás" benjaminiano sería sólo uno más de los tantos que vienen siendo desmentidos en los últimos tiempos. Puesto que esa garantía de origen autoral de la obra de arte ha dejado de ser simple, y se convirtió en una marca que cotiza a peso de oro en los mercados.

En esa misma nota al pie del artículo revisado, Benjamin mencionaba otro posible desvío del aura moribunda. En este caso hacia

---

[23] Walter Benjamin, "A obra de arte na época de sua reprodutibilidade técnica" (segunda versión), en Luis Costa Lima (comp.), *Teoria da cultura de massa*, Río de Janeiro, Paz e Terra, 1990, p. 229 [trad. esp.: "La obra de arte en la época de su reproductibilidad técnica", en *Discursos interrumpidos I*, Madrid, Taurus, 1999].

el coleccionista, ese adorador de fetiches que, "por la mera posesión de la obra de arte, participa de su poder cultural". Gracias al simple hecho de poseer un objeto con aura, el coleccionador se siente él mismo un poco aurático. Algo de eso se infiltra, sin duda, en la lógica del consumismo. En una época en que la producción en serie, el mercado masivo y la reproducción técnica pierden prestigio por conspirar contra la distinción, con sus tendencias estandarizadas que todo homogeneizan, proliferan las estrategias que singularizan al consumidor. Así, con la gradual segmentación de los públicos y la customización o personalización de los diversos productos y servicios, se exacerbó un ansia renovada por poseer cualquier cosa que sea original, única, auténtica, exclusiva. Algo que, de algún modo, esté envuelto en un halo tan raro como bien cotizado en la contemporaneidad: la vieja aura. O, por lo menos, que así parezca.

De ese modo, tanto la figura del artista como un ser especial, con una fuerte marca individual que lo distingue –un *yo* triunfal–, como los objetos que él crea, o aunque sea aquellos que toca con sus manos o que alguna vez hayan pasado cerca de su aura, todos se vuelven súbitamente auráticos gracias a una operación metonímica de transferencia de valores. A veces, incluso, parecen todavía más colmados de aura que la eventual obra de arte que él mismo ha creado. Todo eso debe ser fruto, también, de la dilatación del concepto de arte ocurrida a lo largo del siglo XX, que no deja de espejarse en la inusitada expansión de la subjetividad del artista como una instancia creadora de valor. Así, todo aquello que tenga algún contacto con la vida del artista es o puede ser, de alguna manera, transformado en arte. "El rey Midas está por todas partes", ilustra Peter Sloterdijk, "si hubiera sido jurídicamente posible, Andy Warhol habría vendido a coleccionistas con sólidas finanzas calles enteras de edificios de Nueva York que habría transformado en obras de arte al pasear por ellas".[24]

Un buen ejemplo de ese desplazamiento del aura, que amplía los dominios del arte para imantar con toda su energía a la des-

---

[24] Peter Sloterdijk, *op. cit.*

lumbrante figura del artista, es el inesperado éxito que obtuvo el remate de pertenencias de Oscar Wilde al conmemorarse ciento cincuenta años de su nacimiento. En esa ocasión, se recaudó más de un millón y medio de dólares –casi un tercio más de lo esperado– por la "mejor colección de material de Wilde en manos privadas". Un lote compuesto no sólo por algunos manuscritos y primeras ediciones de las obras del escritor, sino también fotografías, cartas privadas y otros objetos bendecidos con la aureola de su intimidad. Cabe concluir, por lo tanto, que esa hipertrofia de la figura del autor estilizada en los medios, que empuja la obra a un segundo plano y llega a justificar su ausencia, poniendo a su personalidad y su vida privada en el más obvio primer plano, probablemente esté indicando una nueva modulación de la "función autor". Un cambio que se evidencia en todos los acontecimientos y datos aquí mencionados, en los cuales los medios de comunicación y el mercado desempeñan un papel primordial. Pero esa torción también se expresa, de manera peculiarmente intensa, en las nuevas prácticas autobiográficas de Internet, y en los fenómenos de espectacularización de la personalidad y de exhibición de la intimidad de "cualquiera" que invadieron todos los medios.

Si todo comenzó con los románticos, ya que bajo sus influjos subjetivantes se instauró esa relación espontánea, directa y necesaria entre la personalidad del artista y su obra, ya hacia fines del siglo XIX esta última empezó a ser claramente preterida. La gloriosa figura del artista pasó a ser lo más interesante del proceso de invención, pues "la obra sólo es grande cuando la personalidad del creador vive y respira por detrás", como atestiguaba Jan Mukařovský en 1944.[25] Por eso, a pesar de las pulcras reglas de discreción y del rígido decoro burgués, la vida privada del artista fue convirtiéndose en una fuente primordial –y de algún modo, legítima– de verdades sobre sus obras. El mismo artista, al ser indagado sobre alguna característica de esos objetos, comenzó a sentirse "obligado a hablar de los elementos subconscientes de su

[25] Jan Mukařovský, *op. cit.*, p. 282.

creación, de su vida sentimental", agrega el crítico checo en su ensayo sobre el tema, "confiando absolutamente en el valor de la personalidad y en el alcance general de cada estremecimiento más mínimo de la misma".[26]

La referencia a la vida privada del autor puede ser un aspecto más de la alusión a lo real, como parte de la extensa lista de recursos de verosimilitud que usa argumentos del tipo: "esto realmente ocurrió", "es todo verdad", "basado en hechos reales", "una historia verídica". Ampliamente utilizados en los diversos géneros de ficción a lo largo de la historia, esas artimañas retóricas y estilísticas fueron cambiando con el transcurso del tiempo. Las novelas de caballería, por ejemplo, raramente dispensaban una nota introductoria que remitía el origen del texto a un manuscrito encontrado por casualidad; de ese modo, se atribuía veracidad al relato apelando a la autoridad casi sacra de un texto anterior. Ya en la época de oro de la novela moderna, en pleno auge del estilo naturalista y de los códigos realistas en las narraciones de ficción, los recursos de verosimilitud no remitían al peso autoral de textos precedentes sino a la vida real. En ciertos casos, inclusive, a la propia vida del autor.

Vale citar un ejemplo escogido entre muchos posibles. *La dama de las camelias* fue la ópera prima de Alejandro Dumas (hijo), publicada en 1848 con un éxito inmediato y estruendoso. El autor fue uno de los primeros en sorprenderse con la inesperada repercusión de su primera novela, aún cuando su padre fuera uno de los escritores más famosos de Francia. Todo eso quedó registrado en el prefacio de la obra, donde el novelista intenta justificar el fuerte interés del público por su texto ficticio en función de su origen real. Tanto el personaje principal, Marguerite Gautier, como sus románticas peripecias junto al desesperado Armando Duval, tendrían reminiscencias autobiográficas que no se limitarían a las letras iniciales de sus nombres. En las primeras páginas del libro, el joven Dumas confiesa su pasión por la cortesana más célebre de París a mediados del siglo XIX, la bella Marie Duplessis, que tam-

[26] Jan Mukařovský, *op. cit.*, p. 277.

bién solía adornarse con camelias y, al igual que la heroína de la ficción, se habría enfermado fatalmente en plena juventud. Los lectores pronto observaron que "no era un novela vulgar, que su protagonista necesariamente había debido vivir en época reciente", constata el autor, "que este drama no era argumento imaginado a capricho, sino, por el contrario, una tragedia íntima, cuyo desarrollo fue verdadero y doloroso". A continuación, el escritor admite que sus primeros lectores quisieron conocer el verdadero nombre de la heroína, y otros detalles reales como su posición en el mundo, su fortuna, su vida y sus amores. "El público, que siempre quiere saberlo todo, y que al fin y al cabo lo logra", concluye el novelista, terminó por descubrir todos esos datos verídicos, "y una vez leído el libro desearon releerlo, y naturalmente, conocida la verdad, aumentó el interés del relato".[27]

A la luz de esas palabras, y extrapolando la literalidad del concepto, tal vez sería posible afirmar que –al menos en algún sentido– toda obra literaria es autobiográfica, ya que la escritura imaginada sólo puede surgir de las vivencias personales del autor. Como reza la famosa aseveración de Gustave Flaubert: "Madame Bovary soy yo". El ejemplo más paradigmático de esos ambiguos juegos probablemente sea *En busca del tiempo perdido*, de Marcel Proust. No obstante, hay un detalle fundamental que no se debería ignorar: a pesar de las connotaciones autobiográficas y del supuesto anclaje en la vida del autor, todos esos textos se escribieron para que se los leyera como ficciones. Su valor primordial para los lectores radicaba precisamente en el hecho de que eran construcciones ficticias, en las cuales las experiencias de quien leía –y no tanto de quien escribía– de alguna manera se veían reflejadas como en un espejo iluminador. Por consiguiente, en esa época de auge de la novela como género literario por excelencia, la presencia del autor latía cada vez con más fuerza en las entrelíneas, pero lo que realmente se devoraba con gran interés era la obra. Y

[27] Alejandro Dumas, *La dama de las camelias*, Buenos Aires, Sociedad Editora Latino Americana, 1952, p. 15.

ésta era claramente una ficción. Es decir, una historia no verídica, inventada por el autor y bellamente narrada en el papel.

Basta con pensar en esas pocas novelas mencionadas a modo de ejemplos, que conforman cierto canon inspirador de la subjetividad burguesa en su era dorada, para constatar que la imaginación, la capacidad de observación y el minucioso repujado literario de las palabras desempeñan papeles fundamentales en todos ellos. Porque también en la escritura, así como sucede en la danza y en la paciente labor del orfebre, "la facilidad, la espontaneidad, lo natural, son el efecto de un trabajo".[28] La conclusión es simple y hasta puede parecer una obviedad, pero es importante explicitarla: el hecho de haber vivido una experiencia extraordinaria no garantiza que el relato de dichas vicisitudes pueda convertirse en una gran novela. Y lo contrario también procede: para ser un gran escritor –o para escribir una buena ficción– no es necesario detentar una personalidad exultante o artística ni protagonizar una vida llena de aventuras exóticas o especialmente intensas.

De todos modos, en ese contexto de mistificación del genio creador y de las potencias que emanaban de lo más recóndito de su personalidad, fueron perdiendo su peso y su sentido las ideas de intención artística, del arte como una actividad no espontánea y de la obra como un proyecto. Todos conceptos básicos e incluso evidentes en tiempos menos románticos –o menos burgueses–. Porque la obra pasó a ser contemplada como una expresión casi pasiva de un enigmático aunque impetuoso ser artista, una esencia hondamente interiorizada. Tal como muestran los emblemáticos testimonios del novelista francés antes citado, a lo largo del siglo XIX fueron ganando creciente importancia –y despertando cada vez más curiosidad– los trazos de la vida del autor que se podían detectar en su obra. Poco a poco, la personalidad del artista se enaltecería como la fuente de toda creación: de la fecunda interioridad del "autor creador" brotaba, casi espontáneamente, la

---

[28] Leyla Perrone-Moisés, "Posfácio", en Roland Barthes, *Aula*, San Pablo, Cultrix, 1997, p. 65.

obra de arte, que no hacía nada más ni nada menos que expresar esa portentosa y enigmática personalidad.

Las vanguardias de principios del siglo xx extremaron todavía más ese gesto –tal vez a su pesar, al menos en algunos casos– con sus manifiestos que loaban la muerte del arte e incitaban a hacer de la vida una obra de arte. El *pop art* y otras corrientes de la segunda mitad del siglo pasado contribuyeron a alimentar esa tendencia, mientras los medios masivos, la publicidad y el mercado invadían el antes impoluto campo del arte. Contaminando esa esfera otrora autónoma y supuestamente desinteresada con las tácticas y los recursos de la industria cultural, esas nuevas influencias dieron a luz a los primeros artistas-íconos que supieron convertir sus rostros y nombres en verdaderos logotipos. Así nacieron, empujadas por los ávidos ímpetus del mercado, las personalidades artísticas que se posicionaban como marcas registradas: el artista como celebridad. En figuras como Salvador Dalí o Andy Warhol, por ejemplo, sus obras rivalizan seriamente con la originalidad del aspecto corporal, de los atuendos, bigotes o cabellos, combinados con los detalles de una intimidad más o menos descarada y las excentricidades de un estilo de vida singular. Y con sus propias declaraciones, en la medida en que den cuenta de todo eso en tono escandaloso; y, lo que es aún más fundamental, con la manera en que los medios de comunicación se disponen a mostrar todos esos sabrosos ingredientes.

Es sintomático que Andy Warhol lidere, aún hoy, las listas de los artistas más famosos del mundo que periódicamente se dan a conocer, cuyos principales parámetros son la cuota de presencia mediática y el precio que sus cuadros alcanzan en las ricas subastas contemporáneas. Un ranking millonario que se renueva sin pausa, en esta época de intenso fervor en el mercado del arte. En algunos casos, las ofertas más fuertes de los compradores de ese tipo de productos se conmemoran con aplausos de admiración en las tiendas especializadas, como si fueran los audaces movimientos de un torero. "Los jóvenes inversores en el sistema bursátil del arte no necesitan que se les cuente nada sobre lo espiritual en el arte", comenta Peter Sloterdijk. Porque es otro el aura que se busca en esas transacciones: bajo el fulgor de la marca auténtica que las firma, las obras encarnan un chispazo del poder creador del artista, y por eso se forma en ellas "el cristal de valor adecuado para la apropiación". De allí el éxito actual de las obras de arte, que se exponen y venden "como acciones bursátiles estéticas", y son adquiridas por "quienes quieren ser alguien". Lo que importa en esas negociaciones, siempre según Sloterdijk, "es que muchos ojos observen el mercado desde ese momento" y que, con eso, se afirme el *yo* del comprador. "Si *yo* no tuviera la forma de *Yo* de un poseedor potencial de obras y valores, las obras no tendrían para *mí* atractivo alguno", prosigue la provocación del filósofo alemán, "una obra tendrá significado para *mí* en tanto y en cuanto *yo* pueda abonarme su valor en *mí* mismo".[29] Por todo eso es sintomática la persistencia de Warhol en esos dos circuitos legitimadores del arte en la actualidad, como son los medios de comunicación y el mercado. Porque se trata de un autor cuya obra se destacó más como una actitud histórica que por su valor estrictamente estético, al menos en su sentido clásico. Una figura, en fin, que supo estirar sus quince minutos de fama para vender como nadie su estilo artístico en tanto personaje capaz de imantar con su valor todo lo que tocase, dijese, mirase, vistiese, amase o detestase. Incluso también, por supuesto, todo lo que pintase y filmase.

Solamente la consagración de esa definición del artista como alguien que *es*, en oposición al artesano como alguien que *hace*, puede explicar estos curiosos desenredos. La bisagra que desató estas derivaciones quizás haya sido el célebre guiño de Marcel Duchamp, que en 1917 provocó un cataclismo al intentar exponer un objeto cualquiera –por ejemplo, un mingitorio–, afirmando que eso era arte porque un artista lo había elegido para exhibirlo en un museo. No hay como negar la potencia de ese acto como evento histórico y su capacidad de hacer estallar ciertos valores esclerosados sacudiendo los cimientos llenos de polvo de la cultura bur-

[29] Peter Sloterdijk, *op. cit*. El énfasis me pertenece.

guesa. Es como mínimo paradójico, sin embargo, lo que el tiempo ha hecho con eso, y lo que nuestro presente museificador y celebrizante todavía sigue haciendo. Basta recordar que aquel mingitorio ocupa, hoy en día, un prestigioso espacio en los museos del mundo, y nadie parece discutir su calidad estética, además de ser incansablemente homenajeado y parodiado por todas partes. No es casual que, en los balances de fines de milenio, se lo haya nombrado "la obra más influyente del siglo xx". Además de haberse museificado increíblemente, ganando aura autoral y el valor inconmensurable de una obra artística mayor –¡la mayor del siglo!–, el mingitorio de Duchamp abrió las puertas de los museos para que cualquier objeto se considere arte y, por lo tanto, tenga derecho a ser expuesto y contemplado entre magnas paredes. Cualquier objeto, siempre y cuando esté firmado por un artista.

Puede resultar incongruente, pero en vez de liquidar las anquilosadas pretensiones de las bellas artes, el gesto incendiario de Duchamp fue metabolizado con mucha eficacia por los circuitos mercadológicos y mediáticos que alimentan el relato oficial de las artes contemporáneas. Así, en vez de demolerlas, terminó fortaleciendo las antiguas jerarquías y haciéndolas aún más arbitrarias: catapultó para siempre el glorioso *ser* artista. Porque al convertirse en una celebridad que vende objetos de marca, el artista tocado con la varita mágica de los medios y el mercado se distancia definitivamente del artesano. Ya no hace falta que haga nada con sus manos. Basta tan sólo con que exhale una buena dosis de excentricidad tolerable, y que obtenga la fracción necesaria de visibilidad para imponer y vender cierta imagen o, peor todavía, un "concepto". Bajo esas nuevas reglas de juego, es la refulgente personalidad del artista quien prestará su sentido a la obra, y no al revés.

Entonces, tras el desmoronamiento del templo del arte rematado por aquellas vanguardias que ya son históricas, y luego de todos los certificados de defunción concedidos al autor, al artista y a los museos, el panorama de la creación contemporánea que ofrecen los medios de comunicación –y que el mercado entroniza– no podía ser más sacralizador de todas esas grandiosas figuras. Así, por ejemplo, entre ese ejército de muertos demasiado vivos, en estos albores del siglo XXI, el británico Damien Hirst ganó el cetro de "el artista vivo mejor cotizado del mundo". El hito ocurrió cuando una de sus instalaciones de remedios multicolores se convirtió en la obra más cara de un autor no fallecido. La pieza integra la serie conceptual *Cuatro estaciones*, compuesta por dos pares de vidrieras de acero inoxidable y vidrio, repletas de píldoras de diversos tonos que aluden a cada una de las estaciones del año. En la obra correspondiente a la primavera, inspirada en el célebre cuadro de Botticelli, 6.136 pastillas se alinean en los estantes con primorosa precisión geométrica. Es precisamente esa instalación, confeccionada en 2002, la que se vendió por casi veinte millones de dólares a mediados de 2007, marcando récordes históricos en una de esas subastas.

Damien Hirst tiene poco más de cuarenta años de edad y pertenece al selecto grupo conocido como "jóvenes artistas británicos", que lidera la escena global desde que el publicitario Charles Saatchi comprara todas sus obras y las expusiera en la Royal Academy de Londres. Esa muestra escandalizó a mucha gente, y gracias a esa repercusión ganó el glamoroso rótulo de *shock art* para atiborrar las sedientas fauces de los medios. El flamante título de "artista vivo más caro del mundo" no fue ninguna sorpresa, porque ya hacía por lo menos una década que las obras firmadas por este autor alcanzaban cifras estratosféricas. Pero a pesar de caras, muy caras, las instalaciones farmacéuticas que lo llevaron a la cima de las cotizaciones contemporáneas no son las piezas más controvertidas –y por ende, las más ilustres– de su acervo. El artista suele usar restos de animales muertos para montar sus obras, encapsulados en tanques de formol. El primero y más famoso de esa serie es un enorme tiburón, protagonista exclusivo de una obra cuyo título tampoco es modesto: *Imposibilidad física de la muerte en la mente de alguien vivo*. Creada al despuntar la década de los noventa, se vendió diez años más tarde por doce millones de dólares. Quien lo convirtió de ese modo en el "segundo artista vivo más caro del mundo" fue un coleccionista privado, que poco después presentó una queja: la obra se estaba pudriendo. La noticia encendió otra de las habituales polémicas que rodean la figura de este *enfant* tan terrible como mimado, pero la ocasión no fue aprovechada para endosar los debates sobre lo efímero de un arte que perdió dignamente su aura. Tampoco para ridiculizar a quienes siguen creyendo en el mohoso mito del Artista, ni para burlarse del elitismo contemplativo de un arte que debería ser durable y estandarizado, o del ímpetu museificador y otras cuestiones supuestamente superadas en la escena artística contemporánea. Nada de escandalizar a los burgueses, que ahora son tan simpáticos y están dispuestos a coleccionar arte contemporáneo, nada de fricciones innecesarias: en 2006, el animal en descomposición fue reemplazado por otro ejemplar en buenas condiciones, y hoy la pieza se exhibe muy oronda en el MOMA de Nueva York.

Con el fin de satisfacer la enorme demanda que sus obras despiertan en el mercado, Hirst administra un equipo de más de cien asistentes para elaborarlas: un staff compuesto no sólo por obreros y artesanos, sino también químicos, taxidermistas, biólogos e ingenieros. Es muy raro que él ponga las manos en la masa, incluso se comenta que no suele visitar los talleres con mucha frecuencia: todo lo supervisa desde un elegante estudio en el centro de la capital británica o desde su impresionante castillo gótico en la campiña. Más allá de las convulsiones que esa producción industrializada podría provocar en la atribulada definición contemporánea de la actividad artística, fiel a las consignas del arte conceptual, él asegura que "lo importante es la idea, no su ejecución".[30] La propuesta contraria sería "anticuada", según él mismo explica: "no me gusta la idea de que una obra tiene que ejecutarla un artista", e ilustra su posición argumentando que "los arquitectos no construyen ellos mismos sus casas".[31] Para

[30] Georgina Ruff, "Art in ideas: Damien Hirst", en *Daily Vanguard*, Portland, 17 de enero de 2007.

[31] EFE, "El artista Damien Hirst reconoce que algunas de sus obras son 'tontas'", en *El Mundo*, Madrid, 30 de marzo de 2005.

complicar aún más el panorama, el artista confiesa haber pintado sólo unas pocas de las telas que suele firmar. "No se me antoja preocuparme por eso", aclara, además de reconocer que no es muy dotado en esas arenas. "Sólo pinté los primeros cinco cuadros", confiesa, sin ocultar su fastidio por semejante tarea. "Apenas logré vender uno, usé el dinero para pagarle a otras personas para que los hicieran, eran mejores que yo en eso, yo me aburría, soy muy impaciente", concluye.[32] Años más tarde, en su serie de pinturas realistas basadas en fotografías extraídas de periódicos, se limitó a "dar el último toque para justificar su autoría y su elevado precio", según comentarios publicados en la prensa.[33] Tras elogiar el trabajo de una de sus empleadas, por ejemplo, Hirst declaró que "la única diferencia entre una tela pintada por ella y una mía es el precio".[34]¿Suena perturbador? Quizás sí, pero el descaro tiene poca relación con la actitud profanadora de los iconoclastas o de aquellos que hace un siglo experimentaron la urgencia de ser absolutamente modernos. Aquí, por lo visto, se trata de negocios, y de un tipo bastante serio de negocios: sin demasiados eufemismos, él mismo define su arte como "una marca producida en una fábrica".[35] Sin embargo, lo más perturbador de todo quizás sea que la filiación entre ambos fenómenos es innegable: de alguna manera, uno deriva del otro, así como los sueños de la razón pueden engendrar monstruos, y así como los desvaríos iluministas fueron capaces de generar también la barbarie.

Todo esto parece ser fruto de la acentuación, en las últimas décadas, de por lo menos tres vertientes ya apuntadas. Por un lado, el distanciamiento de los artistas con respecto a lo artesanal, y el consecuente reemplazo de las bellas artes del *hacer* por el encantamiento del *ser*. Por otro lado, una vez instituida la originalidad como valor fundamental en el campo del arte, la hipertrofia

[32] David Cohen, "Inside Damien Hirst's factory", en *This is London*, Londres, 30 de agosto de 2007.
[33] EFE, *op. cit.*
[34] David Cohen, *op. cit.*
[35] *Ibid.*

de esa valorización de la novedad a toda costa –sobre todo por la avidez mediática– terminó produciendo una repetición de lo mismo y cierta inhibición de la crítica. Transmutada en periodismo cultural o en especialización académica, ésta opta por un lucrativo sensacionalismo falsamente horrorizado o bien prefiere callar por temor a ser acusada de moralista como antes temía ser inmoral, o lo que quizá sea peor todavía: para no perder alguna oportunidad de insertarse en los candentes circuitos del negocio artístico. Pero el tercer elemento tal vez sea más determinante en estas metamorfosis: el papel que los medios y el mercado desempeñan al delimitar qué es arte y quién es artista. Una definición estrecha y miope, ya que se labra con la mira apuntando a todo lo que se puede comunicar y vender. Cuando las prácticas estéticas se reducen a su valor de cambio, pierden sentido tanto su valor de uso como su valor vital, para no hablar del ya definitivamente extinto valor ritual. "Lo artístico no sólo se ha convertido en algo vendible", explica Suely Rolnik, "sino también y principalmente en algo que ayuda a vender o a *venderse*".[36] No sorprende que esa circunscripción tan mezquina deje afuera lo más potente e interesante que pueda surgir actualmente en el campo de la invención. Sin embargo, como diría Virginia Woolf, aunque sea desagradable que las puertas se cierren y "lo dejen a uno afuera", quizás sea peor aún "estar encerrado adentro".[37]

¿Qué sería arte hoy en día, según esa avara definición exclusivamente mercadológica y mediática? Nada más distante de aquella experiencia transformadora o inquietante que pretende inventar nuevos modos de estar en el mundo, o incluso de cualquier experiencia que busque encender la chispa de alguna vibración. En vez de apostar a lo desconocido, en vez de borrar la marca autoral con un estallido de sentido –o de sin sentido– y demoler el aura siempre reciclada de los nuevos museos y galerías, abriendo

---

[36] Suely Rolnik, "A vida na berlinda", en *Trópico*, San Pablo, 2007. El énfasis me pertenece.
[37] Virginia Woolf, *Un cuarto propio y otros ensayos*, Buenos Aires, a-Z, 1993, p. 38.

las puertas a un diálogo crítico con las miserias y alegrías de la vida contemporánea; en vez de todo eso, dicha definición es pobremente tautológica. Arte es lo que hacen esas excéntricas celebridades, los artistas mejor cotizados del momento. Incluso si, en rigor, esas personalidades no *hacen* nada, pues basta con que sepan *ser* artistas. Lo cual significa, en gran parte, saber estampar su firma donde corresponde, como sucede con las marcas de lujo o con los autógrafos de las estrellas. Y, claro, también es necesario saber mostrar esa marca y ser capaz de venderla, preferiblemente cara, muy cara.

Pero la buena noticia es que ahora, gracias a todos esos terremotos y redefiniciones, cualquiera puede ser artista, inclusive *usted* y *yo*. Porque fue así como la creatividad democratizada se convirtió en el principal combustible del capitalismo contemporáneo y todos nosotros, finalmente, somos la personalidad del momento. "Cada hombre, un artista", había propuesto Joseph Beuys ya hace varias décadas y en tono revolucionario. Por eso, estas conquistas que hoy son bendecidas por los medios y el mercado revelan filiaciones imprevistas con aquellas ilustres propuestas vanguardistas. Crítico feroz de los mecanismos oficiales del mercado estético, sin embargo, ese artista alemán que murió en 1986 se rehusaba a confinar su obra en galerías, museos y revistas culturales. Quería más, tal vez quisiese demasiado: deseaba que el arte conquistase la vida y que se disolviera en sus venas. "Cada ser humano, un artista, ¿desde cuándo se puede decir eso sin la bufonería de los responsables de cultura?", pregunta filosamente Peter Sloterdijk en un texto reciente. "¿Qué charlatanería de gran corazón podría pretender esto?".[38] Es cierto que, a pesar de lo que sucedió recientemente con *usted* y *yo*, y a pesar de todas esas arengas supuestamente ya asimiladas, esas jerarquías todavía son confusas y no cesan de ocultar penosas contradicciones.

¿Qué decir, si no, del buen discípulo de Marcel Duchamp que en 1993 orinó en el célebre mingitorio expuesto en un museo, para

---

[38] Peter Sloterdijk, *op. cit.*

después reclamar la propiedad de la obra por haberle devuelto su función original? En 2005, el mismo artista conceptual, llamado Pierre Pinoncelli, atacó el mingitorio a martillazos en el Centro Pompidou alegando otra forma de apropiación. En vez de festejar su duchampiano gesto escandalizador de burgueses, Pinoncelli fue acusado ante los tribunales, porque el valor del sanitario dañado hoy se calcula en cifras de siete dígitos. Damien Hirst también tuvo su momento infame: en una exposición de 1994, un visitante insurgente derramó tinta negra en el tanque donde flotaba una oveja muerta, estropeando así su obra bautizada *Fuera del rebaño*. Sin ninguna concesión al espíritu crítico, a la eventual coautoría con el impetuoso espectador, o al mero sentido del humor que convirtió un cordero cualquiera en una verdadera oveja negra, el joven –y riquísimo– artista británico abrió un juicio contra el intruso y mandó restaurar la obra.

Son incontables los despropósitos implícitos en esta sinuosa historia, en la cual los objetos supuestamente desacralizadores son increíblemente sacralizados en millones de dólares y prestigiosos museos. No es azaroso que hoy se considere a Duchamp como el autor de la obra más influyente del siglo XX, el artista por excelencia de ese confuso siglo que pasó, y que dejó tantas puertas abiertas al aire fresco de lo nuevo como voraces mecanismos de repetición de lo mismo; siempre la misma novedad, repetida como en un calidoscopio y vendida cada vez más cara. Pues el hecho es que no existe sólo uno, sino que son varios los mingitorios firmados por Duchamp. Ni siquiera hay un original, ya que el de la exposición de 1917 no fue aceptado por el museo neoyorquino donde intentó exponerlo, y terminó arrojado a la basura por algún desprevenido con muy poca visión de futuro. A lo largo de su vida, el artista mandó comprar y firmó varias copias del *readymade*, y las vendió a diversos museos con el fin de insertarlas en el sistema artístico que antes condenara. Con un éxito rotundo, puesto que al cerrarse el tumultuoso siglo que tan bien representaría, la Tate Gallery de Londres compró una de las copias por un millón de libras.

¿Qué diría Walter Benjamin sobre el aura que a todas luces sigue exhalando este mingitorio tan reproducido? El secreto tal vez esté en aquella nota al pie de su famoso artículo revisado a fines de los años treinta: el aura se desplazó de la obra hacia el artista, y ese brillo que todavía emana con tanto vigor de la figura del autor contagia la obra, aunque ésta sea cualquier cosa. Porque la firma –la "simple garantía de origen", en palabras del ensayista– adquiere el poder de transformar cualquier cosa en una obra.

Otro acontecimiento reciente puede iluminar el panorama. El Centro Pompidou acaba de entrar en juicio con los herederos de Yves Klein, un artista francés que murió en 1962, cuando tenía sólo 34 años de edad. Klein es el polémico creador de los *Untitled blue monochromes*, grandes cuadros azules sin título de los años cincuenta, así como del color que lleva su nombre y que él mismo se ocupó de patentar. El motivo de la disputa fue la realización, en el museo parisiense, de una performance inspirada en la obra *Anthropométries*, de 1960, en la cual Klein usó como pinceles vivientes los cuerpos desnudos de tres bailarinas embebidos en tinta azul –*blue Klein*–, cuyos movimientos se estampaban contra unos paneles blancos al son de una sinfonía. La versión recreada en 2006 era levemente diferente, entre otros motivos, porque ocurrió casi medio siglo después como parte de un *vernisage* en el contexto de una exposición patrocinada por una lujosa marca de bebidas, que también es mecenas del museo. Además, como recalcaron los organizadores, no tenía el objetivo de "rehacer las telas de Klein". Lo cual es por demás evidente: la intención era usar esas obras ya históricas y, sobre todo, la magnética figura del artista que las creara, como un mero elemento de una estrategia de marketing empresarial.

"Basta asociar un producto artístico suficientemente glamourizado a un logotipo de empresa, de empresario o hasta de ciudad, para que el logo se impregne automáticamente de su aura", afirma Suely Rolnik. "Eso genera una plusvalía de glamour y de imagen políticamente correcta que hacen a la empresa, al empresario y a la ciudad más atrayentes para el consumo de sus

productos".[39] Al constatar ese uso no autorizado de la marca
Klein, por ende, los abogados juzgaron que el evento "atentó gravemente contra los derechos exclusivos, morales y patrimoniales
que los herederos poseen sobre la obra".[40] Los representantes del
museo, por su lado, citaron una jurisprudencia según la cual un
artista no es propietario de su estilo, de modo que nada impediría
que cualquiera pueda apropiarse y recrear una obra ya existente.

Episodios como éstos revelan hasta que punto el mercado y la
industria cultural hoy ocupan el espacio que supuestamente co-
rrespondería a la imaginación artística, tal como denunciaron hace
seis décadas Theodor Adorno y Max Horkheimer en su libro *Dialéctica del Iluminismo*. Ese desvío no sólo ha puesto en jaque las
promesas ilustradas de la razón occidental sino que, además, instaló un discurso economicista de tono empresarial allí donde deberían fermentar los debates intelectuales y estéticos. Pero ahora
las maravillas del marketing conquistan los museos, no sólo para
administrar la cotización de los artistas sino también para transformar sus propios nombres en marcas destinadas a la franquicia,
como ya ocurrió con el sello Guggenheim e incluso con el mismísimo Museo del Louvre.

"Los gurús de verdad –en general, curadores– son particularmente importantes en el mundo del arte", sostiene Sarah Thornton,
una de las especialistas más respetadas de ese universo. "Porque la
validación y legitimación de una obra dependen, en gran parte, de
la claridad de su mirada", continúa la reflexión de esta columnista
de *Art Forum*, una de las revistas más representativas del área, "y
su apoyo a un artista es lo que otorga credibilidad a la obra".[41] Es
curioso que esto suceda en una época que se enorgullece por la supuesta eliminación de los intermediarios entre *usted*, sus creaciones
y el público, una posibilidad todavía más propulsada por las tecno-

[39] Suely Rolnik, *op. cit.*
[40] Clarissa Fabre, "Polémique au Centre Pompidou autour d'Yves Klein", en
Le Monde, París, 31 de enero de 2007.
[41] Juana Libedinsky, "Mundo gurú: de la edad de la razón a la gurumanía",
en *La Nación*, Buenos Aires, 26 de noviembre de 2006.

logías interactivas que ayudarían a coronar la muerte del autor y su hibridación con los lectores o espectadores. Pero el hecho es que esa profesionalización de cuño empresarial no está ocurriendo sólo en las artes plásticas, con ese súbito enaltecimiento de las figuras del curador y del coleccionista. Procesos semejantes se dan en otros campos de las artes contemporáneas: en la literatura con los editores, en la música con los productores, en el cine con los financiadores y distribuidores, etc. Agentes cuya tarea hoy resulta imprescindible, al menos para todos aquellos artistas que aspiran a la consagración del mercado, porque en todos los casos es crucial la eficacia de esos intermediarios en la conquista del campo visual: *aparecer* en los medios de comunicación. Una vez consumada esa alianza –o ese negocio–, entonces sí, hoy cualquiera puede *ser* un artista.

Paradójicamente o no, en este escenario tan dominado por las leyes del mercado cultural, aún persisten fuertes ecos de aquel estereotipo del artista romántico, convenientemente actualizado en los moldes contemporáneos. Pero, sea como sea, todavía se le rinde culto y se cultiva con fervor la personalidad artística. Del mismo modo, siguen vigentes la curiosidad y la avidez por la intimidad de los personajes famosos que pueblan el imaginario y los espacios públicos. Hay, no obstante, diferencias importantes entre las expectativas y reacciones suscitadas a lo largo del siglo XIX y en la primera mitad del siglo XX, y lo que sucede ahora. Basta recordar, por ejemplo, que hasta algunas décadas atrás el escritor de ficciones era un importante personaje público: además de protagonizar –discretamente– su vida privada y publicar sus obras, los autores literarios consagrados solían ser figuras ilustres, seres destacados en las sociedades en las que vivían y actuaban.

Vale rescatar una escena casi mítica, para examinar las peculiaridades del fenómeno: la del cortejo fúnebre del poeta y novelista Victor Hugo por las calles de París, en 1885. Un séquito de dos millones de personas acompañó al féretro, sólo algunos representantes de su legión de ávidos lectores, muchos de los cuales también siguieron el acontecimiento a través de la prensa en los rincones más recónditos del planeta. A pesar de las posibles simi-

litudes, no se trata exactamente de un culto a la personalidad del
artista, comparable a lo que podría ocurrir con algunos exponentes de esa curiosa invención contemporánea que es la celebridad.
En casos como éste, un factor fundamental de ese reconocimiento
popular era el grado de importancia alcanzado por la obra del artista en la sociedad que lo acogía. A diferencia de las conmociones
ligadas a la muerte –o a cualquier otra peripecia– de figuras altamente mediatizadas de hoy en día, estas movilizaciones decimonónicas eran consecuencia del peso público de la palabra escrita
por ese autor, y no precisamente del interés despertado por su
vida privada o su personalidad.

Ahora, sin embargo, ocurre algo bastante diferente, aunque
en algunos aspectos parezca semejante. Llevando al extremo la hipertrofia romántica de la personalidad del artista en detrimento de
su obra, hoy el público llega a conocer a Virginia Woolf, por ejemplo,
la gran escritora moderna, como quien conoce no exactamente a
una autora sino a un personaje. Y, muy significativamente, esa figura tiene el rostro –deformado– de la actriz Nicole Kidman. Este
fenómeno deriva del éxito de una película como *Las horas*, que
puso a la escritora británica en la pantalla como uno de los personajes de su enredo. Pero no es su obra lo que se conoce por medio
de mecanismos como ése: al rescatarla como un personaje de casi
ficción, sus libros se convierten en un mero atributo –en la mayoría de los casos, dispensable– de su vida. O incluso, de su personalidad, que es lo que realmente interesa. En fin, dramas privados
y, por eso mismo, presentados como comunes, porque son del tipo
que supuestamente podrían ocurrirle a cualquiera. En este contexto tampoco sorprende que, casi un siglo después del fastuoso
entierro de Victor Hugo, en 1975, se estrenase una película sobre
los sufrimientos amorosos de una de las hijas del escritor: *La historia de Adèle H.* de François Truffaut. Ya hace más de treinta años,
sin embargo, y eso también se nota, pues el director tuvo un recato y una elegancia que hoy escasean: resumió el célebre apellido
en una parca inicial, y no sucumbió a la tentación de mostrar –y
ficcionalizar– al escritor en la pantalla.

Ya a principios del siglo XXI, el eventual contacto del público con la obra de los artistas cada vez más ficcionalizados en el cine sería un mero efecto colateral de la película, como es el caso de Virginia Woolf. Sus libros integran el *merchandising* del lanzamiento audiovisual, reeditados en grandes tirajes y vendidos en todo el planeta como un producto más de la marca Woolf-Kidman, pero tampoco en este sentido la obra constituye un elemento prioritario en el conjunto del *business* en cuestión. Algo similar podría decirse con respecto a las obras literarias de Sylvia Plath, Iris Murdoch, Jane Austen y Colette, otras escritoras que también se convirtieron en personajes de películas sobre sus vidas –o sobre sus personalidades–, con diverso grado de éxito, porque las películas que las retrataban no alcanzaron idéntica cotización en el mercado global del espectáculo. En todos los casos, sin embargo, los textos que escribieron –y que las hicieron famosas– se transformaron en ornamentos prescindibles de sus figuras estilizadas en la pantalla. Meras reverberaciones superfluas de aquello que realmente parece interesar al público contemporáneo: sus personalidades recreadas como marcas registradas, como íconos o estilos, modos de ser en exposición y venta.

Hay un caso peculiar que no deja de ilustrar esta producción de *merchandising* subjetivo y editorial a partir de la recreación de la figura de un autor real en las pantallas del cine, y su consecuente transformación en personaje ficcionalizado. Se trata de la película *Diarios de motocicleta*, que recrea un breve episodio de la vida del líder revolucionario Ernesto "Che" Guevara, basado en los diarios que escribió durante su primer viaje por América Latina, cuando tenía poco más de veinte años y todavía no se había convertido en el "Che". O sea, antes de haber iniciado su acción política, aquello que sería su obra pública y que lo tornaría una figura reconocida en todo el mundo. La historia narrada en esta película podría haber sido protagonizada por un muchacho cualquiera, pues no hay nada en el personaje fílmico que remita específicamente a la figura histórica del "Che" Guevara. Hasta podría haber sido un relato de ficción sin referencias explícitas a su veracidad, o bien aludiendo a cualquier otro joven común de aquella época, o incluso de otra época, por ejemplo de la actualidad. Sin embargo, como consecuencia del éxito de ese largometraje, los diarios del "Che" se relanzaron al mercado editorial, en volúmenes vistosos y con la inevitable mención a la película en la tapa, además de las igualmente inevitables fotografías del "autor personaje".

A pesar de la posición privilegiada del cine cuando se trata de propagar modelos subjetivos, el fenómeno excede sus márgenes y contagia todos los medios. Últimamente han proliferado, por ejemplo, los retoños de un género literario de nuevo cuño: novelas y cuentos con enredos ficticios, pero protagonizados por escritores famosos. Henry James es el personaje principal de por lo menos cuatro novelas recientemente lanzadas con éxito considerable. Una de esas obras se dedica a indagar la supuesta homosexualidad del célebre novelista estadounidense; un autor que, valga la ironía, siempre defendió las bellas artes de la ficción pura y rechazaba cualquier hibridismo con la tosca realidad. A su vez, un episodio amoroso de la vida de Ivan Turgénev constituye el eje de un cuento del escritor inglés Julian Barnes, mientras una novela que ganó el premio Goncourt lleva un título elocuente: *La amante de Brecht*. Además de esos libros y entre varios otros, Dostoievski es el personaje principal de una novela del sudafricano John Maxwell Coetzee, mientras Chéjov desempeña un papel semejante en un texto de Raymond Carver. Y vale recordar que la película *Las horas*, que ficcionalizó y popularizó a Virginia Woolf como personaje cinematográfico, también se basa en una novela que obtuvo el premio Pulitzer en 1998. En el Brasil, una editorial encargó a varios autores de ficción la escritura de novelas policiales sobre la muerte de algún escritor real y ya consagrado por el canon, para lanzar la exitosa colección bautizada *Literatura y muerte*; Kafka, Borges, Sade y Rimbaud figuran entre los autores ficcionalizados como personajes.

Por otro lado, así como sucede con diversas figuras célebres de los ámbitos más variados, la intimidad de autores literarios que aún no fueron tocados por la mano mágica de Hollywood también se husmea, ficcionaliza y estiliza diariamente en los medios, con el fin de construir personajes atrayentes para seducir al público consumidor. Un ejemplo es el supuesto "descubrimiento" de La Maga, una mujer de ochenta años que habría inspirado la creación de la protagonista de *Rayuela*, la novela de Julio Cortázar, con todas las especulaciones y pruebas sobre la relación que habría existido entre ambos en la década del cincuenta. El largo artículo, que fue nota de tapa de la revista dominical de un importante diario argentino, recuerda que en los años sesenta "todas las chicas querían ser como ella".[42] Ahora, cuando ya nadie más quiere ser como La Maga, todos parecen querer saber quién era ella en realidad, como si eso fuera posible –y tuviese algún sentido– fuera de la lectura de la novela de Cortázar. Una ficción que tampoco suele leerse como otrora, aunque a su autor se le rinda devoción en pósteres y fotografías, notas periodísticas y tesis de doctorado, películas, discos y exposiciones.

De modo semejante, casi todos los días se producen y divulgan noticias como la que anunciaba un libro dedicado a rescatar a la hija de James Joyce, por ejemplo. En este caso, el propósito consistía en desmentir su perfil eternizado en las biografías del famoso progenitor: "una figura marginal, una joven triste, bizca, que se enamora del secretario de su padre, Samuel Beckett, pero es rechazada y muere en un manicomio". Una reseña sobre este libro, titulado *Lucia Joyce: To dance in the wake*, de Carol Shloss, aclara que la publicación se demoró debido a las objeciones de Stephen Joyce, nieto del escritor, que admitió haber destruido algunas cartas de su tía Lucia y amenazó con hacerle un juicio a la autora de la biografía. "Tuve que eliminar datos que me llevó años encontrar", se lamenta Shloss, quien tuvo acceso a los diarios íntimos de su biografiada e incorporó al libro varias fotografías inéditas que "muestran a una bella joven en la escena de la danza parisiense de los años veinte, una mujer sexualmente libre y autora de

---

[42] Juana Libedinsky, "Edith Aron: La Maga de Julio Cortázar", en *La Nación*. Buenos Aires, 7 de marzo de 2004.

una novela hoy perdida". Hijos, amantes, esposas, hermanos, todo vale. Una novela centrada en la hermana de la poeta Emily Dickinson ganó un prestigioso premio internacional, mientras que una historia verdadera sobre un hermano hasta entonces desconocido del escritor inglés Ian McEwan colmó páginas y pantallas mediáticas de todo el mundo, ya que el caso habría demostrado que "la realidad puede ser más creativa que la ficción", según una de las tantas noticias publicadas sobre el asunto.

Con la excusa de enriquecer los sentidos de la obra y profundizar su comprensión, se supone que estos mecanismos extraliterarios que glamorizan la figura de un escritor con revelaciones y conjeturas sobre su vida privada pueden ayudar a aumentar las ventas de sus libros. Y, quien sabe, tal vez hasta podrían despertar la curiosidad que eventualmente llevaría a leer esas ficciones. No obstante, parece claro que no es eso lo que realmente interesa, en esas estrategias orquestadas por los medios y el mercado. La obra, nuevamente, se relega a un segundo plano. Porque lo importante es la personalidad, lo que despierta más curiosidad es la vida privada del artista, los pormenores de su intimidad y su peculiar modo de ser. Es eso lo que está en venta, y eso es lo que el público suele comprar.

Por tal motivo es paradigmático el caso del personaje del poeta en la película *Las horas*. Además de las escenas que recrean la Inglaterra victoriana en que vivió Virginia Woolf, otros episodios transcurren en los años 1950 y 2000. Mientras el ama de casa de la posguerra aún se definía como una lectora y se dejaba afectar fuertemente por la obra de ficción de la escritora británica, tanto en su vida cotidiana como en su autoconstrucción, los personajes contemporáneos mantienen otra relación con la literatura. De hecho, en el contexto actual sólo tienen algún contacto con el universo de las letras dos personajes directamente relacionados con el mercado editorial: una editora y un escritor, el poeta. Los demás no escriben ni leen, aparentemente, sino que circulan en torno de los efectos colaterales visibles de la escena literaria: fiestas de premiación, noticias periodísticas relativas a tales eventos y, muy especialmente, todo aquello que en los libros pueda remitir a la vida del autor y su círculo íntimo. O sea: referencias personales, datos privados, chismorreos. Por eso, de manera tan literal como alegórica, no sorprende que el poeta termine matándose al final. Y el veredicto de los pocos que se arriesgaron a leer su obra –todos buscando ávidamente sabrosos detalles extraliterarios– es tan unánime como fatal en los presurosos tiempos posmodernos: el libro es demasiado complicado.

Una pregunta se impone, entonces: ¿por qué se exhuman, justo ahora, todas estas personalidades históricas? Y habría que agregar que las escritoras no están solas en esta tendencia: en los últimos años, se estrenaron películas que convirtieron en personajes ficcionalizados a una infinidad de artistas. Entre ellos, escritores como Truman Capote –¡en dos ocasiones en menos de dos años!–, Jorge Luis Borges, Oscar Wilde, James Matthew Barrie, Federico García Lorca, Molière, William Shakespeare, Reinaldo Arenas, Franz Kafka, Arthur Rimbaud y Paul Verlaine. Pero también pintores y artistas plásticos como Frida Kahlo, Jackson Pollock, Pablo Picasso, Jean-Michel Basquiat, Camille Claudel, Amadeo Modigliani, Francisco Goya y Johannes Vermeer. Y músicos tan diversos como Ray Charles, Beethoven, Sid Vicious, Edith Piaf, Jim Morrison, Charlie Parker, Selena, Bob Dylan y Cole Porter. Aunque el auge de las cine-biografías o *biopics* –tal es la denominación que el fenómeno recibió en tierras hollywoodenses– excede este fuerte interés por los artistas famosos, volcándose también sobre personajes reales de los ámbitos más diversos. Famosos o no, al menos, hasta que la película aparece en las pantallas del mundo. Después, todos se convierten en celebridades: desde la actual reina de Inglaterra hasta María Antonieta, desde el aviador Howard Hughes hasta el matemático de *Una mente brillante*, desde el "Che" Guevara hasta Eva Perón.

A pesar de la gran cantidad de películas y de la obvia diversidad de sus abordajes, suele haber una caracterización semejante de la personalidad del artista o del "famoso" en cuestión: se recrean algunos episodios de sus vidas privadas y se exponen sus problemas íntimos, que de cierta forma son siempre comunes, más allá de cualquier circunstancia extraordinaria. Timidez exacerbada y dificultades sexuales en el caso de Borges, por ejemplo; salud precaria e infidelidades en el caso de Kahlo; alcoholismo y conflictos matrimoniales en el caso de Pollock; sufrimientos por una cierta homosexualidad reprimida y tendencias suicidas en el caso de Woolf; desesperación por la traición conyugal y las mismas inclinaciones suicidas en el caso de Plath; el deterioro de la vejez y el infierno del mal de Alzheimer en el caso de Murdoch; la injusticia de la opresión femenina por la sociedad patriarcal –y, sobre todo, por su marido– en el caso de Colette, etc. Cualquiera que sea el drama personal del artista retratado en la pantalla, casi siempre su obra queda oculta, desalojada hacia un discreto segundo plano. Sólo interesan los dramas privados, lo que se desea exhibir es la intimidad de quien quiera que sea.

Por todo eso, se puede afirmar con respecto de estas películas lo que el director de la puesta carioca de la obra teatral *Melanie Klein* dijo con respecto a su heroína, célebre pionera del psicoanálisis infantil: "el público puede ver cómo personas extraordinarias tienen vidas tan comunes como las nuestras".[43] Hay algo paradójico en esta nueva tendencia: lo que se busca tan ávidamente en esta enorme variedad de personalidades públicamente extraordinarias es el componente ordinario de sus vidas privadas.

Sin embargo, hay una peculiaridad que surge del carácter audiovisual de las artes musicales y plásticas, en contraposición a la literatura. Hoy es más fácil, en todo sentido, consumir sonidos e imágenes que largas novelas o complicadas poesías; para evocar esa dificultad, basta con recordar la tragedia del poeta en *Las horas*. Por eso, tanto las melodías de Ray Charles, Beethoven y Edith Piaf, como los cuadros de Kahlo, Picasso y Pollock, se presentan en la pantalla como pequeños espectáculos, astillas de sus almas, en fin,

---

[43] La obra *Melanie Klein*, del autor inglés Nicholas Wright, se presentó en el Teatro Maison de France de Río de Janeiro en 2004. Las declaraciones aquí citadas pertenecen al director de la puesta, Eduardo Tolentino de Araújo, y forman parte del material de divulgación del espectáculo en la prensa.

212 LA INTIMIDAD COMO ESPECTÁCULO

especies de golosinas multicolores que ilustran y adornan los dramas personales de sus autores, acompañándolos sin perturbar demasiado. En el caso de los escritores, en cambio, los textos suelen quedarse fuera del cine o, como máximo, pueden aparecer en las vitrinas de las librerías del mismo *shopping* que alberga la sala de proyección. Lo más habitual es que todo se restrinja a unos pocos renglones leídos en *off*, acompañados por algunos acordes que contribuyen a acentuar el efecto dramático –o patético– de alguna escena, pero no mucho más que eso. Es paradigmático el ejemplo de *Carrington*, película que recrea la tempestuosa relación entre la pintora Dora Carrington y el escritor Lytton Strachey, en la Inglaterra de principios del siglo XX. En este caso, las obras de ambos artistas prácticamente enmudecen, pues el drama de sus fogosas personalidades en conflicto ocupa toda la pantalla.

Entonces, ¿por qué reaparecen ahora todos estos artistas e intelectuales, convertidos en protagonistas de espectáculos audiovisuales destinados al gran público? Hay una respuesta simple: porque fueron extraordinarios. Pero, ¿por qué lo han sido? La única respuesta posible es la siguiente: porque crearon magníficas obras. ¿A pesar de haber tenido vidas comunes? Esa aparente contradicción que subyace a la recreación contemporánea de esas figuras célebres de otrora exige una revisión de los abordajes clásicos del par vida-obra y de las dimensiones público-privado. El fenómeno muestra otras caras de varios mecanismos muy contemporáneos: la creciente ficcionalización de lo real y la exhibición de la intimidad de personas desconocidas, así como la estilización subjetiva cada vez más inspirada en los personajes de película.

Vale reformular, entonces, la pregunta que quedó abierta: ¿para qué poetas en tiempos sombríos? ¿Por qué las vidas y las personalidades de todos esos artistas de antaño, que de hecho hicieron algo para alcanzar esa apreciada condición de famosos, hoy se recrean tan profusamente en los medios de comunicación? ¿Por qué prestar atención, por ejemplo, a esas figuras bizarras del pasado, los poetas? O todavía más extraño: las poetas, considerando las películas que recrean las figuras de Virginia Woolf, Jane Austen y Sylvia Plath, por ejemplo. Con una subjetividad desbordante y una vida interior sumamente intensa, compleja e incluso excesiva, el estereotipo de la poetisa que rige entre nosotros las denuncia como personajes anacrónicos. "Una mujer que escribe siente demasiado", declaró con atinada ironía una representante del género que sabía de qué hablaba, Anne Sexton.[44] Las escritoras resucitadas en estas películas no desmienten esa caracterización: basta evocar las facciones de Woolf y Plath, ambas fervorosas escritoras de diarios íntimos y cartas privadas, además de la poesía y la prosa literaria que las hicieron famosas. En toneladas de papeles privados, ellas destilaron sus penas con torrentes de palabras que chorreaban cotidianamente de la frondosa savia de su intimidad. Sufrir, suicidarse, sentir demasiado... Todos desatinos que parecen haber perdido buena parte de su antiguo prestigio e incluso de su sentido.

Hoy la vida constituye un valor absoluto e indiscutible. Esto puede parecer una obviedad ahistórica e incluso natural, que ni siquiera merece explicitarse en virtud de su autoevidencia. No obstante, basta con efectuar un breve recorrido por nuestra historia más o menos reciente para notar que no es tan así. O, por lo menos, que no siempre lo fue. "El narrador es el hombre que podría dejar a la luz tenue de su narración consumir completamente la mecha de su vida", decía Walter Benjamin al referirse a aquella especie extinta a principios del siglo XX.[45] No hace falta remontarse a las épocas en que las cosmovisiones religiosas eran hegemónicas, cuando el destino y el más allá desempeñaban papeles de primer orden en la mera vida terrenal de cualquier persona. Pero incluso en las perspectivas secularizadas de tiempos más recientes de la cultura occidental, la vida no siempre fue un valor prioritario, indiscutible y excluyente. No podría haber sido así en una sociedad que practicaba un ritual como el duelo, por ejemplo,

---

[44] Anne Sexton, "The black art", en *The Complete Poems*, Nueva York, Mariner Books, 1999, p. 88.
[45] Walter Benjamin, "O narrador", *op. cit.*, p. 221.

cuando la honra se sentía ofendida. Y aún eran válidas fuertes apuestas a la trascendencia de la vida mundana gracias a las artes, la acción política y otras intervenciones en el espacio público. En universos como ésos, la gloria eterna –o, al menos, la gloria *post mortem*– podía llegar a justificar todas las privaciones imaginables en vida.

En el mundo contemporáneo, en cambio, la vida y el bienestar asumieron otras prerrogativas. Por eso, en este contexto, tanto el suicidio como el sufrimiento en general parecen tener cada vez menos sentido. Y difícilmente se admitirá la posibilidad de que una obra, por excelsa que sea, pueda superar el valor de una vida –incluso de la más desventurada que se pueda imaginar–, o que valga la pena sufrir y hasta morir por ella. En medio de una creciente biologización y medicalización de las problemáticas que antes se consideraban de origen social, cultural o psíquico, los conflictos capaces de generar angustias se procesan como disfunciones que pueden –y deben– corregirse técnicamente. Así, la cultura de los sentimientos indomables y los abismos interiores del alma, con sus raíces románticas, cede terreno para privilegiar la búsqueda de sensaciones y de visibilidad epidérmica. Una cultura que se libera del lastre de las tradiciones y del propio pasado para afirmarse alegremente en el goce del instante y el prolongamiento de un presente perpetuo, donde el placer y la felicidad se legitiman con todo el peso de un imperativo universal. Aunque la depresión, la ansiedad, la apatía, el pánico y otros fantasmas muy contemporáneos asedien en los bordes de esa escena idílica de estética publicitaria, su centro sigue irradiando firmeza y seguridad. Una vez inventado el problema, también se concibe la solución; o sea, nada que un Prozac o un Lexotanil no puedan resolver o, al menos, se supone que deberían poder resolverlo.

La pregunta regresa una vez más: ¿por qué se exhuman, justo ahora, aquellas poetas suicidas? Mujeres que sufrieron demasiado y transformaron sus dolencias en anticuadas obras de arte, autoras que escribieron en un pasado tan lejano como ya inexistente, en otros mundos, en fin, mujeres que sintieron demasiado e hicie-

ron algo con eso. ¿Por qué el cine rescata esas figuras reales, personajes de la Historia, reliquias de la Modernidad, con el fin de
recrearlas en productos audiovisuales para consumo masivo en
pleno siglo XXI? Y lo que es más relevante aún, reafirmando la pregunta para comenzar a delinear alguna posible respuesta: ¿cómo
se presentan hoy en día estas subjetividades aparentemente obso-
letas? A pesar de toda la retórica de las vidas comunes y aunque
hayan sido gente como cualquiera, según las estrategias subya-
centes a la difusión de las películas, es muy importante que esas
artistas hayan existido en el mundo. Es fundamental que hayan
protagonizado vidas reales. Y, curiosamente, también es primordial que hayan sufrido y que (no) hayan resuelto esos traspiés a
través de la escritura de sus obras, exteriorizando así sus conflictos interiores y creando genuinas obras de arte. Porque si no lo
hubieran hecho, hoy no se las consideraría artistas extraordinarias
y no se las rescataría para espectacularizarlas en sus papeles de
personas comunes.

La misma explicación parece valer para las demás películas
mencionadas: se trata de otro síntoma del culto al autor en la contemporaneidad. Aunque esa devoción no se desprenda, tampoco
acá, de la admiración suscitada por su obra, sino del enorme interés que despiertan su singular personalidad y su vida privada.
Un mecanismo muy contemporáneo, capaz de iluminar el sentido de las prácticas confesionales que hoy proliferan en Internet,
y del fenómeno más amplio de espetacularización de la intimidad que refluye por todas partes. Antes de retomar ese hilo, sin
embargo, hay algo más: al tornarlas súbitamente célebres para el
gran público contemporáneo, el resurgimiento cinematográfico o
mediático de estos artistas modernos, sobre todo de los escritores,
confirma un declive simultáneo del lector y de la obra, sin dejar
de reavivar el mito del autor. Porque una vez concluida esa metamorfosis que convierte al autor (público) en personaje (privado),
la obra es lo que menos interesa.

En algunos casos extremos de esas recreaciones audiovisuales de las vidas y personalidades de escritores famosos de otros

tiempos, la ficcionalización de la intimidad se agiganta aún más y pretende explicar toda la obra por sí sola. Esto ocurre en un subgénero nuevo y bastante prolífico: las películas que inventan supuestas relaciones amorosas en que los autores se habrían involucrado, y que se presentan como la causa necesaria y suficiente de su producción literaria. Entre ellas figuran las películas recientemente dedicadas a Jane Austen, Molière, Shakespeare y las hermanas Brontë. Inclusive, llega a darse un fenómeno curioso: en ciertas ocasiones, las tapas de los libros biográficos que se editan como corolario al éxito de este tipo de películas no se ilustran con retratos de las figuras reales que esas obras recrean, sino que, en su lugar, aparecen fotografías de los actores que ficcionalizaron a esos personajes en el cine. Es el caso del libro *María Antonieta*, de Antonia Fraser, en cuya tapa aparece una foto de la actriz que caracterizó a la reina francesa en la película de Sofia Coppola; y de *Capote*, la biografía firmada por Gerald Clarke, que en varios países fue ilustrada con un retrato del actor que interpretó al escritor en la película de 2005.

En esa transición del autor que hace o crea (algo) hacia el autor que es (alguien), cambia también la función del eventual lector o espectador. Si reconocemos que una obra literaria sólo pasa a existir cuando se la lee, pues solamente en ese momento el texto de hecho se consuma, entonces es inmensa la responsabilidad del lector en su realización. Pero hoy ese tipo de lectura parece estar desfalleciente, y su agonía también amenaza la existencia misma de la obra. Lo cual no impide que el viejo mito del autor se siga alimentando con los más diversos recursos ficcionalizantes de la intimidad, y con ayuda de todo el aparato mediático que contribuye a hipertrofiar la personalidad en el ámbito privado. Es lo que sucede en estas películas: todas esas figuras museificadas son rescatadas en sus papeles de personas comunes, viviendo enredos privados que tienen poca o ninguna relación con su condición de artistas extraordinarios. Así, gracias a este tipo de estrategias discursivas y mercadológicas, la figura del artista hoy crece desvinculada de la obra. O más precisamente en el caso de los escritores:

tanto el brillo como la importancia de su nombre y su personalidad prescinden de la eventual lectura de su obra por parte del
público.

Vale la pena citar los comentarios de Doris Lessing, una escritora con altísimas posibilidades de ser espectacularizada de esta
forma. En reiteradas ocasiones fue sondeada para que autorizase
la realización de una película sobre su vida, pero la novelista inglesa, nacida en Persia en 1929, jamás se cansó de responder con
rotundas negativas. Ésta es la síntesis de su argumento: "¿cómo
puede hacerse algo así si la vida del escritor pasa por su cabeza?".
No es difícil equiparar ese locus de la subjetividad autoral con la
interioridad, aquel espacio oculto y muy frondoso, aunque ciertamente imposible de ser filmado. No es casual que, a lo largo de su
extensa obra de ficción marcada por el compromiso político y social, Lessing haya intentado excavar en la vida interior de las mujeres del siglo xx, recurriendo en diversas ocasiones a los códigos
del diario íntimo.

Una declaración similar profirió otra escritora, la estadounidense Joyce Carol Oates, autora de cincuenta libros de poesía y
ficción, además de un diario íntimo compuesto por varios miles
de páginas en interlineado simple, como aclaraba un comentarista
con cierto estupor, en una nota sobre el tema. Porque una selección de esos escritos no ficticios acaba de editarse en inglés, bajo el
título *The journal of Joyce Carol Oates*. "Si yo me preguntase dónde
existe realmente mi personalidad, en qué forma se expresa mejor", confiesa la autora en esas páginas íntimas que hoy se venti-
lan, "la respuesta es obvia: en los libros".[46] Más explícitamente todavía: "Entre tapas duras. Tapas *duras*. El resto es la Vida". En
síntesis: la *verdad* sobre estas típicas personalidades artísticas de
los tiempos modernos reside en la propia obra o en la interioridad, en los libros o en aquel espacio interno donde la obra en latencia todavía se gesta. Es ahí donde radica la esencia del autor

---

[46] James Campbell, "The Oates Diaries", en *The New York Times*, 7 de octubre
de 2007.

criado en los moldes del *homo psychologicus*. Nada más lejos, entonces, de la espectacularización de la vida privada como un drama íntimo y casi "en vivo" que hoy se populariza: aquella silueta ficcionalizada que es tan común como singular y que debe ser, sobre todo, visible y real.

Además de ese equívoco de base sugerido por Oates y activamente denunciado por Lessing, esta última evalúa como abominables las nuevas películas que retratan a algunas de sus colegas de oficio. Sobre el largometraje que recrea la vida de Iris Murdoch, por ejemplo, afirmó lo siguiente en una entrevista: "yo la conocía bien y puedo asegurar que ella lo hubiese odiado; pero a nadie le importa eso, ni siquiera a mis amigos literatos supuestamente sensibles". Con respecto a la película sobre Sylvia Plath, sus reticencias no se deben tanto al hecho de tratarse de "una intromisión en su intimidad", sino a la pésima calidad de la recreación: "ella no era esa mujer siempre vestida de negro, que se queja y grita de continuo". Luego se horroriza con "lo que hicieron con Virginia Woolf en *Las horas*". Finalmente, la novelista arriesga una explicación para todos esos desatinos, reforzando aún más el rechazo a someter su propia vida –y su *yo*– a semejante ficcionalización audiovisual. "Todos esos retratos incorrectos se deben a que nos encanta ver a las mujeres llorar en la pantalla"; si uno prende la televisión en cualquier momento, dice, lo verá: "¿cuántas mujeres hay con ataques de histeria, llorando, y cuántos varones, en cambio? Esto no es así en la vida real".[47] ¿Y cómo es en la *vida real*? Cada vez más, por lo visto, y lamentablemente para Doris Lessing... ¡como en el cine!

A pesar del encantador desahogo de la vieja dama de las letras británicas, la tendencia continúa y parece irrefrenable. No deja de ser sintomático el hecho de que tanto la vida de Doris Lessing como la de Joyce Carol Oates hayan sido contadas en sendos libros biográficos recientemente lanzados al mercado. En el caso

---

[47] Juana Libedinsky, "Entrevista con Doris Lessing. Salvaje, rebelde y coqueta", 13 de febrero de 2005.

de la flamante ganadora del Premio Nobel, cuando supo de la existencia de varios proyectos de ese tipo que la concernían, se recusó categóricamente a colaborar con los biógrafos: no dio entrevistas, intentó evitar que sus amigos y parientes lo hicieran, y negó el permiso para citar buena parte de su obra. Además, como un acto de defensa personal, decidió escribir su propia versión de los hechos. Fue así como se dio el gusto de firmar, cuando ya empezaba a transitar su octava década de vida, dos volúmenes explícitamente autobiográficos, cuyos títulos ya remiten a las tinieblas invisibles del mundo íntimo: *Dentro de mí* y *Un paseo por la sombra*. "Cuanto más vieja, más secretos tengo", advirtió en esas páginas, desestimando explícitamente toda tentativa de buscar en su obra de ficción eventuales revelaciones sobre su vida privada. Sin embargo, es posible que el esfuerzo haya sido en vano. Al menos, en lo que respecta a una de sus biografías no autorizadas, pues el libro firmado por Carole Klein invadió las librerías en el año 2000.

Así, embebidas en la lógica del espectáculo mediático, las añejas figuras del autor y del artista se transmutan en su versión más actual: se convierten en celebridades. O sea: un tipo particular de mercancía, revestido con cierto barniz de "personalidad artística" pero que dispensa toda relación necesaria con una obra. Por eso, los escritores ficcionalizados en el cine constituyen buenos ejemplos de estos fenómenos tan contemporáneos: ahora pueden cosechar admiradores o detractores –y no necesariamente lectores– como personajes que protagonizan dramas privados, aunque publicitados con todos los alardes en las pantallas del planeta. Paralelamente, se opaca su condición de autores con influencia pública en el sentido moderno.

VII. *YO REAL* Y LA CRISIS DE LA FICCIÓN

> ¿Qué es una obra? […] Hay que publicar todo,
> ciertamente, pero ¿qué quiere decir este "todo".
> Todo lo que el propio Nietzsche publicó, de
> acuerdo. ¿Los borradores de sus obras? Cierta-
> mente. ¿Los proyectos de aforismos? Sí, ¿tam-
> bién los tachones, las notas al pie de los cuader-
> nos? Sí. Pero […] una cuenta de la lavandería,
> ¿es obra o no es obra? ¿Y por qué no?
>
> MICHEL FOUCAULT

> Aquí no voy a contarle a nadie los "diez pasos"
> para nada, ni voy a dar consejos de qué hacer o
> no para tener éxito. Éste va a ser tan sólo un re-
> lato de las lecciones que el mundo y la vida me
> enseñaron hasta este momento. En esta corta,
> pero intensa trayectoria, mucha gente se ha em-
> peñado en no verme.
>
> BRUNA SURFISTINHA

CUANDO más se ficcionaliza y estetiza la vida cotidiana con recursos mediáticos, más ávidamente se busca una experiencia auténtica, verdadera, que no sea una puesta en escena. Se busca lo realmente *real*. O, por lo menos, algo que así lo *parezca*. Una de las
manifestaciones de esa "sed de veracidad" en la cultura contemporánea es el ansia por consumir chispazos de intimidad ajena.
En pleno auge de los *reality-shows*, el espectáculo de la realidad
tiene éxito: todo vende más si es real, aunque se trate de versiones
dramatizadas de una realidad cualquiera. Como dos caras de la
misma moneda, el exceso de espectacularización que impregna

nuestro ambiente tan mediatizado va de la mano de las distintas formas de "realismo sucio" que hoy están en boga. Internet es un escenario privilegiado de este movimiento, con su proliferación de confesiones reveladas por un *yo* que insiste en mostrarse siempre *real*, pero el fenómeno es mucho más amplio y abarca diversas modalidades de expresión y comunicación.

Aún así, no se trata de algo completamente nuevo: es posible detectar las raíces de este gusto por lo real ya en el siglo XIX. Una disposición que no se plasma solamente en la ficción, como las novelas realistas y naturalistas que se convirtieron en uno de los grandes vicios de la época, sino también en el periodismo sensacionalista que floreció en aquellos tiempos y que los lectores devoraban en tabloides y folletines. E inclusive en los museos de cera y otros espectáculos de la vida moderna que se ofrecían en las calles de las ciudades y apelaban al realismo como un ingrediente fundamental de su éxito. De esa forma, inclusive, se asentó el terreno para el surgimiento del cine, cuyas manifestaciones ancestrales eran promovidas con ganchos publicitarios del tipo: "no son imitaciones ni *trompe l'oeil*, son reales!".[1]

A lo largo de la era burguesa, entonces, el arte imitaba a la vida y la vida imitaba al arte. Pero esa creciente ficcionalización de lo real en los diversos medios, así como la gradual naturalización de los códigos del realismo en la ficción, también contribuyeron a cambiar los contornos del mundo y de la realidad misma. Esos recursos de verosimilitud pronto desbordaron las páginas impresas de los libros y de los periódicos para invadir las pantallas del cine y de la televisión, y luego empaparían también la vida cotidiana. La realidad de todos nosotros también se ha vuelto realista. Pero ahora, a diferencia de lo que ocurría en el lejano siglo XIX, el arte contemporáneo ya no pretende imitar a la

[1] Vanessa Schwartz, "O espectador cinematográfico antes do aparato do cinema: o gosto pela realidade na Paris fim-de-século", en Leo Charney y Vanessa Schwartz (comps.), *O cinema e a invenção da vida moderna*, San Pablo, Cosac & Naify, 2004, p. 341.

vida. Del mismo modo, la vida actual tampoco anhela imitar esas artes. En cambio, hoy vemos cómo los medios de comunicación sin pretensiones artísticas están más y más atravesados por los imperativos de lo real, con una proliferación de narrativas e imágenes que retratan la vida tal como es en todos los circuitos de la comunicación. Mientras tanto, la propia vida tiende a ficcionalizarse recurriendo a códigos mediáticos, especialmente a los recursos dramáticos de los medios audiovisuales, en cuyo uso hemos sido persistentemente alfabetizados a lo largo de las últimas décadas.

En una sociedad tan espectacularizada como la nuestra, no sorprende que las fronteras siempre confusas entre lo real y lo ficcional se hayan desvanecido aún más. El flujo es doble: una esfera contamina a la otra, y la nitidez de ambas definiciones queda comprometida. Por los mismos motivos, se ha vuelto habitual recurrir a los imaginarios ficcionales para tejer las narraciones de la vida cotidiana, lo cual genera una colección de relatos que confluyen en la primera persona del singular: *yo*. En años recientes, sin embargo, las narrativas de ficción parecen haber perdido buena parte de su hegemonía inspiradora para la autoconstrucción de los lectores y espectadores, con una creciente primacía de su supuesto contrario: lo real. O más precisamente, la no ficción. Todo indica que esta inyección de dramatismo y estilización mediática que se apropió del mundo a lo largo del siglo XX ha ido nutriendo un anhelo de acceder a una experiencia intensificada de lo real. Una realidad aumentada cuyo grado de eficacia se mide, paradójicamente, con estándares mediáticos. Por eso, si la paradoja del realismo clásico consistía en inventar ficciones que pareciesen realidades, manipulando todos los recursos de verosimilitud imaginables, hoy asistimos a otra versión de ese aparente contrasentido: una voluntad de inventar realidades que parezcan ficciones. Espectacularizar el *yo* consiste precisamente en eso: transformar nuestras personalidades y vidas (ya no tan) privadas en realidades ficcionalizadas con recursos mediáticos.

Esa curiosa vuelta de tuerca puede explicar, en cierta medida, el renovado auge del realismo que tomó por asalto al cine, la literatura, la fotografía, las artes plásticas, la televisión e Internet a fines del siglo XX y principios del XXI. Las nuevas estéticas realistas atestiguan esa necesidad de introducir efectos de lo real en nuestros relatos vitales, recursos narrativos más adecuados para el nuevo cuadro de saturación mediática en que estamos inmersos. La principal novedad de estos efectos realistas es que ya no se pautan principalmente en la aguzada observación empírica tendiente a crear mundos plausibles o a lograr que una ficción sea verosímil, tal como ocurría en las descripciones naturalistas de las novelas del siglo XIX o en los flujos de conciencia de principios del XX. En cambio, se promueve una intensificación y una creciente valoración de la propia experiencia vivida, responsable por el "giro subjetivo" que hoy se constata en la producción de narrativas, ya sean ficticias o no. Los cimientos de esos relatos más recientes tienden a hundirse en el *yo* que firma y narra. Con una frecuencia inédita, el *yo* protagonista, que suele coincidir con las figuras del autor y del narrador, se convierte en una instancia capaz de avalar lo que se muestra y se dice. La autenticidad e incluso el valor de esas obras y, sobre todo, de las experiencias que reportan, se apoyan fuertemente en la biografía del autor, narrador y personaje. En vez de la imaginación, la inspiración, la pericia o la experimentación que nutrían a las piezas de ficción más tradicionales, en estos casos es la trayectoria vital de quien habla –y en nombre de quien se habla– lo que constituye la figura del autor y lleva a legitimarlo como tal. Sin embargo, tanto esas vivencias personales como la propia personalidad del *yo* autoral también se ficcionalizan con ayuda de la parafernalia mediática.

A la luz de estos desplazamientos en las complejas relaciones entre autor y obra, vida privada y acción pública, cabría concluir que hoy se están generalizando nuevas estrategias narrativas, que denotan otros vínculos entre la ficción y lo real –o la no ficción–, bastante apartados de los códigos realistas heredados del siglo XIX. En una época tan arrasada por las inseguridades como fasci-

nada por los simulacros y la espectacularización de todo cuanto
es, nociones otrora más sólidas como *realidad* y *verdad* se han estre-
mecido seriamente. Tal vez por ese motivo, ya no cabe a la ficción
recurrir a lo real para contagiarse de su peso y ganar veracidad. Al
contrario, la realidad parece haber perdido tal potencia legitima-
dora. Ese real que hoy está en pleno auge ya no es más autoevi-
dente: su consistencia se ha vuelto problemática y se pone en
cuestión permanentemente. Junto con esa volatilización de lo real,
la ficción también termina perdiendo su antigua preeminencia.
Ahora, dando otra inesperada vuelta a esa tuerca, la realidad empieza a imponer sus propias exigencias: para ser percibida como
plenamente real, deberá intensificarse y ficcionalizarse con recursos
mediáticos. Entre las diversas manifestaciones que solicitan ese
tratamiento, se destaca la vida real del autor-artista. O bien de ese *yo*
que habla, que se narra y se muestra por todas partes.

   Ilustrando esa tendencia que tanto fulgura por doquier, vemos surgir en las estanterías de las librerías –resonando con fuerza
en las vitrinas mediáticas– lanzamientos editoriales como *El rostro
de Shakespeare* de Stephanie Nolen. Se trata de un pesado volumen
cuyas páginas combinan datos periodísticos con algunos elementos de historia del arte y cierto análisis especulativo, todo con la
finalidad de develar un gran enigma de la historia occidental.
¿Cuál? Descubrir cómo era el verdadero rostro del bardo inglés.
Su cara, precisamente, su aspecto físico. Justo de William Shakespeare, un autor sobre cuya vida ignoramos casi todo. Inclusive,
como llegan a insinuar algunos de esos investigadores, se duda de
que realmente haya existido. En una era tan sedienta de saberes
biográficos como la nuestra, donde la "función autor" opera con
tanto vigor, ese desconocimiento se vuelve intolerable.

   Virginia Woolf destacó esa falta de informaciones que hoy
tenemos sobre la vida privada y la personalidad de Shakespeare,
justamente, como un elemento fundamental de nuestra relación
con su obra. Como sabemos tan poco de él, ese autor es pura literatura. Su figura coincide plenamente con lo que escribió:
Shakespeare es su obra, ni más ni menos que eso. No dispone-

mos de datos fidedignos sobre su intimidad que puedan distraernos de lo que hizo, no hay relatos ni imágenes que puedan contaminar sus escritos. Si el poeta inglés logró ocultarnos "sus rencores, sus envidias y antipatías" –y podríamos agregar, incluso, "su rosto"–, es también gracias a ese elegante silencio que "su poesía brota de él libre y sin impedimentos".[2] Tal es la constatación de Virginia Woolf: si alguien logró expresar completamente su obra, lejos de las vanas poluciones biográficas, ese autor fue William Shakespeare. Sin embargo, dichos detalles extraliterarios sobre quién fue realmente se crean y recrean sin pausa, se investigan con avidez de pruebas y cita de fuentes. Otro ejemplo de esa intensa búsqueda es un libro pavorosamente titulado *La verdad será revelada. Desenmascarando al verdadero Shakespeare*, firmado por Brendan James y William Rubinstein. En todos estos casos, lo que se busca es rellenar con informaciones "reales" esa mudez intolerable, que se acoraza en la más perfecta ficción y se rehúsa a salir de ese universo.

Pero esta búsqueda frenética por lo real-banal tampoco perdona a otras figuras históricas que, por haber vivido en épocas distantes de nuestro culto a la personalidad espectacularizada, dejaron poco material para discurrir acerca de sus *yos*. En ese descuido nos han legado, tan sólo, sus obras. Un libro publicado por una reconocida especialista en la *Divina Comedia* de Dante Alighieri, por ejemplo, trajo algunas revelaciones que los medios de comunicación enseguida se ocuparon de propalar con tono de escándalo. El libro develaba "el verdadero origen de las visiones dantescas" del infierno y del paraíso, descriptas por el poeta florentino hace siete siglos. He aquí la revelación: "para inspirarse, Dante ingería sustancias estupefacientes como cannabis y mezcalina".[3] Fueron apenas unos pocos renglones referidos al asunto en un libro de quinientas

---

[2] Virginia Woolf, *Un cuarto propio y otros ensayos*, Buenos Aires, a-Z, 1993, p. 77.

[3] Barbara Reynolds, *Dante: the Poet, the Political Thinker, the Man*, Londres, Tauris, 2006.

páginas sobre la vida y la obra del escritor italiano, pero también es claro que fue sólo esa cuestión la que logró despertar el interés mediático sobre un tema tan poco actual. Uno de los suplementos literarios británicos más prestigiosos, el *Times Literary Supplement*, estampó el siguiente titular en la tapa: "Dante drogado".[4]

De modo semejante, aprovechando el cuarto centenario de la publicación de *Don Quijote*, se lanzaron al mercado decenas de libros y otros productos, todos referidos a asuntos "reales" relacionados con la célebre novela de Miguel de Cervantes Saavedra. Pasando por alto el pequeño detalle de que se trata de una ficción escrita hace cuatrocientos años, el mercado editorial no ahorró investigadores y articulistas: cuál sería el verdadero pueblo del cual partió el ingenioso hidalgo, cuáles eran los alimentos que él realmente consumía, y hasta quién habría sido la dama real que inspiró el personaje de Dulcinea del Toboso. Una nota periodística advertía que "doce cocineros se comprometieron en el proyecto de hacer un libro de recetas basado en el *Quijote*", y apostaba a que la obra podría ser "traducida a tantos idiomas como la novela; por ahora, se planea su publicación en inglés y japonés". Considerando el éxito de la gastronomía en el universo de las letras contemporáneas, la culinaria quijotesca puede llegar a vender más que la propia novela en la cual se ha inspirado.

Por cierto, la ficticia Dulcinea no está sola en esta ansiosa búsqueda actual de realidad. También proliferan obras dedicadas a revelar la verdadera identidad de La Gioconda, para citar otro ejemplo típico, especulando sobre quién fue la mujer que quinientos años atrás posara para los pinceles de Leonardo da Vinci. A propósito, la popularidad de este último artista ha aumentado bastante últimamente, pero tal incremento en el interés del público no se deriva de sus famosísimas obras de arte, sino que se debe al éxito de un *best seller* como *El código Da Vinci*, de Dan Brown, que ya vendió decenas de millones de ejemplares en más

---

[4] Peter Hainsworth, "Dante on drugs", en *Times Literary Supplement*, Londres, 18 de octubre de 2006.

228 LA INTIMIDAD COMO ESPECTÁCULO

de cuarenta idiomas y transformó a su autor en una celebridad millonaria. Ese libro logró sacar el máximo provecho de la ambigüedad que florece entre las fórmulas de la ficción y la no ficción, dando a luz, inclusive, otros libros que desmenuzan sus diversos tópicos y también lideraron, durante meses y años, las listas de *best sellers* de todo el mundo. En este caso, las de no ficción.

"Son más de doce libros publicados sobre el tema, casi todos mostrando que los argumentos de Brown están equivocados o son increíbles, olvidando que el libro pertenece al territorio de la ficción", advertía un artículo publicado en un suplemento cultural brasileño.[5] De todas maneras, de ese granero también surgieron guías de turismo e itinerarios para viajes temáticos, conferencias y objetos de decoración inspirados en el libro, e incluso la inevitable película con estrellas de Hollywood en su elenco. Cabe imaginar además algún tomo bien encuadernado que reúna misteriosas recetas de cocina bíblico-conspirativas, ¿por qué no? De hecho, al amparo de este éxito, por lo menos un libro de recetas fue lanzado al mercado con una repercusión considerable: el *Códice Romanoff*, un manuscrito a partir del cual se publicaron, en varios idiomas, las *Notas de cocina* atribuidas a Leonardo da Vinci. Aunque son muchas las dudas acerca de su autenticidad, tales recelos se mencionan raramente en las lujosas ediciones de la obra. Las anotaciones se refieren a los extravagantes manjares que Da Vinci mandaba preparar en la corte de Ludovico Sforza, en pleno siglo XV. Pero conviene subrayar que todo ese *merchandising* se ha engendrado en el vientre de aquel otro códice *best seller*, que supo capitalizar muy bien las perplejidades que dinamitan las fronteras entre ficción y no ficción.

Insistiendo en el tema, un estudioso de la genealogía de las familias de Florencia comunicó a la prensa los resultados de sus investigaciones, que enseguida se replicaron en todo el planeta: el investigador había ubicado a las últimas herederas de la Mona Lisa. Dos jóvenes italianas descendientes de la noble familia Strozzi,

---

[5] Alexandre Matias, "Fenômeno Da Vinci", en *Folha de São Paulo*, San Pablo, 9 de agosto de 2004.

que en el siglo XIV fue la gran rival de los Médici, se dejaron fotografiar en el Museo del Louvre y fueron cotejadas con el célebre
retrato de La Gioconda, que habría inmortalizado el rostro de su
ancestral Lisa Gherardini. En 1495, a los dieciséis años de edad,
esa joven florentina se casó con Francesco Bartolomeo del Giocondo, un rico comerciante de seda que habría encomendado el
retrato de su esposa en 1503. "Es poco lo que se sabe de la Mona
Lisa, salvo que llevaba una existencia recluida y discreta en su
casa familiar de la calle Della Stufa", revela el investigador. "Murió el 15 de julio de 1542 y fue inhumada en el convento de Santa
Úrsula; la línea directa de Del Giocondo se extinguió a fines del
siglo XVII, pero sobrevivió por la rama femenina".[6] Ésa es toda la
relevancia de esta información real.

"Posiblemente la *Mona Lisa* se parece a la dama cuyo retrato
pintó Leonardo da Vinci", dice el crítico de arte Ernst Fischer.
"Pero su sonrisa está más allá de la naturaleza, no tiene nada que
ver con ella y depende absolutamente de la experiencia vivida,
del conocimiento alcanzado por el hombre a quien la dama sirvió
de modelo".[7] Una obviedad capaz de invalidar todo interés en la
verdadera –y, por lo visto, poco transcendente– Lisa Gherardini.
Sin embargo, no es eso lo que ocurre hoy en día. "Cuando Picasso
comienza a pintar un objeto tal como lo hizo la naturaleza y luego
va renunciando poco a poco al parecido superficial por medio de
un esfuerzo gradual de simplificación, de concentración", continúa Fischer, "con ello se va revelando paulatinamente una realidad más fundamental".[8] No obstante, no es esa hondura revelada
en ocasiones por el arte lo que parece interesar al ávido público
contemporáneo. En vez de esa búsqueda, hay una voluntad de saber todo sobre aquella otra realidad más pedestre y supuestamente más real. Interesa saber quién era realmente esa mujer que

---

[6] François Hauter, "De la Joconde aux princesses Strozzi", en *Le Figaro*, París, 5 de febrero de 2007.
[7] Ernst Fischer, "El problema de lo real en el arte moderno", en *Realismo:
¿mito, doctrina o tendencia histórica?*, Buenos Aires, Lunaria, 2002, p. 68.
[8] *Ibid.*

posó para Picasso, qué tipo de relación mantenía con el pintor, como se llamaba y cuántos años tenía, por qué ella estaba allí aquel día y cómo se conocieron, cuál era su verdadera historia familiar, cómo era su aspecto físico, etc. Y si todo eso se puede ver en una pantalla, pues tanto mejor. No hace falta aclarar que esto ya ocurrió, de hecho, en la película *Sobrevivir a Picasso*, dirigida por James Ivory en 1996, así como en incontables publicaciones impresas y productos audiovisuales.

Hay una persistente obsesión por ese nivel más epidérmico de lo verdadero, por más trivial que sea. Según Umberto Eco, esa fijación por la *real thing* reside en la médula de la tradición cultural de los Estados Unidos. Hoy, al compás de la globalización, esa tendencia se disemina y penetra en los rincones más remotos del planeta. El crítico italiano desmenuza este asunto con buenas dosis de humor y agudeza, en sus ensayos sobre el hiperrealismo y la "irrealidad cotidiana" redactados en los años ochenta.[9] Entre los numerosos ejemplos comentados por el autor, bastará con mencionar los museos californianos donde es posible observar una Mona Lisa más real que el célebre cuadro renacentista, e incluso más real que aquella dama italiana rescatada por los investigadores florentinos. En este caso, la *real thing* aparece en una escena tridimensional y bastante hiperrealista –¿o surrealista?–, que recrea en cera las figuras del artista y la modelo en plena realización de la obra.

No sorprende, mientras sigue creciendo ese apetito por consumir vidas ajenas y reales cada vez más vorazmente, aunque no revelen más que una realidad pedestre, que las ficciones tradicionales se estén hibridando con la no ficción, ese nuevo y ambiguo género hoy triunfante. Los diversos medios actuales reconocen y explotan la fuerte atracción implícita en el hecho de que aquello que se dice y se muestra es un testimonio realmente vivenciado por alguien. El anclaje en la vida real se vuelve irresistible, aunque

---

[9] Umberto Eco, "Los pesebres de Satán", en *La estrategia de la ilusión*, Buenos Aires, De la Flor, 1987, pp. 26-37.

tal vida sea absolutamente banal e incluso, al menos en ciertos casos, especialmente si es banal. O, con mayor precisión aun: subrayando aquello que toda vida tiene de banal y pedestre.

En este contexto, las ventas de biografías aumentan en todo el planeta, confirmando esa creciente fascinación por las vidas reales. Aunque no sean grandes vidas, de figuras ilustres o ejemplares, como se ve por todas partes: basta con que sean auténticas, realmente protagonizadas por un *yo* de verdad. O, de nuevo, que al menos así lo parezcan. Por tales motivos, hoy proliferan grandes éxitos editoriales que algunos consideran inexplicables, como es el caso de *Cien cepilladas antes de dormir* de la italiana Melissa Panarello, que en pocos meses se tradujo a decenas de idiomas y se transformó en un fenómeno de mercado a nivel internacional. Es una mezcla muy contemporánea de diario íntimo con *reality-show*, una especie de *blog* confesional en formato impreso, en cuyas páginas la "autora narradora protagonista", de dieciocho años de edad, relata las profusas experiencias sexuales de la época en que tenía tiernos dieciséis. En la misma línea y con idéntico éxito, explotando esa mezcla adolescente de sexo, drogas, dinero, tedio y nada más, aunque todo supuestamente real, figuran la francesa Lolita Pille, también de dieciocho años, con su libro *Hell: Paris 75016*, y la china Wei Hui con su clon *Shangai Baby*. En el Brasil, un ejemplo es Mayra Días Gomes, que lanzó *Fugalaça* cuando tenía diecinueve años. Y en la Argentina cabe mencionar el caso de una adolescente todavía más joven, Cielo Latini, que con su libro *Abzurdah* agregó un poco de bulimia y anorexia al menú básico. Las obras de ese tipo ya deben sumar centenares en todo el mundo y todas siguen una veta abierta en 2001 por *La vida sexual de Catherine Millet*, de la francesa Catherine Millet, que vendió más de dos millones de ejemplares en cinco años.

Uno de los retoños más pintorescos de esta tendencia fue una mezcla de autobiografía y autoayuda firmada por Jenna Jameson, una famosa actriz de películas pornográficas, bajo el título *Cómo hacer el amor como una estrella porno*. El libro fue uno de los grandes sucesos editoriales de 2004 en los Estados Unidos, y entre los rumores suscitados a partir del anuncio de su versión cinematográfica, la encargada de interpretar a la "autora narradora protagonista" sería una de las actrices de Hollywood mejor cotizadas del momento. El Brasil también tuvo su fenómeno equivalente, que también promete saltar a las pantallas del cine: Bruna Surfistinha. Se trata de una ex prostituta que comenzó su carrera de escritora en un *blog*, en el cual relataba sus experiencias con los diversos clientes. Tras haber sido descubierta por la industria editorial, se convirtió en la gran atracción de las bienales del libro de San Pablo y Río de Janeiro, fue una de las invitadas especiales de la Feria del Libro de Buenos Aires, y luego presentó sus obras en Europa y en los Estados Unidos.

Su primer libro autobiográfico se llama *El dulce veneno del escorpión: diario de una acompañante*. Lanzado al mercado brasileño en 2005, combina fragmentos extraídos del *blog* y una breve biografía de la joven. No se trata, claro está, de ningún viaje autoexploratorio al estilo del *homo psychologicus*: nada de buceos introspectivos y excavaciones retrospectivas plasmadas en densos flujos de consciencia. Entre otros motivos, porque la redacción de la parte más estrictamente "autobiográfica" no fue escrita por la supuesta autora, sino por un *ghost-writer* que recibió el encargo. El enorme éxito del producto, sin embargo, resultó de esa sobre exposición de la personalidad y la vida privada de la protagonista, que obviamente también es la narradora y por lo menos la coautora. A pesar de utilizar algunos recursos de los viejos diarios íntimos, este libro se distancia claramente de aquel paradigma de la interioridad para crear y vender un personaje espectacularizado. Un *yo* supuestamente real lanzado a la visibilidad total, sin pretensión alguna de rozar una realidad más fundamental que aquella que se muestra en primerísimo plano.

El libro tuvo un éxito estruendoso: con alrededor de quince reimpresiones locales, vendió casi doscientos mil ejemplares en el Brasil y por lo menos diez mil en Portugal. Permaneció durante un año en la lista de publicaciones más vendidas. La versión en español facturó decenas de miles de copias en América Latina y en la comunidad hispánica de los Estados Unidos, lo cual estimuló su traducción a otros idiomas. Con el fin de convertirlo en un genuino *best seller* internacional, sus derechos se vendieron a editoriales de países como Inglaterra, Nueva Zelanda, Canadá, Turquía, Vietnam y Corea del Sur. Tal vez el proyecto funcione, pues la escritora ya protagonizó un extenso artículo en el diario *The New York Times* y una entrevista para la emisora de televisión *Al Jazeera*, de Medio Oriente. Son contadísimos los autores brasileños que logran semejante proyección internacional y tales cifras de ventas; por eso, hay quien dice –irónicamente o no– que la autora pronto será candidata a ocupar una silla en la Academia Brasileña de Letras. Como quiera que sea, su antigua profesión fue abandonada y ahora se dedica exclusivamente a las letras y a la administración de su marca.

Bruna Surfistinha sigue siendo el producto más importante de su empresa, aunque el segundo libro lleva la firma de Raquel Pacheco –su nombre *verdadero*–, pero esta vez lo principal apareció en el título: *Lo que aprendí con Bruna Surfistinha: Lecciones de una vida nada fácil*. El nuevo lanzamiento combina la exitosa receta del confesionario descarado con un leve tono de autoayuda, y se promocionó ampliamente por contener "cincuenta páginas extras de relatos jamás publicados en el *blog* de la autora". Además, editó un audiolibro que reúne una serie de "historias inéditas y prohibidas, narradas por ella misma", mientras su famoso *blog* contaba los pormenores de la gira para presentar su primer libro en países como Francia, Holanda, España, Alemania e Italia. Las noticias publicadas diariamente desde Europa relataban su participación en los compromisos editoriales junto a su novio, un ex cliente de la época en que todavía trabajaba como prostituta, que por ella abandonó a su familia. Este asunto fue un ingrediente fundamental de la estrategia de marketing de la segunda horneada de productos, puesto que ambos se ocuparon de divulgarlo por todos los medios, incluyendo todas las menudencias imaginables y las inimaginables también.

La cantera descubierta por esta joven de San Pablo resultó ser tan rica que sobraron espacio y reflectores para la esposa traicionada. Esta no perdió la oportunidad de publicar su versión del drama doméstico, con todo lujo de detalles, en un libro llamado *Después del escorpión: una historia de amor, sexo y traición*. El lanzamiento de este otro producto fue promovido intensamente en todos los canales mediáticos, que no se privaron de invitar a esta otra "autora narradora personaje" para que siguiera exponiendo el asunto en público. El libro se vende bajo la siguiente presentación: "Perder al marido en manos de otra mujer ya es algo muy doloroso; imagínense, entonces, si esa otra mujer fuera la exprostituta más conocida del Brasil". En las páginas de esta confesión, la ex esposa en cuestión, "cuenta su historia desde el principio, cuando conoció a su ex marido a los siete años de edad". El punto fuerte del enredo es "cómo descubrió la traición a través de una hebra de cabello rubio", pero la autora aprovecha también para contar "cómo está hoy, cuando ya logró recuperarse de la separación". Así, "el libro es una verdadera lección de vida para inspirar a otras mujeres que temen pasar o ya pasaron por la misma situación". Pero no sólo eso: por el mismo precio, "es también un desahogo con mucho buen humor, de una mujer luchadora, linda e inteligente".[10]

La ex esposa también mantiene un *blog* en Internet, con idéntico título y edificado por completo alrededor del asunto que la llevó a la fama y que, de alguna manera, la convirtió en un personaje mediático y una celebridad menor. Su obra fue exactamente ésa: haber sido abandonada por el marido en provecho de Bruna Surfistinha, y haber capitalizado el pequeño escándalo para producir el personaje de Samantha Moraes, una bella y simpática mujer traicionada que a pesar de todo intenta recuperarse. La editorial de Bruna también aprovechó para promocionar su nuevo lanzamiento diciendo que "el novio de la ex acompañante, João Paulo Moraes, decidió romper el silencio", y relata su versión del drama en un capítulo del libro. "Entre las revelaciones que ofrece

---

[10] Samantha Moraes, *Depois do Escorpião. Uma história de amor, sexo e traição*, San Pablo, Seoman, 2006.

sobre la ex mujer, João Paulo cuenta cómo él y Samantha empezaron el noviazgo. João Paulo era padrino de casamiento de Samantha. Todo comenzó en un viaje del novio...".[11] Se espera que este nuevo libro también sea un suceso.

Las autobiografías de este tipo, que constituyen un nuevo género editorial con increíble éxito en todo el planeta, remiten a un caso quizás legendario pero sin duda ejemplar. Victoria Beckham, ex integrante del grupo musical *Spice Girls* y actual esposa del jugador de fútbol inglés David Beckham, también publicó su autobiografía en 2001, bautizada *Aprendiendo a volar*. Su intención era "dejar todo claro", tras no haber logrado impedir la publicación de por lo menos dos biografías no autorizadas, una sobre ella sola –*Victoria's Secrets*– y otra sobre la pareja –*Posh & Becks*–. Según la editorial, el tema del libro es "la realidad de la fama", pues en sus páginas cuenta "cómo es ser la mitad de la pareja más famosa de Gran Bretaña y cómo alguien se siente cuando se transforma en el blanco de tanta adoración y envidia". En este caso, la "autora narradora personaje" "habla abiertamente sobre las controversias que la cercan, incluyendo la verdad sobre el comienzo de las Spice Girls, su casamiento y su salud".[12] Sin embargo, en una de las miles de entrevistas que esta celebridad de origen británico suele conceder a la prensa, deslizó que jamás había leído ni siquiera un libro en toda su vida, aduciendo falta de tiempo y desinterés por esa actividad. Cuando el entrevistador se vio obligado a preguntarle si tampoco había leído su propia autobiografía, ocurrió un verdadero hito del género.

Pero las biografías más tradicionales también constituyen un fenómeno de ventas en la contemporaneidad, o sea, aquellas dedicadas a narrar la vida de personajes reales que hicieron alguna acción pública que pueda considerarse su obra. No obstante, también en estos casos, buena parte del interés del público suele recaer

---

[11] Raquel Pacheco, *O que aprendi com Bruna Surfistinha. Lições de uma vida nada fácil*, San Pablo, Panda, 2006.

[12] Victoria Beckham, *Learning to fly*, Londres, Penguin Books, 2002.

en los asuntos privados. Es el caso de la autobiografía de Bill Clinton, cuya aparición en 2004 fue ansiosamente esperada y muy bien orquestada en términos de marketing. El libro fue objeto de innumerables reseñas en los medios de comunicación del mundo entero, y vendió cuatrocientos mil ejemplares solamente durante el primer día y en su país. Con esos números duplicó el récord anterior para el género de no ficción, que estaba en manos de la senadora Hillary Clinton con su obra *Historia viva*. Pero lo que gran parte de los lectores buscaba en el libro de casi mil páginas del ex presidente de los Estados Unidos, llamado *Mi vida*, era lo mismo que habían buscado ávidamente en la autobiografía de su esposa: el relato del "episodio Mónica Lewinski", famoso affaire del "autor narrador personaje" con la ex pasante de la Casa Blanca, que mereció apenas una discreta referencia en la página 773 del libro.

Volviendo a las autobiografías de jóvenes celebridades sin obra alguna –por lo menos, en el sentido moderno–, como las de Bruna Surfistinha, Samantha Moraes y Victoria Beckham, así como las de Catherine Millet y Melissa Panarello, tal vez puedan compararse con otro fenómeno editorial ocurrido algunas décadas atrás. Estas novedades serían versiones muy actuales de otro género igualmente polémico y exitoso, que tuvo su auge en las décadas de 1960 y 1970 hasta principios de los años ochenta. Se trata de la literatura testimonial, cuyos frutos también ostentaban un tono confesional, realista y documental, sin mayores méritos en términos de experimentación literaria. La gran diferencia es que esos relatos se apoyaban en un *yo* casi anónimo que narraba, protagonizaba y firmaba una historia verdadera, y que se erguía más como representante de un tipo social que como una individualidad fulgurantemente singular. Entre los ejemplos más conocidos de este género, cabe citar *Me llamo Rigoberta Menchú y así me nació la consciencia*, de la india maya Rigoberta Menchú, y en el Brasil, *Quarto de despejo: Diário de uma favelada*, de la empleada doméstica Carolina María de Jesús. Varias de esas obras fueron traducidas a decenas de idiomas y se convirtieron en íconos de su época. Sin embargo, las diferencias entre ambos géneros es abismal: mientras

que esos libros de hace algunos años eran explícitamente politiza-
dos y no-intimistas, los de hoy en día constituyen la encarnación
de la frivolidad y el chismorreo, sin ninguna pretensión de afectar
la esfera pública más allá de los índices de ventas.

Pero esta nueva vertiente de la no ficción autobiográfica e intimista que se desarrolla con toda la fuerza de un *boom* global, no se
restringe a ese nicho del erotismo explícito con espíritu *bloguero* y
casi siempre conjugado en femenino. Sus ramificaciones alcanzan
los temas, tonos y soportes mediáticos más diversos. Otra de sus
vertientes la constituyen las "novelas verdad", libros de no ficción
escritos por periodistas profesionales pero dedicados a desmigajar
algún asunto relacionado a sus propias vidas privadas, explotando
ese estilo testimonial y confesional que está de moda. En este sentido, por ejemplo, abundan las biografías de padres, tíos y abuelos,
retratos personales y familiares que apuntan a pintar también una
época o un determinado tema histórico, pero siempre amarrados a
un caso concreto, pequeño, íntimo y verídico.

El periodista argentino Jorge Fernández Díaz es uno de esos
autores: escribió la historia de su madre, una inmigrante española
como tantas otras, y vendió cincuenta mil ejemplares. "Se produce
un fenómeno de identificación", explica el autor e hijo de la protagonista. "Y cuando uno ve que el otro se desnuda, te das cuenta
de que es increíblemente parecido a vos".[13] Su colega Gabriela
Mochkofsky publicó *Tío Boris*, otra autobiografía familiar, en este
caso ambientada en el contexto de la Guerra Civil Española. Otro
periodista, Jorge Sigal, lanzó las *Confesiones de un ex-comunista*,
una revisión de sus años juveniles que también intenta comprender las motivaciones de toda una generación. "Creo que se trata
de bajarse del pedestal al que nos subimos en los noventa y ser
más humildes", dijo este último en una entrevista. "No quiero
contar cómo fueron las cosas, sino cómo lo vi yo".[14] Con el fin de

---

[13] Laura Di Marco, "En primera persona: del periodismo de investigación al
relato testimonial", en *La Nación*, Buenos Aires, 7 de enero de 2007.
[14] *Ibid.*

entender los sentidos de esta súbita epidemia de pequeñas historias intimistas, mucho más humildes y despolitizadas que en años anteriores, aunque protagonizadas por un *yo* que desborda por todas partes, los especialistas aluden a un nuevo clima de época. Y, sobre todo, a "un nuevo clima mediático que empieza a revalorizar el nombre propio en medio del bombardeo informativo", un movimiento que se considera alentado por Internet y su "cultura *bloguera*".[15] O sea: por el torbellino de la Web 2.0, que nos ha convertido a todos en la efervescente personalidad del momento.

La tendencia es tan fuerte y tan característica de la cultura contemporánea, que ya invadió también el cine, con el súbito auge de los documentales y, sobre todo, de un subgénero específico: las películas de ese tipo narradas en primera persona por el mismo cineasta. En esas obras, los directores se convierten en protagonistas del relato filmado, y el tema sobre el cual se vuelca la lente suele ser algún asunto personal, referido a cuestiones que gravitan en el ámbito íntimo del "autor narrador personaje". A pesar de ser bastante reciente, ya son varios los frutos de esta nueva fuente. Uno de los primeros pasos los ha dado la ambigua autoficción del cineasta italiano Nanni Moretti, con películas como *Caro diario* en 1993 y *Abril* en 1998. Una estrategia de autoexhibición bastante riesgosa, cuyas posibles consecuencias indeseables fueron sarcásticamente parodiadas en *Los secretos de Harry*, de Woody Allen, una obra casi totalmente ficticia de 1997. Ahora, sin embargo, buena parte de los riesgos implícitos en esa sobrexposición en pantalla grande parecen haberse disuelto, junto con los muros que solían separar la esfera pública y el ámbito privado.

En América Latina, el fenómeno crece con bastante agilidad. Uno de sus primeros ejemplares fue la película *33*, del brasileño Kiko Goifman, estrenada en 2003. Cuando se acercaba su cumpleaños número treinta y tres, el "autor narrador personaje", que es hijo adoptivo, decidió registrar con cámara y micrófono un viaje de treinta y tres días en busca de su madre biológica, valiéndose

---

[15] Laura Di Marco, *op. cit.*

de entrevistas y otros métodos en vivo, inclusive un *blog*. Otro ejemplo es *Imágenes de la ausencia*, del argentino Germán Kral, donde el director entrevista a sus familiares y emprende un auténtico sondeo audiovisual en su historia personal, con el fin de comprender el motivo que llevó a sus padres a separarse cuando él era niño. En esa línea también figura la última obra de Andrés Di Tella, con el título *Fotografías*, que registra un viaje a la India en compañía de su hijo y de su esposa, en busca de los parientes de su madre, ya fallecida, y también de los propios orígenes. Otras películas sintonizadas en la misma frecuencia son *Los rubios* de Albertina Carri, *Un pasaporte húngaro* de Sandra Kogut, *Santiago* de João Moreira Salles y *Mi cuerpo* de Margreth Olin.

Sin embargo, el representante más ilustre de este nuevo género probablemente sea *Tarnation*, también de 2003. Este largometraje recrea en la pantalla el verdadero drama existencial de su director, Jonathan Caouette, contado a través de un alucinado collage audiovisual de fotografías, fragmentos filmados en super-8, mensajes de contestador automático, confesiones registradas en video y material de archivo sobre la cultura mediática de los años ochenta. La película causó gran impacto en la crítica y obtuvo bastante éxito en festivales internacionales. Entre otros motivos, se destacó el hecho de que fue realizada por completo en la computadora personal del "autor narrador personaje", con un presupuesto inferior a doscientos dólares. Otra película de ese tipo que ganó acceso a las pantallas internacionales es *Le filmeur*, una especie de diario íntimo del cineasta Alain Cavalier, que condensa material registrado por su cámara a lo largo de la última década. Pero uno de los ejemplares más sintomáticos de esta onda es *TV Junkie*, cuyas imágenes muestran la vida real de un "adicto a ser filmado". A lo largo de toda su existencia, el protagonista Rick Kirkhan acumuló miles de horas de filmaciones de sí mismo, y esta película fue realizada a partir de ese profuso material autocentrado.

Acompañando este importante movimiento cultural contemporáneo, otros géneros de no ficción prosperan en los ámbitos más variados y en los diversos medios de comunicación, casi siempre con el acento puesto en la espectacularización de la intimidad de quien habla y se muestra. Un ejemplo es el ciclo de teatro *Biodramas*, propuesto en 2002 por la directora Vivi Tellas, con una buena trayectoria en las salas de Buenos Aires durante varios años. Se trata de montar "biografías escenificadas", con la intención de explorar las nuevas posibilidades de relación entre teatro y vida en este clima de "retorno de lo real al campo de la representación". Siguiendo esa convocatoria, diversos directores teatrales eligen a una persona real y viva, y con la ayuda de un autor "transforman su historia de vida en material de trabajo dramático".[16] Una propuesta muy similar a la película *Juego de escena*, décima obra del documentalista brasileño Eduardo Coutinho, estrenada en el año 2007.

Vale la pena considerar, también, las reverberaciones de este fenómeno en las artes plásticas, especialmente en el ámbito de la fotografía. Son innumerables las obras basadas en el autorretrato, así como en los registros de la vida cotidiana de los artistas que firman los trabajos. Es enorme la variedad de obras de este tipo, tanto en lo que concierne a su intención como a su calidad. Entre ellas hay parodias con buen sentido del humor o circunspectos manifiestos, que pretenden alzar una voz crítica con respecto a estos procesos o iluminar sus múltiples sentidos. En otros casos, sin embargo, el objetivo parece agotarse en la exhibición misma, contribuyendo a aumentar artísticamente el volumen del fenómeno.

Sophie Calle es una figura emblemática de la sobre exposición autobiográfica: siempre con gran éxito de público, esta artista francesa empuja los límites de lo tolerable cuando pone en escena su propia intimidad y la ajena. El objeto que dispara sus obras puede ser el mensaje que su amante le dejó en el teléfono antes de abandonarla, o bien un video que muestra los últimos siete minutos de la agonía de su madre. "Mis obras hablan de la vida cotidiana de cualquier ser humano", dice al intentar explicar el poder

---

[16] Ana Durán, "Exceso de realidad", en 3 *Puntos*, núm. 255, 16 de mayo de 2002.

de convocatoria de sus exposiciones, "a través de mi vida, mis sufrimientos y mis fracasos, la gente ve reflejada su propia vida".[17] Otro de los nombres que más resuenan en estas áreas es el de la fotógrafa Cindy Sherman, autora de obras como *Fashion* y *History Portraits*. Se trata de ensayos fotográficos en los cuales la artista aparece vistiendo ropas de estilistas famosos, por ejemplo, o simulando escenas que remiten a estereotipos femeninos o a célebres cuadros de la pintura occidental. Varias perplejidades sobrevuelan esa multiplicación de imágenes de sí misma, que por momentos indagan el estatuto inadecuado del organismo humano en un universo tan saturado de imágenes corporales, y el extrañamiento provocado por "las heridas que denuncian su condición de apariencia".[18] En esa misma línea parecen inscribirse obras como *Balkan Erotic Epic: Marina Abramovic Massaging Breasts*, una instalación que captura imágenes performáticas, incluyendo un video y una serie de grandes fotografías, en las cuales la artista serbia Marina Abramovic frota sus propios senos desnudos, una y otra vez, como si estuviera en trance.

En los márgenes de los museos y los circuitos más candentes de las artes contemporáneas, sin embargo, las imágenes de personajes anónimos proliferan sin causar ese tipo de perturbaciones, o al menos sin la intención explícita de despertar cuestionamientos de ninguna índole. Una de las primeras exploradoras de este terreno fue Natacha Merritt, joven estadounidense que en el año 2000 decidió mostrar en Internet sus fotografías eróticas, en las cuales es siempre la autora y, casi siempre, también una de las protagonistas retratadas. Poco después, la fotógrafa lanzó un libro lujosamente editado, llamado *Diarios digitales*, en el cual exponía una selección de sus obras y algunas declaraciones. "No puedo separar sexo y fotografía", confesaba en el sitio que aún mantiene

[17] Luisa Corradini, "Sophie Calle, en el espejo", en *ADN Cultura*, Buenos Aires, 20 de octubre de 2007.
[18] Vladimir Safatle, "O que vem após a imagem de si?", en *Trópico*, San Pablo, octubre de 2007.

en la Web, "ocurren al mismo tiempo… no logro hacer una de esas actividades sin pensar en la otra".[19]

Son incontables los sucesores que ha tenido esta primera espectacularizadora de la propia sexualidad vía Internet, como delata la proliferación de fotografías eróticas amateurs publicadas en diversos sitios por autores que también suelen posar para las cámaras. Una escuela que ha crecido enormemente gracias a la facilidad ofrecida por las cámaras digitales, y que se ha legitimado por la popularización de los *blogs* y *fotologs* de ese tipo, cada vez más abundantes en todo el planeta. Algunos prefieren llamarlos *pornologs*, porque sus autores-narradores-protagonistas "defienden la sensualidad y el erotismo del desnudo parcial", con un inagotable elenco de muecas en exposición.[20] Otra denominación para el nuevo fenómeno es *egologs*, ya que "el éxito de exhibir sus fotos les sube el ego", como sintetizó una nota reciente que comprendía varias entrevistas sobre el asunto, publicadas bajo el título: "Miralos pero no los toques".[21] Los ejemplos son infinitos y bastante variados, siempre dentro de esa propuesta monocorde de autoexhibicionismo porno-*soft*: desde amas de casa y madres de familia hasta jóvenes de todos los estilos, géneros sexuales y procedencias. Algunos sitios se dedican a reunir fotografías publicadas en ese tipo de *blogs*, que muchas veces las reciben de sus propios autores-protagonistas, para mostrarlas a todas juntas en el mismo espacio siempre renovado. "Las chicas dicen que mandan las fotos para sentirse sexy, mostrar su cuerpo y aumentar su ego personal", afirma el dueño de uno de esos espacios de la Web, que recibe veinte mil visitantes por día.[22]

Un pionero indiscutible de esta tendencia, sin embargo, fue el sitio *JenniCam*, montado en 1997 por la diseñadora estadounidense

---

[19] Natacha Merritt, *Digital Diaries*, Nueva York, Taschen, 2001.

[20] Julián Gorodischer, "Miralos pero no los toques", en *Rolling Stone*, Buenos Aires, 24 de abril de 2007.

[21] *Ibid.*

[22] Maria Cecilia Tosi, "El fenómeno on line: la Red, vidriera del destape virtual", en *La Nación*, Buenos Aires, 2 de diciembre de 2007.

Jennifer Ringley, que en aquella época tenía veinte años. La joven causó cierto impacto cuando decidió instalar varias cámaras de video en los diversos ambientes de su casa, apuntando hacia todos los rincones, con el fin de que sus lentes registrasen y transmitiesen por Internet todo lo que ocurría –y sobre todo lo que no ocurría– entre esas cuatro paredes. Así, cualquiera podía espiar no sólo su cuarto propio, sino también su cocina, el baño y la sala. Las cámaras nunca se desconectaban, y la vida de Jennifer parecía transcurrir como si las lentes no existieran. El sitio permaneció on-line durante varios años, con todas sus filmadoras conectadas todo el tiempo. "Simplemente, me gusta sentirme observada", explicaba esta precursora, cuando la decisión de exhibir la propia intimidad todavía era una extravagancia que exigía explicaciones.[23] Ahora son millones los sitios de ese tipo, y también son incontables los usuarios de Internet que suelen ver dichos espectáculos de la vida privada de quien desee mostrarla.

Pero esas modalidades del autorretrato en vivo no llegan a agotar el fenómeno: sus manifestaciones son múltiples y de lo más diversas, aunque nunca abandonen la más rigurosa "intimidad". Los nuevos vientos parecen haber barrido los viejos pudores, resquicios de aquellos tiempos en los que la sexualidad de la pareja –y, sobre todo, la desnudez y la preciada honra de las señoras esposas– se resguardaba de la mirada ajena con sumo recato, protegida en la privacidad del hogar por paredes sólidas y opacas. La carrera del fotógrafo noruego Petter Hegre, por ejemplo, recién logró despegar cuando publicó un libro explícitamente titulado *Mi esposa*, plagado de fotografías eróticas en las cuales retrataba a su mujer, la islandesa Svanborg, en todos los ángulos imaginables. Algunos años más tarde, el autor se separó para casarse nuevamente, esta vez con la ucraniana Luba, de quien también publicó profusos desnudos tanto en Internet como en otros medios. Una propuesta semejante es la del libro *Ex*, del argentino Nicolás Hardy,

[23] Bárbara Fux, "Paixão e traição via webcam", en *Aqui*, Río de Janeiro, 5 de septiembre de 2000.

cuyas páginas muestran decenas de fotografías de la ex novia del autor, con y sin ropas, en una infinidad de gestos y actitudes que revelan la vida cotidiana de la ex pareja cuando aún era una pareja, en demasiados sentidos igualita a cualquier pareja. Pero el más famoso de estos matrimonios sobrexpuestos quizás sea el integrado por el reconocido artista estadounidense Jeff Koons, cuya principal obra se compone de cuadros como *Eyaculación*, *Posición tres*, *Chupada*, *Jeff arriba* o *Jeff chupando a Ilona*. Se trata de una serie de fotografías en gran formato y esculturas sumamente realistas, en las cuales el autor aparece retratado en escenas de sexo explícito con su esposa, la estrella pornográfica que también supo ser diputada italiana, Ilona Staller, más conocida como Cicciolina.

Más allá de esas ventanas que se abren en las habitaciones otrora privadas de las casas para mostrar todo lo que allí ocurre y deja de ocurrir, hay también casos extremos de "autorretratos radicales". Uno de los más célebres es el de la francesa Orlan, que hace varios años viene haciéndose cirugías plásticas en su rostro para parecerse a las damas pintadas por Botticelli o a La Gioconda, entre otras performances igualmente impresionantes. Otra variante de ese "arte carnal" o "autoescultura radical" fue presentada por la artista plástica Nicola Costantino en 2004, en su muestra *Savon de corps*. Esta obra consiste en una serie de cien jabones, elaborados con dos kilos de grasa extraída del cuerpo de la autora por medio de una cirugía de lipoaspiración. La muestra incluía material gráfico que simulaba la publicidad de los productos, con fotografías cuya protagonista era la misma autora, haciendo las veces de una modelo tan desprovista de tejidos adiposos como de vestimentas. Otra argentina, la escritora y artista plástica Gabriela Liffschitz, fotografió su cuerpo desnudo tras sufrir una mastectomía debido a un cáncer de mama, y publicó los resultados en el libro *Efectos colaterales*.

Por todas partes –y con diverso grado de calidad– se extienden los dominios de esa no ficción autocentrada. O, como algunos prefieren denominarla, de una cierta autoficción. Proliferan las narrativas biográficas, la espectacularización de la intimidad y las exploraciones artísticas de todas las aristas del *yo*. En un proceso que admite lazos significativos con este otro, se agrava la crisis de la literatura canónica y de los géneros de ficción tradicionales. Suele decirse que Karl Marx confesó haber aprendido más sobre la sociedad francesa de la primera mitad del siglo XIX en las novelas de Balzac que en los tratados políticos y sociológicos referidos al mismo período. Difícilmente, sin embargo, alguien diría algo equivalente sobre la literatura contemporánea. Pero los editores de la revista *Time* que eligieron a *usted* como la personalidad del momento, dijeron lo siguiente: "es posible aprender más acerca de cómo viven los estadounidenses con sólo observar los ambientes donde transcurren los videos exhibidos en *YouTube* –todos esos cuartos desordenados y esas salas llenas de cachivaches desparramados– que viendo mil horas de televisión abierta".[24] Sin duda, se trata de un interesante desplazamiento en los códigos del realismo: de aquellas ficciones típicas del siglo XIX, hacia los videoclips caseros que se exhiben en Internet.

¿Señal de los tiempos? En todo caso, la comparación merece ser explorada. Pues sería imposible consumar una oposición más elocuente que ésa, que contrapone el popular sitio de películas amateurs del siglo XXI y un proyecto literario como la igualmente inconmensurable *Comedia humana* del siglo XIX. Imposible imaginar un contraste más exacerbado entre los modelos narrativos analizados bajo las metáforas arqueológicas de Pompeya, con respecto a los videos de *YouTube* –una enorme colección de instantáneas congeladas–, y Roma, con respecto a la obra de Balzac –un todo despedazado y potencialmente eterno, en su ambiciosa fragmentación bien hilvanada–. La diferencia no se limita al hecho fundamental de que los primeros suelen ser reales, mientras que esta última es una ficción. Además, la relación con la temporalidad y con el tipo de subjetividad que implican es muy distinta en un caso y en el otro.

[24] Lev Grossman, "*Time*'s person of the year: You", en *Time*, vol. 168, núm. 26, 25 de diciembre de 2006.

Vale la pena observar de cerca algunos ejemplos prototípicos de los videos más vistos en sitios como *YouTube*, que son tan populares y tan representativos del modo de vida que hoy se impone al ritmo de la globalización, según la revista *Time*. Un día cualquiera, por ejemplo, el clip más visto del sitio puede ser una pieza de tres minutos y medio de duración cuyo título anuncia *Yo cantando "Say it right"*. La obra consiste en un primer plano de una joven sentada en un sofá, mirando a la cámara, mientras hace *playback* de una canción cuya versión original toca en el equipo de audio de la sala. Más de un millón de personas vieron el video, y varios lo han elegido como uno de sus favoritos. Cuando el clip termina, la joven arroja un beso a la cámara y, por un instante, la pantalla queda vacía. En seguida, el sitio ofrece decenas de películas semejantes, varias protagonizadas por la misma "autora narradora personaje", aunque cantando otras músicas y vistiendo otras ropas, en las diversas habitaciones de lo que parece ser su casa. A todos los han vistos decenas o centenas de miles de personas. En el sitio *Revver*, uno de los competidores de *YouTube*, entre las películas más vistas figura una denominada *Diet Coke – Mentos*. El video muestra la pequeña explosión que ocurre dentro de una botella de gaseosa cuando un hombre introduce en ella un caramelo, todo ocurre en el balcón de una casa de suburbios, con un jardín al fondo.

Las nuevas narrativas autobiográficas que ilustran estos pocos ejemplos se estructuran según la temporalidad implícita en la metáfora arqueológica de Pompeya, como píldoras de momentos presentes expuestos uno después del otro. Y denotan una estilización de sí mismo alterdirigida, es decir, un tipo de subjetividad que responde a la lógica de la visibilidad y de la exteriorización del *yo*, una autoconstrucción que utiliza recursos audiovisuales y, por lo tanto, su escenario preferencial sólo puede ser una pantalla. Por otro lado, en cada una de las páginas de la *Comedia humana* rigen las reglas de producción de subjetividades introdirigidas, así como aquella otra forma de vivenciar la temporalidad que la metáfora de Roma ejemplifica: como una inmensa ciudad en ruinas donde todos los fragmentos son vestigios de algo, donde todo remite a otra cosa y apunta, en última instancia, hacia una totalidad con sentido.

Si aquella novela absoluta firmada por Honoré de Balzac ya era desmesurada en 1830, cuando fue ideada, ahora roza lo inconcebible la mera idea de que alguien pueda emprender semejante proeza. Como ya se dijo con respecto a la obra de Proust: no sólo su escritura, sino incluso su lectura, porque ambas tareas implican una ambición de totalidad –fija y con sentido–, lo que de modo alguno subyace en las desmesuras de *YouTube*. Cabe recordar que el descomunal compendio balzaciano fusiona todas las obras de aquel escritor increíblemente prolífico en una única e inmensa construcción ficcional que, aunque haya quedado inconclusa, llegó a ocupar dieciséis gruesos volúmenes y millares de páginas, juntando decenas de historias y poniendo más de dos mil personajes en acción. La obra de Balzac tenía objetivos tan ambiciosos como su tamaño: pretendía coagular en el papel todo un universo imaginario pero realista, basado en la observación de la realidad y usando una amplia serie de recursos de verosimilitud para delinear personajes y situaciones plausibles. Todo eso recreado en el papel gracias a un trabajo extenuante con la palabra, desarrollado no sólo en la materialidad de la escritura diaria sino también en la fértil interioridad del artista. Una obra destinada a ser devorada después, de principio a fin, por los ojos golosos de los lectores que se veían reflejados en todas esas ficciones. Inclusive por Karl Marx, justamente, que decía haber aprendido más sobre la vida real leyendo esas páginas ficticias –pero en las cuales se entreveía alguna realidad más fundamental– que en las descripciones científicas más pedestres de la realidad de la época. Como diría Benjamin: aquel territorio más explícito de la información que pronto terminaría aniquilando a la narrativa.

Por todo eso, como lo planteó Italo Calvino en los años ochenta, "las novelas largas escritas hoy tal vez sean una contradicción", ya que la dimensión del tiempo se ha perturbado y su linealidad estalló en una infinidad de astillas dispersas. Ahora "no podemos vivir ni pensar excepto en fragmentos de tiempo, cada uno de los cuales sigue su propia trayectoria y desaparece de inmediato".[25] Cada uno de esos fragmentos puede ser una instantánea de Pompeya, un clip de *YouTube*, un *post* de cualquier *blog* o una imagen de un *fotolog*. Y todos esos fragmentos de vida presentificada llevan el sello de lo real, puesto que se desprenden de la realidad más epidérmica y visible de un *yo* cualquiera.

Hoy estamos todavía más lejos de aquel período en el cual la novela moderna vivenció su apogeo, cuando la ficción literaria era el espejo más fiel de la vida real. Aunque todavía prolifere un cierto "gigantismo" en la prepotencia de un nicho específico del mercado editorial, el segmento de los *best sellers* de ficción –con sus letras grandes y sus generosos espacios en blanco–, hoy ese cuadro estaría en fatal decadencia, inexorablemente condenado junto con la anticuada noción de tiempo en que se basaba. Como dijo Walter Benjamin al constatar el nacimiento de una nueva forma literaria, el relato breve o *short story*, ya en los años treinta del siglo XX: "el hombre logró abreviar hasta la narrativa".[26] Pocos adjetivos definirían mejor los fragmentos *posteados* en los *blogs* confesionales, en contraste con aquellas ficciones literarias decimonónicas: antes que nada y más allá de todo, son breves. Y además son reales, o al menos deben parecerlo.

Ese agotamiento de la ficción literaria, o esa alteración en su estatuto, fue metabolizado por una de las publicaciones culturales más influyentes del mundo, el *New York Times Book Review*, cuando anunció la implementación de cambios drásticos en su propuesta editorial. Las transformaciones anunciadas en 2004 tenían por objetivo ayudar a los lectores a "elegir libros en los aeropuertos". Con ese propósito altamente pragmático, el nuevo editor del tradicional suplemento literario declaró que se reseñarían "menos primeras novelas y más libros de no ficción, porque es ahí donde nacen las ideas

---

[25] David Harvey, *Condição pós-moderna*, San Pablo, Loyola, 1993 [trad. esp.: *La condición de la postmodernidad*, Buenos Aires, Amorrortu, 1998].

[26] Walter Benjamin, "O narrador", en *Obras escolhidas*, vol. 1: *Magia e Técnica, Arte e Política*, San Pablo, Editorial Brasiliense, 1994, p. 206 [trad. esp.: "El narrador", en *Discursos interrumpidos I*, Madrid, Taurus, 1999].

más pertinentes".[27] Al divulgar la noticia, la prensa global informó que "los cambios asustaron a las editoriales, ya que éste suele darles el tono a los otros suplementos literarios del país e impulsa las ventas".[28] Por lo visto, aquella "realidad más fundamental" que la ficción solía develar está perdiendo cada vez más terreno, en favor de las realidades epidérmicas –y, en muchos casos, autocentradas– que se multiplican por todas partes y atraen todas las miradas.

"La ficción es como una tela de araña atada a la vida, muy levemente quizás, pero atada por las cuatro esquinas", explicaba Virginia Woolf. "A menudo la ligazón es apenas perceptible", agregaba la novelista, y planteaba que "las obras de Shakespeare, por ejemplo, parecen quedar suspendidas por sí solas". Lo hacía evocando las escasas informaciones que tenemos sobre la vida personal de ese autor de ficciones, tan pocas y tan inciertas que no llegan a perturbar nuestra relación casi directa con sus textos. "Pero cuando se estira la tela, se la engancha de costado, se la rasga al medio", entonces súbitamente recordamos que esas telas de araña "no están hechas en el aire por criaturas incorpóreas". En ese forcejear, percibimos que las ficciones literarias "son obra de humanos que sufren y están atados a cosas groseramente materiales, como la salud y el dinero y las casas en que vivimos".[29] De repente, esas cosas groseramente materiales que forman parte de la vida de todo artista –así como de cualquiera– pasaron a despertar más interés que las finas telas de araña construidas con su arte y su oficio. Hasta el punto de que estas últimas, las obras de ficción, se convierten en un mero pretexto para saber más sobre aquellas: las trivialidades de la vida del autor.

No deja de ser irónico que la mismísima Virginia Woolf, como ya se dijo, haya caído en esas redes. Pero ella no está sola en ese torbellino, por supuesto: su admirado poeta la acompaña en pelí-

---

[27] "NYTBook Review tem mudança drástica", en Folha de São Paulo, San Pablo, 14 de marzo de 2004.

[28] Ibid.

[29] Virginia Woolf, op. cit., p. 59.

culas como *Shakespeare enamorado*, de 1998. Tampoco se salvó de esas artimañas otra compatriota igualmente respetada por la novelista británica, que acaba de ser ficcionalizada en *Becoming Jane*, de 2007. "Jane Austen impregna cada palabra que escribe, lo mismo que Shakespeare", disertaba Virgina Woolf en 1928, antes de volcar su atención sobre otra autora recientemente capturada por los voraces imperativos de la transmutación en personaje audiovisual: Charlotte Brontë.[30]

¿Cómo explicar ese desinterés por la ficción en el mundo actual, a la par de esa intensa curiosidad por la vida real y ordinaria de quien quiera que sea? En un ensayo que relata las peripecias vividas durante el proceso de búsqueda, lectura y selección de los "mejores cuentos estadounidenses" para publicar en una antología, el autor de ficciones Stephen King deploraba el espacio restricto y mal ubicado que las tiendas de libros y revistas hoy dedican a las obras de ficción. "Podríamos discutir un día entero sobre las razones por las cuales la ficción emigró de los estantes a la altura de los ojos; en efecto, mucha gente ya lo ha hecho", afirmaba King. "Podríamos horrorizarnos con el hecho de que Britney Spears esté siempre al alcance de la mano", agregaba, mientras muchos escritores talentosos quedan relegados a la oscuridad. "Podríamos hacerlo, pero no lo vamos a hacer; está casi fuera del tema, y además... duele".[31] Una buena ilustración de ese problema late en estas observaciones de un periodista sobre los cambios ocurridos después de treinta ediciones anuales de la Feria del Libro de Buenos Aires: "Si hasta poco tiempo atrás esta mujer de treinta años pertenecía a la raza de los ratones de biblioteca, hoy se parece cada vez más a una señora de clase media que sale de compras en un *shopping*". El cronista concluye así tal afirmación: "los géneros de autoayuda, turismo, esotéricos y culinario se están expandiendo, y crece la cantidad de expositores no relaciona-

[30] Virginia Woolf, *op. cit.*, pp. 90 y 91
[31] Stephen King, "What ails the short story", en *The New York Times*, Nueva York, 30 de enero de 2007.

dos con la industria editorial".[32] En todo el mundo, los eventos de este tipo se vuelven festivales mediáticos y mercadológicos, concentrados en su propia exhibición, donde las obras literarias, especialmente las de ficción, pueden no ser las principales estrellas del gran negocio, mientras ciertos autores se convierten en productos más disputados que sus propios libros.

"La ficción fue perdiendo efecto sobre el lector, entre otras cosas porque la recreación del mundo que proponen las novelas queda opacada por el flujo global de información que existe hoy", intenta explicar el novelista argentino Juan Forn, autor de una saga familiar protagonizada por un personaje que lleva su mismo nombre y comparte buena parte de sus características biográficas.[33] Esas declaraciones no hacen más que confirmar la muerte del narrador diagnosticada por Walter Benjamin casi un siglo atrás, no sólo en manos de la novela, sino especialmente de este otro género fatal: la información. "Todos queremos conseguir el efecto que tenían sobre los lectores las novelas de Dickens", añade Forn en una entrevista, aun admitiendo que la ficción a la vieja usanza ya no parece más capaz de lograr aquel "efecto Scheherezade". La explicación del autor es darwinista: la literatura debe mutar para sobrevivir, porque el ambiente en el que vive ha cambiado enormemente y poco resta del clima decimonónico donde aquellos relatos florecían y fructificaban. Para intentar acercarse a esa inmersión tan absorbente que quizás se haya perdido para siempre, uno de los caminos más transitados por los escritores contemporáneos consiste en recurrir a la no ficción. Especialmente, a la vida real del "autor narrador personaje".

Además de haber abatido la eficacia de la ficción tradicional, esos torrentes de información que al mismo tiempo conforman y devastan la realidad contemporánea, también provocan una sensación

---

[32] Fernando Halperin, "La Feria, atracción no sólo para lectores", en *La Nación*, Buenos Aires, 2 de mayo de 2004.

[33] Héctor M. Guyot, "En busca de la familia perdida", en ADN *Cultura*, Buenos Aires, 13 de octubre de 2007.

de fluidez que amenaza disolver todo en el aire. Así, asediados por la falta de autoevidencia que afecta a la realidad altamente mediatizada y espectacularizada de nuestros días, los sujetos contemporáneos sienten la presión cotidiana de la obsolescencia de todo lo que existe. Inclusive, y muy especialmente, la fragilidad del propio *yo*. Tras haberse desvanecido la noción de identidad, que ya no puede mantener la ilusión de ser fija y estable, la subjetividad contemporánea oyó rechinar casi todos los pilares que solían sostenerla. Además de haber perdido el amparo de todo un conjunto de instituciones tan sólidas como los viejos muros del hogar, el *yo* no se siente más protegido por el perdurable rastro del pasado individual ni tampoco por el ancla de una intensa vida interior. Para fortalecerse y para constatar su existencia debe, a cualquier precio, hacerse *visible*.

Así, la diferencia con respecto a lo que ocurría hace poco tiempo puede parecer sutil, pero es fundamental. Ya no se le pide más a la ficción que recurra a lo real para ganar verosimilitud y consistencia; ahora, en cambio, es ese *real* amenazado quien precisa adquirir consistencia desesperadamente. Y ocurre algo curioso: el lenguaje altamente codificado de los medios ofrece herramientas eficaces para ficcionalizar la desrealizada vida cotidiana. Lo real, entonces, recurre al glamour de algún modo irreal –aunque innegable– que emana del brillo de las pantallas, para *realizarse* plenamente en esa ficcionalización. Uno de los principales clientes de estos eficaces mecanismos de realización a través de la ficción es, justamente, el *yo* de cada uno de nosotros.

¿Qué resta, entonces, para los autores de ficción? "¿Habrá aún historias posibles, historias para escritores?", se preguntaba ya en los años cincuenta uno de ellos, el alemán Friedrich Dürrenmatt. "Si no desea uno hablar de sí mismo, generalizar romántica o líricamente su propio *yo*", insiste el novelista, "Se exige alma, confesiones, veracidad… pero, ¿y si el autor se niega, cada vez más tercamente, a producir eso?".[34] Pues bien, la respuesta no es fácil.

---

[34] Friedrich Dürrenmatt, "El desperfecto", en *El juez y su verdugo*, Buenos Aires, Sudamericana, 1984, pp. 141-143.

Ahora, hasta los autores de ficción recurren a esos trucos para la construcción de sí mismos, estilizándose como personajes también dentro de las ficciones que ellos propios tejen como autores. El poema "Borges y yo", de Jorge Luis Borges, hoy se puede leer como un sagaz precursor de los muchos que vendrían después. Pero es probable que haya sido Paul Auster quien popularizó la moda del alter ego sin muchas sutilezas –o del heterónimo al revés– al insertar personajes menores aunque homónimos del autor en los enredos de sus novelas. El recurso se expandió de tal forma, que hoy sería imposible inventariarlos.

Un ejemplo es el escritor cubano Juan Pedro Gutiérrez, autor de diversos cuentos y novelas como *Trilogía sucia de La Habana*, de 1998, en los cuales el protagonista principal es siempre un alter ego ficcional del autor, llamado Pedro Juan, cuyas coincidencias con el perfil biográfico del escritor no se limitan al nombre. Sin embargo, a pesar de los matices con respecto al valor que la obra pueda detentar en cada caso, habrá que admitir que una vez realizado el gesto que en la ocasión inaugural sorprende o divierte –justamente por su capacidad de cuestionar las fronteras entre realidad y ficción, entre autor y personaje–, al repetirse hasta el hartazgo termina perdiendo eficacia. La reiteración del mismo recurso, que otrora fue efectivo, deja de serlo al desaparecer la novedad. Muchas veces, inclusive, no resta nada. Porque junto con la originalidad, se va a pique también buena parte de la potencia de ese gesto; así como tan sólo el primer mingitorio de Duchamp tiene valor artístico, mientras que sus incontables copias, homenajes y citas estarán fatalmente vaciadas de aquella fuerza crítica original. Para no mencionar, por supuesto, a la vieja aura. Es la maldición de la tiranía de lo nuevo que sigue hechizando a las diversas artes contemporáneas: de nada sirve repetir la fórmula, pues el gesto sólo valió por su originalidad histórica y no tanto por sus cualidades propiamente estéticas. Repetido, entonces, valdrá poco o nada.

Aun así, la tendencia continúa en auge. Cada vez más, los escritores parecen sucumbir a la tentación de mostrarse como perso-

najes, dentro y fuera de sus obras. Y el juego no se limita a los usos
y abusos del nombre propio, que desborda de la firma del autor
en la tapa para empapar la totalidad de la obra. Al convertirse en
los glamorosos protagonistas de sus vidas artísticas, la sombra in-
flada y magnética del *yo* autoral solapa los otros rostros del escritor; tales como, por ejemplo, su extinto papel de anónimo narrador de historias. "Confieso que, últimamente, ando preocupado
en descubrir al nuevo Cuenca", admite el joven escritor brasileño
João Paulo Cuenca en su *blog*. "Ese es el único proyecto literario
que yo tengo", agrega.[35] Para citar apenas otro ejemplo entre millares, viene al ruedo el caso de Adriana Lisboa, joven novelista
carioca, cuyo libro *Caligrafias* motivó el siguiente comentario de
quien lo reseñara: "frente a las dosis exageradas y macizas de *yo*
en todos los lugares mediáticos, con los cuales el lector-espectador
ya está acostumbrado, resta a la autora la timidez de la exposición
subjetiva en géneros confundidos". Porque en las "pequeñas narrativas" de no ficción encuadernadas en ese libro, fragmentos de
memorias personales, "experiencias vividas (aunque, en cierto
sentido, pobres)", o tentativas de "encontrar en la realidad puntos
de fuga", la autora "escribe, de cuerpo entero, para celebrar la
vida y puede ser tomada también como personaje".[36]

Pero hay casos mucho menos tímidos o delicados de este auge
de la autoficción experimental o del más prosaico "ombliguismo"
literario, tales como las obras de Lola Copacabana, *Buena Leche:
diarios de una joven no tan formal*, y Clarah Averbuck, *Máquina de
pinball*, *De las cosas olvidadas atrás del estante* y *Vida de gato*. Los libros de estas autoras constituyen éxitos de ventas, y todos derivan
de sus *blogs* confesionales. O de aquello que la propia Averbuck
denomina "presunta ficción", dado que su mayor ambición consiste en "hacer de la propia vida, arte". En esos relatos, las autoras

[35] Luciene Azevedo, "Blogs: a escrita de si na rede dos textos", en *Matraga*,
vol. 14, núm. 21, Río de Janeiro, UERJ, julio-diciembre, 2007, p. 47.
[36] Sérgio de Sá, "Delicadeza de Adriana Lisboa nas narrativas curtas de *Caligrafias*", en *O Globo*, Río de Janeiro, 25 de diciembre de 2004.

son siempre las narradoras y el personaje principalísimo de las
historias, que consisten en la descripción minuciosa de sus vidas
cotidianas. Los textos de este tipo suelen estar insuflados por cierta
estética de "realismo sucio" tan de moda hoy en día, y vienen ta-
chonados de referencias ambiguamente –o no tanto– autobiográficas. De modo que no es ninguna sorpresa que una inevitable película se haya realizado con base en los escritos de la *bloguera*
brasileña más célebre, con una actriz igualmente famosa en el papel de la "autora narradora protagonista", bajo un título bastante
elocuente: *Nombre propio.*

Todo esto demuestra que las cosas han cambiado mucho a lo
largo del siglo XX, especialmente en las últimas décadas. En 1900,
por ejemplo, cuando el político y escritor brasileño Joaquim Na-
buco publicó su libro de memorias titulado *Mi formación*, según
los moldes del clásico relato autobiográfico ejemplar, los recatos y
pudores de aquella época impidieron una buena recepción de la
obra. Porque aunque el autor haya evitado los personalismos confesionales, según los parámetros de aquellos tiempos no era de
buen tono escribir "todo un libro acerca de sí mismo". Semejante
gesto podía ser visto, inclusive, como una prueba de evidente mal
gusto: en la alta sociedad brasileña del siglo XIX e inicios del XX,
esa "construcción de una imagen del *yo* triunfante" podía denotar
una falta de decoro flagrante.[37] Pero eso no ocurría tan sólo en la
retraída América Latina: ya fueron mencionadas las acusaciones
de "excentricidad y megalomanía" que mereció el tono desafiante
del *Ecce Homo* de Nietzsche, aunque no hubiera en aquel libro absolutamente nada comparable al fenómeno de exhibición de la intimidad que hoy se expande. Marcel Proust, por su lado, aludiendo a su tía abuela en un ensayo de 1905, cuenta que "ella
rechazaba con horror que se colocaran condimentos en platos que
no los exigían, que se tocase el piano con afectación y abuso de

[37] Beatriz Jaguaribe, "Autobiografia e nação: Henry Adams e Joaquim Na-
buco", en Guillermo Giucci y Maurício Diaz (comps.), *Brasil-EUA*, Río de Janeiro, LeViatã, 1994, pp. 109-141.

pedales, que al recibir invitados se abandonara la perfecta naturalidad y que se hablase de uno mismo con exageración".[38]

Más allá de los obvios cambios en la definición de "exageración", hoy vemos escritores que aparecen fotografiados en las tapas de sus libros, con mucho más orgullo y vanidad que falsos pudores, quizás buscando alguna provechosa acusación de excentricidad. Hay quien opte por un audaz desnudo frontal, por ejemplo, como es el caso de la novela *Técnicas de masturbación entre Batman y Robin*, del colombiano Efraín Medina Reyes, muy premiado y traducido a varios idiomas. En el extremo opuesto de estas estridentes novedades se sitúa el caso ya legendario de Maurice Blanchot. A pesar del reconocimiento conquistado a lo largo de casi cien años de vida y cuarenta libros publicados, este autor logró una proeza inaudita: atravesar casi todo el siglo XX sin haber sido fotografiado jamás. Apartado de la agitación metropolitana y mucho más esquivo aun con respecto a las vitrinas mediáticas, el crítico literario francés intentaba leer y escribir de una forma que hoy resulta de lo más exótica: pretendía que su marca autoral, su firma, su vida y su rostro pasaran desapercibidos. En vez de espectacularizar su personalidad en las pantallas y abrir las puertas de su casa para exhibir los decorados de su intimidad, como se usa tanto hoy en día, Blanchot evitaba llamar la atención sobre sí mismo. Exponía solamente sus textos, mientras se preguntaba: "¿cómo haremos para desaparecer?". En esa atípica defensa de la discreción y la reserva señalaba los límites de las confesiones frente a todo aquello que no se puede nombrar –ni mostrar– porque habita "una región que no tolera la luz".

Hoy en día, sin embargo, la luminosidad de los flashes tiende a encandilar todos los rincones. Otra reverberación de estos procesos tan contemporáneos se constata en una muestra de homenaje al compositor y escritor Chico Buarque, realizada en la Biblioteca Nacional de Río de Janeiro en 2005, donde se expusieron varios objetos pertenecientes al artista. Entre ellos, por ejemplo, una notita escrita por una profesora de la escuela primaria del cantante, y

---

[38] Marcel Proust, *Sobre la lectura*, Buenos Aires, Libros del Zorzal, 2003, p. 13.

otras piezas de ese tipo. Este episodio da cuenta no sólo de la "inflación de lo exponible" ocurrida en los últimos años, para retomar la expresión de Peter Sloterdijk, sino también del fetiche de lo real que asedia con igual intensidad. Porque en este tipo de eventos lo que interesa rescatar y exponer ante el público no es tanto el valor artístico o propiamente estético de aquello que el artista hizo, y ni siquiera su relevancia de cualquier orden; lo que se destaca es el fetichismo de lo real. Cualquier cosa que se muestre, aunque sea "cualquier cosita", sólo tiene que cumplir un requisito: ser verdadera, auténtica, realmente vivenciada por esa personalidad que ha sido misteriosamente tocada por la varita mágica del arte. O, mejor aun, de la fama y los medios de comunicación.

Como ilustra, nuevamente, Sloterdijk: si fuera posible encontrar el pincel con el cual Rafael pintó sus frescos, por ejemplo, nada impediría que los directores del museo expusieran esa herramienta junto a la obra. "Más aún, si los restos mortales de los mecenas de Rafael se hubieran conservado hasta nuestros días, momificados según las normas de la taxidermia", continúa la provocación del filósofo alemán, "¿quién podría garantizar que no se les podría admirar en una sala contigua?".[39] Aunque el sarcasmo no moleste, lo cierto es que cuanto más banales sean esos retazos de lo real que se exhiben en la sala contigua –o, con un ímpetu creciente, en el salón principal–, tanto mayor será su eficacia. "Hay una demanda cada vez más fuerte por asuntos fútiles", se quejaba el mismo Chico Buarque en una entrevista: "cualquier cosa parece ser un tema; fulano bajó del avión en el aeropuerto… eso no es una noticia, evidentemente, pero tienen que llenar los espacios, tienen que poner la foto del artista bajando del avión".

A su vez, en una entrevista de 1977, Clarice Lispector dijo que "la misión del escritor es hablar cada vez menos".[40] Como

[39] Peter Sloterdijk, "El arte se repliega en sí mismo", en *Observaciones filosóficas*, Valparaíso, 2007 (disponible en línea).

[40] Clarice Lispector, *Cadernos de Literatura Brasileira*, núm. 17-18, Río de Janeiro, Instituto Moreira Salles, 2004.

previsión futurológica, la autora se equivocó rotundamente. La frase suena hoy tan anacrónica como las apuestas del crítico de arte Jan Mukařovský, que en 1944 confiaba en una futura liberación de los artistas con respecto a la "triste obligación" de cultivar sus personalidades "del mismo modo que se cuida una flor de invernadero".[41] O, incluso, tan fuera de sintonía con la actualidad como la queja de Doris Lessing al rehusar las invitaciones para convertirse en un personaje cinematográfico, alegando que la vida de una escritora pasa por su cabeza. De hecho, esa misma Clarice Lispector que se consideraba "implícita" y se negaba a "ser autobiográfica" porque "con perdón de la palabra, soy un misterio para mí", también fue objeto de más de una exposición en su homenaje realizadas en museos y centros culturales en los últimos años.[42] En una de ellas se recreaba su escritorio, con su sofá, su máquina de escribir, sus ceniceros y lapiceras, etc. Es así como los autores de ficción de hoy en día y de ayer se convierten en personajes, sea en sus propias obras literarias o en textos ajenos, o bien en el cine, en los museos y galerías, en la televisión o en el circo mediático generalizado.

En este cuadro también se inscribe el caso de la joven escritora Curtis Sittenfeld, autora de la novela *Prep*, un *best seller* sobre las desventuras de un grupo de estudiantes en una escuela de los Estados Unidos. Esa autora tuvo que defenderse en la prensa contra los actuales "imperativos de lo autobiográfico", afirmando una y otra vez que su libro es una ficción. No obstante, de nada sirvió remarcar que la novela era fruto de varios años de trabajo de composición creativa y propiamente literaria, que los personajes eran inventados y que los acontecimientos no ocurrieron de hecho en su vida, a pesar de que existen ciertas coincidencias biográficas entre la protagonista-narradora de la novela y la autora.[43]

[41] Jan Mukařovský, "La personalidad del artista", en *Escritos de estética y semiótica del arte*, Barcelona, Gustavo Gili, 1977, p. 291.

[42] Clarice Lispector, *op. cit.*

[43] Felicia Lee, "Although she wrote what she knew, she says she isn't what she wrote", en *The New York Times*, Nueva York, 26 de enero de 2005.

Así como en el caso del poeta en la película *Las horas*, todo lo que los medios –¿y los lectores?– parecen querer saber es quién es quién *en realidad*.

No hace falta sumergirse demasiado hondo en la historia de la literatura para constatar que la escritura confesional fue enérgicamente desacreditada, sobre todo a partir de las vanguardias modernistas de principios del siglo XX. Ya hace por lo menos cien años que esos géneros fueron expulsados, con cierto desdén, hacia afuera del ámbito literario. Acusada de ingenuidad, la supuesta vocación de sinceridad que envolvía al género en sus orígenes se ha menospreciado como valor estético, y llegó a erigirse como el extremo opuesto de los artificios y la imaginación que constituían el meollo de la buena literatura. De modo que el anclaje en la vida real fue despreciado con tesón por los modernismos artísticos, ya que no habría valor estético alguno en esa insistencia en tejer relaciones directas entre el autor de ficciones y sus obras.

Nadie menos que Proust fue uno de los autores que se revelaron contra las tiranías de la mímesis ligadas al biografismo. Quizás parezca extraño hoy en día, pero el autor de *En busca del tiempo perdido* se dedicó a ese asunto en sus ensayos críticos publicados bajo el título *Contra Sainte-Beuve*. Si la materia literaria emana del *yo* profundo del artista dedicado a crear ficciones, el novelista francés subrayaba en esos textos de 1908 que ese *yo* de las profundidades poco tiene que ver con su *yo* exterior de la sociabilidad y los datos biográficos. Por eso, forzar conexiones entre el *yo* narrador y el *yo* autor sería una banalidad sin sentido, ya que los personajes de cualquier obra literaria son inventados. Según el mismísimo Marcel Proust, por tanto, de nada sirve conocer la biografía del escritor para comprender los sentidos de su obra literaria. De nuevo, resuena la voz de Doris Lessing: la vida de un escritor pasa por su cabeza. O en el contexto en que Proust escribe: la potencia y el valor de un escritor residen en su obra, que a su vez emana del seno de su rica interioridad. Ni de su vida privada ni de su personalidad, sino de aquel espacio interior donde fermenta la creación artística o, por lo menos, donde ésta solía fermentar.

De todos modo, incluso habiendo fallecido hace casi nueve décadas, el propio Proust está muy lejos de haber permanecido a salvo de ese vampirismo mediático que hoy asedia al glamoroso *ser* artista. Son varias las películas realizadas, y que aún se realizarán, tanto sobre su vida como sobre su obra, siempre explorando los límites difusos entre ambas. Todavía más en el tono de los tiempos que corren, y aún más contrario al espíritu de su ensayo crítico antes comentado, basta con consultar los catálogos de las agencias de viajes que promueven paquetes de turismo temático proustiano en la ciudad de Cabourg, por ejemplo. Ese pueblito del litoral de Normandía sería en verdad la ficticia Balbec, donde los ficticios personajes de *A la sombra de las muchachas en flor* pasaban sus ficticias vacaciones. Algo semejante ocurre con la pequeña ciudad colombiana de Aracataca, tierra natal de Gabriel García Márquez, que se asume orgullosa como la verdadera Macondo, famoso pueblo ficticio donde viven los personajes ficticios de la novela *Cien años de soledad*.

Otro escritor, el británico John Keats, formuló una osadía que suena inaceptable en los días de hoy: "el poeta no tiene personalidad", y ésa es justamente su gloria. Casi doscientos años después de la muerte de ese autor, sin embargo, son demasiadas las ocasiones en que la personalidad aparece como lo único que el artista de hecho tiene. Pero lo que Keats pretendía con esa aseveración era otra cosa: abrir el horizonte a los artificios y las máscaras de la imaginación, prefigurando el famoso "fingidor" de Fernando Pessoa. Es decir, aquel poeta que sabe mentir tan bien, tan artísticamente bien, que finge ser real el dolor que de veras siente. Nacido en 1795 y fallecido tan sólo veintiséis años después, este poeta inglés parece un digno representante de aquel siglo XVIII pintado por Richard Sennett: un mundo que aún no había sido capturado por las tiranías de la intimidad y por los duros imperativos de la autenticidad. Perspectivas de ese tipo reconocen, entre otras cosas, que la representación de la realidad no sólo es imposible, sino que además es un proyecto mucho menos interesante que su posible recreación en la ficción. Pues únicamente en ese otro plano de la invención literaria, de la imaginación artística y de la humana creación de mundos, puede emerger aquella "realidad más fundamental" mencionada por Ernst Fischer en su ensayo sobre el realismo. Esa verdad imaginaria, precisamente por ser tan bien imaginada, logra extrapolar aquella dimensión más epidérmica y pedestre de lo real. Nada más lejos, por lo tanto, de los tiempos actuales, donde toda y cualquier manifestación del arte –y, sobre todo, del *ser* artista– sólo parece interesar en la medida en que pueda demostrar que es real.

Solamente en tiempos tan peculiares como éstos en que vivimos pueden ocurrir algunos fenómenos que bordean lo increíble. Tiempos tan literalmente realistas, tan poco espirituosos en términos artísticos y tan lejanos de los fingimientos impersonales de Keats como del narrador benjaminiano y de aquel teatral siglo XVIII descrito por Sennett. Es el caso del libro *Fragmentos: memorias de una infancia 1939-1948*, firmado por Benjamin Wilkomirski. Se trata de un relato promovido como autobiográfico, donde el narrador cuenta sus experiencias de niño durante la Segunda Guerra Mundial. Celebrado por los críticos como un valioso testimonio, el libro fue traducido a doce idiomas y recibió varios premios, todos hace poco más de una década. Pero la obra fue retirada de circulación cuando se supo que el autor jamás había vivido las experiencias relatadas por el narrador y, por consiguiente, el protagonista no era el mismo que firmaba el libro sino un personaje inventado. Gravísimo error: el escritor había faltado a la verdad, en una época en la cual la autenticidad de la experiencia personal es un ingrediente primordial de la legitimidad del autor y, por ende, también de su obra.

Muy similar fue el caso de *Amor y consecuencias*, una supuesta autobiografía firmada por Margaret B. Jones, sobre la infancia de una muchacha en un barrio de Los Ángeles dominado por bandas delictivas. Este libro también fue aclamado por la crítica y llegó a vender varias decenas de miles de copias a principios de 2008. Pocos meses después, sin embargo, la editorial reveló que había sido engañada por la joven autora, quien en realidad se llamaba Margaret Seltzer y era una mujer de clase media. Entre lágrimas, tras una denuncia, la escritora confesó que casi todo era fruto de su imaginación, y la editorial se comprometió a devolver el dinero a quienes "compraron el libro y se sintieron estafados", además de cancelar la gira prevista para promover la obra.[44] Dos años antes, el escritor James Frey suscitó un escandalo comparable al admitir que había inventado partes importantes de su testimonio titulado *Un millón de pedacitos*, sobre las experiencias de un adicto a las drogas y al alcohol, el libro de no ficción más vendido en los Estados Unidos en 2005. Cada vez más, por lo visto, tanto en los territorios de la ficción como en los dudosos campos de la no ficción, se exige veracidad. De preferencia, se requieren coincidencias sabrosas entre el autor, el narrador y el personaje de la historia relatada.

Igualmente ilustrativo puede resultar lo que sucedió, en los años noventa, con otro libro de ese tipo ya mencionado: *Me llamo Rigoberta Menchú*, uno de los grandes clásicos de la literatura testimonial de la segunda mitad del siglo XX. Publicado a principios de los años ochenta con bastante repercusión internacional, el libro surgió de una serie de entrevistas concedidas por una india maya quiché a la investigadora Elizabeth Burgos. En la tapa, el nombre de la entrevistada no figuraba solamente en el título del libro, sino que también compartía la firma junto a la entrevistadora. En 1983, la coautora, narradora y protagonista de ese conmovedor relato ganó el Premio Nobel de la Paz, en gran parte debido a la fama obtenida por su autobiografía. Al finalizar la década del noventa, sin embargo, un antropólogo estadounidense denunció que "buena parte de lo que cuenta esa obra fue inventado, tergiversado o exagerado". La revelación causó cierto alboroto, sobre todo cuando el diario *The New York Times* publicó un artículo titulado "Una Premio Nobel encuentra su historia transformada", que confirmaba las acusaciones de falsedad contra la guatemalteca. De todos modos, el premio no se le retiró, tal vez porque los testimonios supuestamente vivenciados por Menchú se consideraron

---

[44] Emily Chasan, "Biografia de garota que cresceu com gangues é falsa, diz editora", en *Reuters*, 5 de marzo de 2008.

plausibles y eso ya resultó suficiente; o quizás porque su transformación en libro los convirtió en acción política y social, más allá de su estricta veracidad y aunque la obra no obedeciera fielmente a las áridas premisas de la información verificable.

Pero no se trata solamente de esa exigencia de superposición exacta entre las figuras del autor, del narrador y del personaje, que hoy impera y da cuerpo a los fenómenos aquí contemplados. Por un lado, los escritores reales de la actualidad son tratados como personajes de ficción, no sólo en los escenarios realistas de los medios, sino inclusive en su propia literatura. Procesos semejantes ocurren con artistas de otras áreas. Por otro lado, de forma parecida –o exactamente opuesta, pero complementaria– hoy son resucitados en productos de la industria cultural –tales como biografías, novelas y películas– diversos artistas modernos, famosos e igualmente reales. De esa curiosa forma, varios autores ya muertos y consagrados por el canon se vuelven simulacros ficcionales de sí mismos y, de alguna manera, se diría que resucitan en las pantallas mediáticas. Así, personificadas por estrellas de Hollywood, figuras extraordinarias como Virginia Woolf, Molière, Sylvia Plath u Oscar Wilde ceden sus vidas realmente vividas para que la industria del espectáculo las vampirice, devorándolas con su sed insaciable de vitalidad real.

Al mismo tiempo que se convierten en personajes –de película o no–, estos artistas se transforman en mercaderías. No obstante, en ese movimiento que los espectaculariza y los ficcionaliza, paradójicamente, también parecen volverse más reales. Porque al transformarse en personajes, el brillo de la pantalla los contagia y entonces se realizan de otra forma: ganan una rara consistencia, que proviene de esa irrealidad hiperreal de la legitimación audiovisual. Pasan a habitar el imaginario espectacular y, de ese modo, parecen volverse curiosamente más reales que la realidad. Pues así se convierten en marcas registradas, se vuelven mercancías subjetivas. O, con mayor precisión, transmutan en aquello que se ha dado en llamar celebridades: pura personalidad visible, en exposición y venta en los escaparates mediáticos.

VIII. *YO PERSONAJE* Y EL PÁNICO A LA SOLEDAD

> Por lo demás, mi vida gira en torno de mi obra literaria, buena o mala, sea como sea o pueda ser. Todo lo demás en mi vida tiene para mí un interés secundario.
>
> FERNANDO PESSOA

> Hoy día es más fácil hacerse famoso. Hay más emisoras de televisión, más revistas. Es muy fácil salir en una foto, mostrar la cara [...] y es bárbaro ser fotografiado. Pero tengo miedo de sentirme descartado y deprimirme. Debe ser muy triste la sensación de que una semana todos te quieran y al día siguiente nadie más se acuerde de uno. Pero es así.
>
> KLÉBER BAMBAN

¿CUÁL ES la principal obra que producen los autores-narradores de los nuevos géneros confesionales de Internet? Esa obra es un personaje llamado *yo*. Lo que se crea y recrea incesantemente en esos espacios interactivos es la propia personalidad. Ésta sería, al menos, la meta prioritaria de gran parte de esas imágenes autoreferentes y esos textos intimistas que aturden las pantallas de las computadoras interconectadas: permitir que sus autores se conviertan en celebridades, o en personajes calcados de los moldes mediáticos.

Por eso, las nuevas formas de expresión y comunicación que conforman la Web 2.0 son, también, herramientas para la creación de sí. Estos instrumentos de autoestilización ahora se encuentran a disposición de cualquiera. Eso significa todos los usuarios de Internet –*usted, yo* y todos *nosotros*– pero al mismo tiempo remite a otro sentido: nadie en principio extraordinario por haber producido una obra valiosa o alguna otra cosa excepcional, y que además no está impelido a hacerlo. La insistencia en esa idea de que "ahora cualquiera puede", en lo que se refiere a las nuevas prácticas autorales de Internet, se encuentra en el seno de conceptos como el de "liberación del polo de la emisión", que dan cuenta de la superación del esquema mediático de *broadcasting* y son muy recurrentes en los análisis sobre estos fenómenos, tanto en el ámbito académico como en el periodístico. Esa misma perspectiva es la que lo llevó a *usted* a ocupar el trono de la personalidad del momento, según el veredicto de la revista *Time*. Porque gracias a este poderoso arsenal que hoy está a disposición de prácticamente cualquiera, de hecho *usted* también puede crear libremente aquello que sería su principal obra. Es decir, su personalidad, que debe consistir en un peculiar modo de ser, impregnado con vestigios del antiguo estilo artístico de aires románticos, aun cuando las bellas artes de la era burguesa tengan poca relación con estas nuevas prácticas.

Pero si es la propia personalidad lo que se construye y se cultiva con esmero en esos espacios de Internet tan saturados de *yo*, ¿qué sería una personalidad? Hay varias definiciones posibles para este término tan impregnado de connotaciones. En este contexto, sin embargo, la personalidad es sobre todo algo que se ve: una subjetividad visible. Una forma de ser que se cincela para mostrarse. Por eso, estas personalidades constituyen un tipo de construcción subjetiva alterdirigido, orientada hacia los demás: para y por los otros. En oposición al carácter introdirigido o autodirigido, es decir, orientado hacia sí mismo, un tipo de subjetividad característica de otros contextos históricos, como bien mostrara David Riesman en su libro *La muchedumbre solitaria*.

El mismo Riesman explica que su investigación empírica plasmada en esa publicación se convirtió en "un ensayo impresionista". En ese clásico estudio sobre los procesos de modernización y urbanización de los Estados Unidos a fines del siglo XIX y durante la primera mitad del XX, el sociólogo señaló la relevancia creciente del consumo y los medios de comunicación de masa como dos vectores fundamentales en la articulación de ese movimiento. Dos factores que afectaron intensamente la sociabilidad y las formas de auto-construcción, desembocando en una importante "transformación del carácter". Porque a partir de los datos recabados en la población analizada, el sociólogo intentó inferir los cambios que dichos proce-sos históricos impulsaron en esas arenas, y fue así como observó una especie de mutación en las subjetividades modernas, ocurrida a mediados del siglo XX. Un desplazamiento del eje alrededor del cual se edifica lo que se es: desde adentro –introdirigidos– hacia afuera –alterdirigidos–. Otro término usado para denominar al pri-mer tipo de constitución subjetiva es *carácter*. En cambio, la segunda modalidad de autoestilización, que en vez de asentarse sobre la densa base de la propia interioridad apuesta a los efectos sobre los otros, recibió el expresivo título de *personalidad*. Por eso, siguiendo esta conceptuación, Richard Sennett aludió a la "corrosión del ca-rácter" en las nuevas relaciones de trabajo derivadas de la globali-zación de los mercados y de la flexibilización de la economía.[1]

El modo de vida y los valores privilegiados por el capita-lismo en auge fueron primordiales en esa transición del *carácter* hacia la *personalidad*, al propiciar el desarrollo de habilidades de autopromoción y autoventa en los individuos, y la instauración de un verdadero "mercado de personalidad", en el cual la imagen personal es el principal valor de cambio. Riesman explica que "los estadounidenses siempre buscaron una opinión favorable, y siem-pre tuvieron que buscarla en un mercado inestable, donde las co-tizaciones del *yo* podrían cambiar, sin la restricción de precios de un sistema de castas o de una aristocracia".[2] No obstante, a pesar

---

[1] Richard Sennett, *La corrosión del carácter. Las consecuencias personales del tra-bajo en el nuevo capitalismo*, Anagrama, Barcelona, 2000.

[2] David Riesman, *A multidão solitária*, San Pablo, Perspectiva, 1995, p. 34 [trad. esp.: *La muchedumbre solitaria*, Buenos Aires, Paidós, 1971].

de esta tradición ya cimentada por ese recorrido histórico nacional, a mediados del siglo pasado hubo una redefinición del *yo*. El nuevo vástago es, antes que nada, una subjetividad que desea ser amada, que busca desesperadamente la aprobación ajena, y para lograrlo intenta tejer contactos y relaciones íntimas con los demás. Ese tipo de sujeto "vive en una casa de vidrio, no detrás de cortinas bordadas o de terciopelo", constata al modo de Benjamin el sociólogo estadounidense.[3] Porque bajo el imperio de las subjetividades alterdirigidas, lo que se *es* debe *verse*, y cada uno es lo que muestra de sí mismo.

Medio siglo más tarde, ese "tipo caracterológico social" que germinó en las peculiares condiciones de la cultura estadounidense de mediados del siglo xx, parece estar volviéndose hegemónico a nivel global. Algunos de sus rasgos, inclusive, se acentuaron y se desarrollaron de una manera que habría sido impensable poco tiempo atrás. Ahora, los nuevos espacios confesionales de Internet se utilizan, con una frecuencia y una intensidad asombrosa, para crear las obras más preciosas de sus usuarios, es decir, sus bellas personalidades alterdirigidas. Un indicio que apoya esta constatación es el hecho de que, tanto los textos como las imágenes que allí burbujean, suelen no tener valor artístico en el sentido moderno, y que en gran parte de los casos tampoco desean tenerlo. A pesar de las significativas excepciones que sin duda existen, una fracción considerable de lo que se produce en estos espacios suele ser, como máximo, inocuo desde el punto de vista estético. Aunque Internet se haya convertido en una fértil antesala para publicar todo tipo de libros y para lanzar jóvenes talentos al mercado, también es cierto que abundan las críticas despiadadas sobre la falta de competencia literaria en los confesionarios de Internet, inclusive porque ése no es el objetivo, al menos en su mayoría.

Además, a pesar del énfasis en la interactividad, otro punto fortalece estos argumentos: las nuevas obras autobiográficas no

---

[3] David Riesman, *op. cit.*, p. 34.

parecen exigir la legitimación de los lectores para consumar su existencia. Si los comentarios dejados por los visitantes de los *blogs* y *fotologs* son fundamentales, es porque los autores necesitan ese apoyo público: ellos, los *sujetos* creadores, y no sus obras entendidas como *objetos* creados. Porque la verdadera creación que se pone en juego es subjetiva, por ende son los autores, estilizados como personajes, quienes precisan de esa legitimación concedida por la mirada ajena. Como reza la famosa definición de Guy Debord: "el espectáculo no es un conjunto de imágenes, sino una relación social entre personas mediada por imágenes".[4] De modo que la interactividad que atraviesa los *blogs* y demás géneros autobiográficos de Internet sería una de las formas más perfectas del espectáculo.

También en este caso, los números pueden ayudar a comprender la magnitud y ciertos relieves del fenómeno: a mediados de 2004, Internet albergaba cerca de nueve millones de *blogs* confesionales, pero la cantidad de lectores ni siquiera llegaba a duplicarlos: catorce millones. En 2007 se calculó que ciento cuarenta millones de usuarios ya producían contenidos para los diversos espacios de la Web 2.0, mientras que el número de lectores y espectadores estimados para todo ese material era equivalente. Este cuadro complementa una situación más general, marcada por una disminución de los lectores y un aumento de los autores en todo el mundo; entre otros motivos, por supuesto, porque ahora cualquiera puede ser autor, no sólo lector. Pero conviene subrayarlo: este desequilibrio en las cantidades relativas no implica, necesariamente, una desaparición de las diferencias entre ambas categorías.

"Durante siglos, hubo una separación rígida entre un pequeño número de escritores y un gran número de lectores", apuntó Walter Benjamin en 1935, en su célebre ensayo sobre la reproductibilidad técnica de la obra de arte y la consecuente muerte

---

[4] Guy Debord, *La sociedad del espectáculo*, Buenos Aires, La Marca, 1995, tesis 4.

del aura.[5] A lo largo del siglo XX, tanto la alfabetización de las masas como el incremento de las facilidades técnicas lograron que ese abismo se atenuara gradualmente, ya que el número de autores se expandía cada vez más. Ahora, en el siglo XXI, no sólo persiste esa tendencia rumbo a la democratización del habla tras el aumento de la cantidad de autores, sino que además, paralelamente, se registra una fuerte merma del público lector. En Internet, ese proceso es aún más evidente: los autores de *blogs*, *fotologs* y videoclips son también sus lectores y espectadores. Somos *yo*, *usted* y todos *nosotros* quienes escribimos nuestros textos autobiográficos y quienes publicamos nuestras fotos y videos en la Web 2.0, y también somos nosotros quienes interactuamos con las creaciones de los demás usuarios y las realizamos a través de nuestras lecturas y miradas. Al confirmar su presencia en la esfera de lo visible, ese gesto les otorga realidad.

De modo que esos datos pueden estar indicando algo relevante, aunque bastante curioso: más allá de la calidad de la obra, no es necesario que de hecho se la lea. Algo que también ocurre, paradójicamente pero cada vez con mayor frecuencia, en el campo de la literatura impresa tradicional. Basta tan sólo que se constate su existencia, y si tal constatación se publica en los medios masivos, entonces mejor todavía. Pues, como postula la justificación tautológica del espectáculo según Debord: "lo que aparece es bueno, y lo que es bueno aparece".[6] Sobre todo, es importante que por medio de estos recursos de exposición y visibilidad se subraye la "función autor" y se construya la figura del autor. Éste sería el papel primordial de los comentarios interactivos que los visitantes dejan en los *blogs* confesionales: confirmar la subjetividad del autor, que por ser alterdirigida sólo se puede construir como tal

---

[5] Walter Benjamin, "A obra de arte na época de sua reprodutibilidade técnica" (primera versión), en *Obras escolhidas*, vol. 1: *Magia e Técnica, Arte e Política*, San Pablo, Editorial Brasiliense, 1986, pp. 184 y 185 [trad. esp.: "La obra de arte en la era de su reproductibilidad técnica", en *Discursos interrumpidos I*, Madrid, Taurus, 1999].

[6] Guy Debord, *op. cit.*, tesis 12 y 13.

frente al espejo legitimador de la mirada ajena. Y, en el caso específico de los *blogs* y sus formas afiliadas, en esa espectacularización garantizada por los comentarios de los visitantes virtuales.

Mediante ese gesto de legitimación por la mirada ajena, el autor debe ser reconocido como portador de algún tipo de singularidad emparentada con la vieja personalidad artística. Para tener acceso a tan preciado fin, la obra es sin duda un elemento importante, pero de segundo orden, pues lo que realmente importa es la vida privada y la personalidad del "autor narrador". Toda la potencia de ese *yo* que narra, firma y actúa, reside en su modo de ser y en su estilo como personaje. Nada más distante de aquel artesano tradicional, por tanto: aquella figura, anterior al aluvión romántico, para cuya definición era esencial la realización de una obra. Porque en ese caso importaba lo que él *hacía*, y no lo que él *era*.

"Hay que decirlo todo al mismo tiempo, aquí, ahora", afirma una *bloguera* brasileña al intentar definir la agitada escena de los escritores on-line. "Miren, aquí estamos, imperfectos, mal preparados, y si no podemos reescribir todo esto, ¡pues que sea así nomás!", prosigue Cecília Gianetti, rematando con la siguiente conclusión: "es mejor que no decir".[7] Otra escritora *bloguera*, Paloma Vidal, agrega sus reflexiones: "el diario es una representación de esa experiencia extraña de no saber pensar sin hablar".[8] Ese impulso de hablar –y de mostrarse– ahora, ya mismo, en tiempo real y de la manera que sea, a veces parece prescindir del trabajo silencioso y solitario que otrora era fundamental, tanto para pensar como para escribir y para autoconstruirse. Una vez más, entonces, las nuevas prácticas revelan su distancia con respecto a la escritura íntima tradicional y a las subjetividades que se edificaban entre un renglón y otro.

En el lejano siglo XIX, el mundo occidental también hervía pletórico de relatos. Tanto las novelas como las cartas y los diarios

<hr />

[7] Luciene Azevedo, "Blogs: a escrita de si na rede dos textos", en *Matraga*, vol. 14, núm. 21, Río de Janeiro, UERJ, julio-diciembre, 2007, p. 52.

[8] *Ibid.*, p. 53.

vivían su esplendor, así como los escritores y los lectores. En aquellos tiempos áureos de la cultura letrada como un ideal para la formación individual y colectiva, sin embargo, irradiaba con todos sus brillos aquella subjetividad moderna delineada bajo la hegemonía burguesa. Un modo de ser esculpido a la sombra de la personalidad artística de los románticos, dotado de una opulenta vida interior y de una historia propia que cimentaba su presente único y singular. Era el imperio del *homo psychologicus*, de las subjetividades introdirigidas y del *homo privatus*. En un mundo como ése, todo parecía existir para ser contado en un libro, según la célebre expresión del poeta francés Stéphane Mallarmé. O, como habría dicho otro poeta, en este caso, el inglés Samuel Taylor Coleridge: "no importa qué vida, por más insignificante que sea... si se la narra bien, será digna de interés".[9] Bajo esta perspectiva, el mero hecho de narrar bien era la clave mágica que permitía tornar extraordinaria cualquier vida –o cualquier cosa–, por insignificante que ésta fuera en la realidad.

Una de las novelas más emblemáticas de la Modernidad, por ejemplo, el *Ulises* de James Joyce, narra todas las peripecias que le suceden a los protagonistas del relato a lo largo de un único día en la ciudad de Dublín: el 16 de junio de 1904, una larga jornada en la cual, en rigor, no pasa nada. La obra magna en que Marcel Proust recupera su tiempo perdido, a su vez, narra la cotidianidad de una vida que también podría tildarse fácilmente de banal. *Madame Bovary* relata con lujo de detalles la vida ordinaria de una esposa pequeño burguesa de provincias. Y sería posible seguir esta enumeración infinitamente. Pero el secreto del imán irresistible que la lectura de todos esos relatos implicaba para sus lectores no radicaba en el *qué*, sino en el *cómo*. Las bellas artes de la narración tornaban extraordinario lo que se narraba, aunque fuera algo aparentemente insignificante. Para operar esa alquimia había que

[9] Luiz Augusto Celes, "A psicanálise no contexto das autobiografias românticas", en *Cadernos de Subjetividade*, vol. 1, núm. 2, San Pablo, PUC-SP, septiembre-febrero de 1993, pp. 177-203.

recorrer a generosas dosis de introspección, a personajes cuidadosamente bosquejados y al libre fluir de la consciencia, de los pensamientos, emociones y sentimientos.

Además, a pesar de las inmensas peculiaridades de cada caso
y de la calidad variable de las obras producidas en ese largo e intenso período, en todos estos relatos flota un anhelo de crear un
universo con vocación de totalidad a partir de los escombros de
una vida, aunque se trate de una vida minúscula. Esa pretensión
evoca, una vez más, aquella metáfora arqueológica de Roma, en
oposición al recurso narrativo más actual –y muy presente en los
nuevos géneros de Internet– que suele remitir a la metáfora instantánea de Pompeya. Además, el *cómo* de aquel tipo de narración
decimonónica abarca otra ambición desmesurada e igualmente
importante: la capacidad de ofrecer pistas sobre "el sentido de la
vida", como diría Walter Benjamin, uno de los ingredientes primordiales de la novela moderna.

En aquel universo ya definitivamente distante –y que, inclusive, seguía un camino inaugurado mucho antes, quizás en el siglo
XVI por los pioneros *Ensayos* de Montaigne y las primeras novelas
de que se tenga noticia– los individuos no sólo leían aquellos textos, sino que también solían escribir profusamente. En los diarios
íntimos y en los intercambios epistolares, contaban su propia historia y construían un *yo* en el papel para fundar su especificidad.
Esos relatos de sí se hilvanaban diariamente en la soledad y en el
silencio del cuarto propio, en intenso diálogo con la propia interioridad. Tal como ocurre hoy en día con los nuevos recursos de la
Web, los diarios y las cartas también constituían útiles herramientas para la autocreación, puesto que no sólo entretejían las complejas redes intersubjetivas sino que, sobre todo, permitían edificar la
singularidad individual de cada "autor narrador personaje". No se
trataba más, por ende, en esas prácticas del siglo XIX, de registros
escritos sobre aquellas figuras ilustres que protagonizaban las biografías renacentistas: personajes extraordinarios cuya acción en el
mundo se narraba para preservar su recuerdo en la posteridad. En
estos casos, en cambio, se narraba para *ser* alguien extraordinario.

Pero los tiempos que corren son menos románticos –y hasta menos burgueses, por lo menos en este sentido más clásico–, y las cosas han vuelto a cambiar. No es casual que ahora, en vez de parecer que todo existe para ser contado en un libro, como en la época de Mallarmé, se haya propagado la impresión de que sólo ocurre aquello que se exhibe en una pantalla. Las diferencias no son tan sutiles como podrían parecer, o referidas a meras actualizaciones de soportes tecnológicos o mediáticos: del libro impreso que antes reinaba casi absoluto hacia las diversas pantallas electrónicas que hoy pueblan nuestros paisajes cotidianos. En muchos sentidos, el medio es el mensaje, pues no hay dudas de que los diversos canales también modelan o al menos afectan su propio contenido. Además, es evidente que el mundo cambió mucho y sigue cambiando, lo cual propicia el desarrollo de esos dispositivos tecnológicos y socioculturales destinados a satisfacer las nuevas demandas. La mutación puede ser sutil, pero es bastante intensa y significativa. Antes, todo existía para ser contado en un libro. O sea, la realidad del mundo debía metabolizarse en la profusa interioridad de los autores, para verterla en el papel con ayuda de recursos literarios o artísticos. De preferencia, debería emerger transformada en una obra de arte. Ahora, sin embargo, sólo ocurre aquello que se exhibe en una pantalla: todo lo que forma parte del mundo real, sólo se vuelve más *real* o realmente *real* si aparece proyectado en una pantalla.

Con esa transformación, no sólo dejó de ser necesario que la vida en cuestión sea extraordinaria, como era el caso de las biografías renacentistas. Ahora tampoco es un requisito imprescindible que esté bien narrada, como exigían los ímpetus románticos y las tradiciones burguesas. Porque en este nuevo contexto cabe a la pantalla, o a la mera visibilidad, la capacidad de conceder un brillo extraordinario a la vida común recreada en el rutilante espacio mediático. Son las lentes de la cámara y los reflectores quienes crean y dan consistencia a lo real, por más anodino que sea el referente hacia el cual apuntan los flashes. La parafernalia técnica de la visibilidad es capaz de concederle su aura a cualquier cosa y, en ese gesto, de algún modo la realiza.

Por ese motivo, los diversos discursos mediáticos contemporáneos no se cansan de pregonar que ahora cualquiera puede ser famoso. No deja de ser verdad, teniendo en cuenta la incesante proliferación de celebridades que nacen y mueren sin haber hecho nada extraordinario, y sin tampoco haber narrado bien algo aparentemente insignificante para transformarlo en excepcional, sino por el mero hecho de haber conquistado alguna visibilidad. Como una secuela de estos desplazamientos, los términos "famoso" y "famosa", que solían ser adjetivos calificativos y por lo tanto debían acompañar a un digno sustantivo que los justificase –un artista famoso, una actriz famosa, un famoso político, etc.–, hoy se han transformado en sustantivos autojustificables: un famoso, una famosa, un grupo de famosos. La celebridad se autolegitima: es tan tautológica como el espectáculo porque ella *es* el espectáculo. ¿Por qué los famosos son famosos? He aquí la única respuesta posible para buena parte de los casos: los famosos son famosos porque son famosos.

Tanto a las genuinas figuras ilustres de otrora como a los famosos de hoy en día –en los casos en que el término aún opera como adjetivo– y también a estos otros que son sustantivamente famosos *per se* y que proliferan cada vez más, los medios suelen rescatarlos en sus papeles de "cualquiera". Ya sea en las revistas de celebridades o en las películas biográficas que hoy están de moda, famosos y famosas de las cepas más diversas son ovacionados en esos soportes con esplendor mediático por ser comunes. Para lograrlo, deben ficcionalizar su intimidad y exhibirla bajo la luz de la visibilidad más resplandeciente. De ese modo se efectúa una sobrexposición de la vida supuestamente privada que, aún siendo banal –¿o tal vez precisamente por eso?–, resulta fascinante bajo la avidez de las miradas ajenas.

Como consecuencia de todos estos fenómenos, las vidas reales contemporáneas son impelidas a estetizarse constantemente, como si estuvieran siempre en la mira de los fotógrafos paparazzi. Para ganar peso, consistencia e inclusive existencia, hay que estilizar y ficcionalizar la propia vida como si perteneciera al protagonista de una película. Por eso, cotidianamente, los sujetos de estos inicios del siglo XXI, familiarizados con las reglas de la sociedad del espectáculo, recurren a la infinidad de herramientas ficcionalizantes disponibles en el mercado para autoconstruirse. La meta consiste en adornar y recrear el propio *yo* como si fuera un personaje audiovisual. No es tan difícil, ya que los medios ofrecen un abundante catálogo de identidades descartables que cada uno puede elegir y emular: es posible copiarlas, usarlas y luego descartarlas para reemplazarlas por otras más nuevas y relucientes.

Un complicado juego de espejos con los personajes mediatizados dispara procesos de identificación efímeros y fugaces, que promueven las numerosas ventajas de reciclar regularmente la propia personalidad alterdirigida. Inclusive, hay profesionales especializados que ofrecen asesoría para quienes desean perfeccionarse en esta tarea cada vez más capital. Son los consultores de imagen, que hasta hace muy poco tiempo destinaban sus servicios exclusivamente a las empresas, luego ampliaron su radio de acción para asesorar a políticos y a otras figuras públicas, pero en los últimos años empezaron a diseñar menús orientados a los individuos comunes. De modo que ahora cualquiera puede ser su cliente y consumir estos servicios, especialmente dirigidos a todos aquellos que necesitan ayuda profesional para pulir su aspecto y exhibir una apariencia adecuada a su personalidad. Porque al fin y al cabo, por lo visto, todos queremos ser personajes como aquellos que brillan en las pantallas, pero tampoco es tan fácil: hay que trabajar –y muchas veces pagar– para lograrlo.

Así, los canales inaugurados por los nuevos servicios de Internet también se ponen al servicio de este mismo fin: la construcción de la propia imagen. Al permitirle a cualquiera ser visto, leído y oído por millones de personas –aun cuando no se tenga nada específico para decir– también posibilitan el posicionamiento de su propia marca como una personalidad visible. A veces, sin embargo, se vislumbra en esa autoexposición una cierta fragilidad: una falta de sentido que sobrevuela algunas experiencias subjetivas puramente alterdirigidas, edificadas en ese movimiento de exteriorización de la subjetividad. Esa carencia denota el creciente valor atribuido al mero hecho de exhibirse, de ser visible aunque sea en la fugacidad de un instante de luz virtual, y aunque no se disponga de ningún sentido para apoyar y nutrir esa ambición.

A pesar de su papel cada vez más central, no sólo Internet es pródiga en confirmaciones de esta tendencia. Otra vertiente es la intensa demanda por participar en los *reality-shows* de la televisión, por ejemplo. En la selección de candidatos para la séptima edición brasileña del programa *Gran Hermano*, la disputa fue cien veces más competitiva que el codiciado examen de ingreso para estudiar medicina en las mejores universidades del país. Algo semejante ocurría con el joven protagonista de *Storytelling*, la película de Todd Solondz estrenada en el año 2000. Para ese personaje ficticio, la única posibilidad de huir de la abulia y de la apatía que sofocaban su vida común era la excitante promesa de aparecer en la televisión y ser famoso, sin poder ni siquiera imaginar una razón para esa visibilidad, y sin que esa falta de sentido pareciera importarle a nadie. Semejante, también, es un caso patéticamente real ocurrido en 2007, cuando un muchacho de diecinueve años mató a una decena de personas con un arma de fuego en un centro comercial de la región central de los Estados Unidos; en la nota que dejó antes de suicidarse, el adolescente confesaba sus motivos y su intención: morir "con estilo" y "ser famoso".[10]

Eso es, justamente, lo que intenta explicar Neal Gabler en su libro *Vida, la película*: esa extraña sed de visibilidad y celebridad que marca las experiencias subjetivas contemporáneas. Con ese fin, analiza "la transformación de la realidad en entretenimiento".[11] Como un avance aún más radical de la sociedad del espectáculo en la cultura contemporánea, una serie de factores habrían llevado

[10] "Ataque em shopping dos EUA mata nove e deixa cinco feridos; agressor queria ser famoso", en *O Globo*, Río de Janeiro, 6 de diciembre de 2007.

[11] Neal Gabler, *Vida, o filme. Como o entretenimento conquistou a realidade*, San Pablo, Companhia das Letras, 1999.

a convertir nuestras vidas en películas: *lifies*, como el mismo autor las denomina, en un juego de palabras que fusiona los términos *life* (vida) y *movies* (filmes). A través de un paseo histórico bastante documentado, Gabler muestra en su libro que el entretenimiento late en la médula de los Estados Unidos. Desde los primordios de esa nación, la cultura popular –luego transmutada en cultura masiva– habría sido una especie de bandera levantada por el pueblo estadounidense en oposición a las rancias pretensiones de la alta cultura europeizante. Junto con ese blasón se defendían valores como la informalidad y la diversión, considerados más democráticos y antiaristocráticos y, por lo tanto, también más estadounidenses. Así, curiosamente, gana una potencia política activa aquella "basura cultural" tan execrada por Theodor Adorno, Max Horkheimer y sus colegas de la muy europea Escuela de Frankfurt.

Sea como sea, el desarrollo histórico de esa cultura del entretenimiento que siempre fue tan vital en los Estados Unidos, según Gabler, se habría reforzado y consagrado fatalmente con la aparición de un "arma decisiva": el cine. Un medio sumamente poderoso, que a fines del siglo XIX abandonó los circos y las ferias populares para caer en las manos de la industria del espectáculo. Poco después, esa artillería demostraría su enorme poder de seducción y su capacidad de hechizar a las plateas de todo el planeta, incitando un abanico de transformaciones en la sociedad y en los procesos de producción de subjetividad. Otro componente capital, sin duda, de la "transformación caracterológica" ocurrida a mediados del siglo pasado y analizada por David Riesman.

En las primeras décadas del siglo XX, las películas se convirtieron en una verdadera "fuerza expedicionaria", que conquistó los imaginarios y fue "llenando la cabeza del público de modelos para apropiarse". Fue así como se instaló una cultura de la visibilidad y las apariencias que pronto se difundió por todas partes, como una intensa mutación sociocultural cuyas reverberaciones más audaces hoy reconocemos en la Web. Pero todo se habría desencadenado con el cine, pues ese medio audiovisual fue entrenando a su público durante todo el siglo XX. Como parte fundamental de ese aprendizaje, se propagó "un sentido, mucho más profundo del que cualquier persona del siglo XIX podría haber tenido, de cuán importantes son las apariencias para provocar el efecto deseado".[12]

Provocar el efecto deseado: de eso se trata, justamente, cuando se considera la construcción de una subjetividad alterdirigida o exteriorizada. Es para eso que se elabora una imagen de sí mismo: para que sea vista, exhibida y observada, para provocar efectos en los demás. En una cultura cada vez más orientada hacia la eficacia, se suele desdeñar cualquier indagación sobre las causas profundas, con el fin de enfocar todas las energías en producir determinados efectos en el aparato perceptivo ajeno. Por eso, tras haber ocurrido una transformación epistémica tan notable con respecto a los viejos tiempos modernos, no sorprende que los mecanismos y las herramientas para la autoconstrucción también hayan cambiado. En vez de esculpir un yo introdirigido, un carácter oculto entre los pliegues de los fundamentos individuales y protegido ante la intromisión de las miradas ajenas, lo que se intenta elaborar en el contexto actual es un yo alterdirigido. Una personalidad eficaz y visible, capaz de mostrarse en la superficie de la piel y de las pantallas. Y, además, ese *yo* debe ser mutante, una subjetividad pasible de cambiar fácilmente y sin mayores obstáculos. El mundo contemporáneo, así, sostenido sobre las bases aparentemente ilusorias de la cultura del espectáculo y de la visibilidad, ejerce una presión cotidiana sobre los cuerpos y las subjetividades para que éstos se proyecten según los nuevos códigos y reglas. Para que sean compatibles con los nuevos engranajes socioculturales, políticos y económicos.

Hoy estamos casi tan lejos de aquellos preludios del cine en la cultura estadounidense de principio del siglo XX visitados por Neal Gabler, como de los fervorosos años sesenta parisienses que inspiraron en Guy Debord una furiosa execración de la na-

[12] Neal Gabler, *op. cit.*, p.187.

ciente sociedad del espectáculo. Aunque esos autores hayan vislumbrado sus gérmenes en esos contextos previos, en este mundo globalizado e intensamente audiovisual del siglo XXI, el mercado de las apariencias y el culto de la personalidad alcanzan dimensiones jamás imaginadas. El fenómeno salió de las salas de cine para abarrotar todas las pantallas, inclusive las de los ubicuos teléfonos celulares, sin contar Internet y las cámaras digitales que engulleron a sus ancestros analógicos con una velocidad inaudita. Hoy, como nunca, cualquiera realmente *puede* –y habitualmente *quiere*, y quizás muy pronto incluso *deba*– ser un personaje como aquellos que incansablemente se muestran en las pantallas.

Al examinar aquel momento crucial del surgimiento del cine en nuestra cultura, con una mezcla de espanto, fascinación, cierta aprehensión y una audaz esperanza, Walter Benjamin observó que los actores del nuevo medio no solían representar a un personaje ante el público. Al contrario de lo que ocurría tradicionalmente en el teatro, por ejemplo, "el actor cinematográfico típico sólo se representa a sí mismo". Los mejores resultados fílmicos, inclusive, se alcanzarían cuando los actores "representan lo menos posible", es decir, cuando actúan ante la cámara sin encarnar el papel de ningún personaje: cuando en vez de interpretar seres ajenos y ficticios, exponen en la pantalla sus propias personalidades. Eso explicaría la atracción irradiada por los astros del cine: porque "parecen abrir a todos, a partir de su ejemplo, la posibilidad de *hacer cine*".[13]

Habría sido así, entonces, como nació el sueño no sólo de filmar, sino sobre todo de ponerse frente a la lente para filmarse y ser filmado. "La idea de hacerse reproducir por la cámara ejerce una enorme atracción sobre el hombre moderno", constataba Benjamin en los remotos años treinta, sin despreciar la osadía de semejante deseo, ya que "la idea de una difusión masiva de su propia figura, de su propia voz, hace empalidecer la gloria del gran artista

---

[13] Walter Benjamin, *op. cit*, p. 181. El énfasis pertenece al autor.

teatral".[14] He ahí la semilla inicial de este curioso deseo que corre por las venas de la sociedad del espectáculo, y que parece al fin consumarse entre nosotros: la enorme satisfacción de saberse mirado por todos, aunque uno sea cualquiera, o justamente por eso.

Esa ambición hoy llega al paroxismo en servicios como los que ofrecen *JustinTV* o *Stickam*, denominados *full-time lifecasting* o transmisión de la vida en tiempo completo. Esos nuevos sistemas permiten que "cualquiera pueda crear su propio *lifecast* continuo, y de forma gratuita", según su propio material promocional. En este caso, los usuarios permanecen on-line sin interrupciones de ningún tipo, aun cuando estén fuera de sus hogares y oficinas, mientras viajan o están lejos de sus computadoras personales, porque llevan la parafernalia sin cables permanentemente adherida a sus cuerpos. "No sé si este nuevo servicio será grande o no, pero es una de esas ideas que tienen potencial para convertirse en un negocio multimillonario", afirmó en una entrevista el director de *Ustream*, otra empresa que ofrece servicios semejantes.[15]

En los albores de las filmaciones cinematográficas, bastante lejos de esta verdadera fusión con la cámara que hoy ocurre en la Web, según la interpretación de Benjamin, el cine habría permitido ejecutar una especie de venganza del hombre moderno contra la violenta alienación técnica de la ciudad industrial. Durante la jornada de trabajo, la gran mayoría de los ciudadanos del siglo XX renunciaba a su humanidad frente a un aparato técnico, pero "a la noche, las mismas masas llenaban los cines para ver la venganza que el intérprete ejecuta en su nombre".[16] La función de aquel actor que no era un artista profesional de la actuación representando un personaje, sino tan sólo alguien que jugaba el papel de sí mismo, como podría hacerlo cualquiera, consistía no sólo en "afirmar delante del aparato su humanidad (o lo que aparece

[14] *Ibid.*, p. 182 y 183.
[15] Wade Roush, "Broadcast your life online, 24-7", en *Technology Review MIT*, Cambridge, 25 de mayo de 2007.
[16] Walter Benjamin, *op. cit.*, p. 179.

como tal ante los ojos de los espectadores) como en colocar ese aparato al servicio de su propio triunfo".[17] Si de hecho era eso lo que ocurría en las antiguas salas de cine, ¿cómo sería posible que esos espectadores no quisieran ponerse en ese lugar privilegiado de autoafirmación, para el cual apuntaban los reflectores y la lente de la cámara? "Cada persona, hoy en día, puede reivindicar el derecho de ser filmado", concluía Benjamin a mediados de la década de 1930.[18] Cualquiera *puede*, todos *quieren*… dentro de poco, todos y cualquiera *deberán hacerlo*.

No obstante, a pesar de ese germen localizado en la primera mitad del siglo XX, con la irrupción triunfante del cine en un movimiento que insuflaría la espectacularización del mundo, de la vida y del *yo*, también es innegable que el fenómeno se fue desarrollando a lo largo de las últimas décadas, hasta alcanzar su ápice en los días actuales. "No es fácil ser Cary Grant", se quejaba el actor en la época dorada de Hollywood.[19] Una colega igualmente famosa también reclamaba: "mi lado público, ése que se llamaba Elizabeth Taylor, terminó transformándose en pura actuación y fabricación".[20] A mediados del siglo XX, estas estrellas de cine todavía vivenciaban sus personajes públicos como algo separado y de algún modo exterior al núcleo interior de sus subjetividades, aquello que constituía su carácter profundo. Para sostener la puesta en escena que implicaba ser una celebridad a la vieja usanza, como Cary Grant o Elizabeth Taylor, era necesario efectuar un trabajo desagradable en la arena pública. Había que ponerse máscaras que cubriesen sus rostros verdaderos, con el fin de proteger al *yo* auténtico de la intromisión de los reflectores, en el refugio de una privacidad bastante asediada pero aún vigente.

Esa dificultad para conciliar el *yo* público y el *yo* privado, que motivó serias angustias y hasta suicidios entre las estrellas mediáti-

---

[17] Walter Benjamin, *op. cit.*, p. 183 .
[18] *Ibid.*
[19] Neal Gabler, *op. cit.*, p. 208.
[20] *Ibid.*, p. 209.

cas del siglo xx, probablemente esté extinguiéndose hoy en día. A pesar de situarse en pleno despegue de la sociedad espectacular y de constituir íconos del relumbrante universo de la fama, esa consternación que inquietaba a Elizabeth Taylor y Cary Grant remite a otras épocas. Evoca más los cuidados de Eugénie de Guérin y Jane Austen, aquellas damas típicas del siglo xix que se veían forzadas a esconder de ojos extraños sus valiosos manuscritos íntimos. O, inclusive, trae recuerdos de los diarios secretos del filósofo Ludwig Wittgenstein, con sus páginas nítidamente divididas en pensamientos públicos discutibles y dramas privados tan patéticos como inconfesables. Rígidas fronteras, en fin, entre un *yo* privado –interior, oculto, auténtico– y un *yo* público –exterior, visible, enmascarado–, líneas divisorias cuyos contornos son cada vez menos evidentes. Sobre todo, si consideramos ciertos episodios de espectacularización de la intimidad que todos los días somos obligados a ver en los diversos medios de comunicación, y que cada vez deseamos más intensamente verlos. Desde la ropa interior visiblemente ausente de jóvenes actrices en ascenso fotografiadas por descuido en noches de gala, hasta el más reciente escándalo erótico o policial de unas y otros, o el nuevo embarazo inesperado y el nuevo hijo de nacionalidad exótica adoptado por la pareja del momento, o el nuevo corte de cabello y el nuevo tono de piel de quien quiera que sea.

Un día cualquiera, por ejemplo, los tres titulares que el diario *O Globo*, el más importante de la ciudad de Río de Janeiro, eligió como los más representativos de su sección *Cultura* son los siguientes: "Paris Hilton viste a su perro de Papá Noel para tarjeta de Navidad", "Lily Allen está embarazada del líder de Chemical Brothers" y "El actor Michael Douglas abre el noticiero nocturno de la red NBC". Otra nota de la misma sección de ese diario informaba, además, que "Pamela Anderson pide divorcio pero después se arrepiente". Ilustrada con una fotografía de la famosa en cuestión, descripta como "ex estrella de la serie *Baywatch*", la noticia proveniente de la Agencia Reuters discurría sobre el tema del título a lo largo de siete párrafos, que narraban las vicisitudes de la relación entre esa celebridad y su marido, Rick Salomon, "cono-

cido principalmente por un video de 2003 en el cual aparece man-
teniendo relaciones sexuales con Paris Hilton".[21]

Quizás todo esto se justifique porque, en el régimen de visibilidad que rige la sociedad espectacular, el único destino que puede
resultar más vacío y desolador que ser famoso sin ningún motivo
es, simplemente, no ser famoso. "Es triste que haya tantos privile-
gios de los que se benefician las celebridades y que la gente común no conocerá jamás", dijo Woody Allen al comentar su película de 1999, precisamente titulada *Celebrity*. "Alguien que enseña
en un barrio pobre, donde hace un trabajo difícil que además es
peligroso y en el que se compromete realmente, está muy mal
pago, mientras que una celebridad que filma una película idiota
con accidentes de autos y efectos especiales recibe veinte millones
de dólares."[22]

Con esa clase de personajes mostrándose sin pausa en las vidrieras mediáticas, y operando como los modelos más admirables
de "modos de ser" y "estilos de vida" que se puedan imaginar y
codiciar, no sorprende que las subjetividades introdirigidas estén
en crisis. Y que hoy prolifere un tipo de *yo* que se ocupa de poner en
escena constantemente su personalidad, pero sin diferenciar claramente entre los ámbitos públicos y privados de la existencia.
Aquella antigua inquietud con respecto a los disfraces y al peso
de la falsa actuación que sofocaría su auténtico carácter no parece
afectar a estas célebres personalidades de hoy en día. Y una falta
de preocupación similar se percibe en la insistente exposición de
la intimidad de cualquiera en la Web. Porque se trata de un tipo
de *yo* que se construye en la visibilidad, tanto en la exposición de
su vida supuestamente privada como de su personalidad, y que
se propone como un estilo o una actitud a ser imitada, con el fin
de acercarse al atrayente campo magnético de las celebridades.

---

[21] "Pamela Anderson pede divórcio, mas depois muda de idéia", en *O Globo*, Río de Janeiro, 18 de diciembre de 2007.

[22] Corinne Julve, "Conversation entre Norman Spinrad et Woody Allen: Cé-
lébrités en aparté", en *Liberation*, París, 23 de enero de 1999.

Siguiendo tales modelos y contribuyendo a entronizarlos, los medios prometen el acceso a la fama a quien lo desee, a todo aquél que esté dispuesto a luchar un poco por eso y, también, que tenga su dosis de suerte. Un buen ejemplo es la *bloguera* Clarah Averbuck, que fue legitimada por los medios tradicionales y se convirtió inclusive en personaje cinematográfico, y que a todas luces no se preocupa por delimitar las fronteras entre su vida y la presunta ficción de sus obras. O uno de sus clones argentinos, Lola Copacabana, que recorrió un camino semejante y hoy asegura que es "honesta", afirma que ella es idéntica a su personaje y que no existe en su vida "nada inconfesable", nada que ocultar. Lejos de los tormentos que apesadumbraban a las estrellas de Hollywood de los años cincuenta, el *yo* de estas nuevas celebridades construidas en la visibilidad como personajes de sí mismas parece coincidir exactamente con todo lo que se ve.

Además de los *blogs*, son varios los atajos disponibles para alcanzar el hall de la fama y, junto con ella, la felicidad espectacular. Basta con aprovechar la actual profusión de nuevos géneros de exposición mediática personal: *reality-shows*, *webcams*, *YouTube*, *FaceBook*, *MySpace*, *fotologs*, *talk-shows*, *Twitter*, *UpStream*, *SecondLife*, etc. En todos esos espacios, lo que cuenta es mostrarse, mostrar un *yo* auténtico y real. O, por lo menos, que así lo parezca. La eventual obra que se pueda producir siempre será accesoria: sólo tendrá valor si contribuye para ornamentar la valiosa imagen personal. Porque lo importante es lo que *usted es*, el personaje que cada uno encarna en la vida real y muestra en la pantalla, ya que a nadie le importará lo que *usted* (no) *hace*.

¿En qué consiste, sin embargo, ese *ser* alguien? ¿En qué sentido, cómo y por qué puede dispensarse el *hacer* algo? Sin llegar a los extremos de preguntarse qué hacen o hicieron figuras como Paris Hilton, Wanda Nara o Bruna Surfistinha para convertirse en personalidades famosas o celebridades –en buena parte, gracias a Internet–, conviene volver la atención hacia *YouTube*, uno de esos nuevos escenarios que permiten ser un personaje que se muestra. Visitado diariamente por cien millones de personas, que ven setenta mil videos por minuto, el sitio es uno de los principales responsables por la elección de *usted* como la personalidad del momento. No por casualidad, el servicio se promueve con el benjaminiano eslogan *Broadcast yourself*, algo así como "muéstrese ante un público masivo". Entre el inmenso acervo de videos caseros en constante crecimiento, enviados por gente de todo el mundo, una de las películas más vistas se llama *Evolución del baile* y ya la han visto cincuenta millones de personas. Con seis minutos de duración, el clip muestra a un hombre bailando trechos de músicas populares de las últimas décadas, en orden cronológico y con cierta torpeza. La persona que baila ante la cámara es un ejemplo perfecto del *usted* condecorado por la revista *Time*: un sujeto aparentemente común y tan real como cualquiera. O, al menos, así parece.

Hace un par de años, antes incluso de que el triunfo de *YouTube* sacudiera los mercados, un video casero de un minuto y medio de duración, conocido como *Numa Numa Dance*, circuló por Internet hasta transformarse en el fenómeno del momento. Un estudiante había puesto en la red ese breve clip, donde él mismo bailaba al compás de una canción popular rumana sin jamás levantarse de la silla frente a su computadora, haciendo muecas y moviendo los brazos mientras sus labios hacían la mímica de la letra. La película se propagó a toda velocidad por *e-mail* y millones de personas la vieron. Muchos intentaron imitarlo, y publicaron en Internet videos en los cuales hacían exactamente lo mismo. La onda terminó despertando, inevitablemente, la curiosidad de los medios de comunicación tradicionales. El éxito convirtió al protagonista de la pequeña película en un personaje: de repente, Gary Brolsma se transformó en una celebridad requerida por los grandes vehículos de la prensa. Varias emisoras de televisión transmitieron el video, como la CNN y VH-1, y el joven fue entrevistado en el popular programa *Good morning America*.

Fue así como Brolsma tuvo oportunidad de demostrar que, realmente, no tenía nada para decir. Peor aún: se sintió asediado y humillado, tras haber desatado un fenómeno que nadie lograba explicar. "¿Por qué dos millones de personas quieren ver a un gordito de anteojos moviendo los brazos y bailando una canción rumana?", se preguntaba el *New York Times*. "Hubo un tiempo en que los talentos vergonzosos eran un asunto puramente privado", explicaba el artículo. "Con Internet, sin embargo, la humillación –como todo lo demás– se ha vuelto pública".[23] No sorprende, ante ese tipo de reacción, que el muchacho cancelase una presentación en el programa *Today Show*, de la red de televisión NBC, y que haya "buscado refugio en la casa de su familia". El propio periódico neoyorkino recibió una respuesta negativa cuando intentó ubicar a la nueva celebridad para arrancarle más declaraciones jugosas, porque Gary estaba avergonzado y no quería hablar más con los periodistas. La nota del diario concluía con un desafío lanzado a los lectores: "ponga un video de *usted* mismo tocando la flauta con su nariz o bailando en ropa interior, y gente de Toledo a Turquistán podrá verlo".[24] Sin duda, dos excelentes consejos para aquello que, un par de años más tarde, se volvería la "invención del año", y para todos quienes nos convertimos en las personalidades del momento.

En un esfuerzo por medir el grado de fascinación ejercida por la súbita estrella de Internet, la famosa película fue exhibida en la escuela pública de nueva Jersey donde el propio Gary había estudiado cuando era niño. Sorprendentemente, quizás, el grupo de chicos de doce o trece años de edad que vio el video no pareció demasiado impresionado con los talentos de su compañero mayor. "Es una pavada", remató uno de los alumnos. "¿Y qué otra cosa sabe hacer?", preguntó otro. Mientras un tercero, quizá el más sintonizado con las nuevas tendencias de espectacularización de sí mismo vía Internet, extrajo la siguiente conclusión: "yo también debería hacer un video como ése y volverme famoso".[25] No obstante, a pesar del torbellino que casi lo arrasó con el vér-

---

[23] Alan Feuer y Jason George, "Internet fame is cruel mistress for a dancer of the Numa Numa", en *The New York Times*, Nueva York, 26 de febrero de 2005.
[24] *Ibid.* El énfasis me pertenece.
[25] *Ibid.*

tigo de la fama inesperada, el sofocado Gary Brolsma se recuperó
rápidamente. Y, por lo visto, decidió aprovechar el consejo de sus
amigos: "Yo le dije: 'Gary, ésta es una oportunidad única que tienes para ser famoso... deberías aprovecharla'", relató un colega.
Los periodistas recordaron que éste no sería el primer caso de alguien que salta del anonimato a la celebridad debido a "un pape-
lón" develado en Internet. Como diría Guy Debord: en la sociedad
del espectáculo, hasta la humillación se puede convertir en mercancía. Otro amigo del muchacho agregó lo siguiente: "Oí a mucha gente diciendo que no tenía nada de extraordinario, que el
clip no mostraba ningún talento, ¿pero a quién le importa eso?".
Y otro comentó que "él siempre fue muy ambicioso".[26] Tal vez
todo eso explique por qué su nuevo videoclip, llamado *Nueva
Numa - ¡El Regreso de Gary Brolsma!*, con tres minutos y medio de
duración, en pocos meses llegó a conquistar ocho millones de espectadores en *YouTube*.

Evidentemente, el joven supo capitalizar la súbita fama, aprovechando la oportunidad que le ofreciera Internet. No sólo con su
nuevo clip, que tiene una buena producción técnica y pone en escena un tono de autoparodia algo cínica, sino también a través del
portal que inauguró en la Red, denominado *NewNuma.com*. Entre
otras cosas, el sitio exhibe alegremente un logotipo que revela una
cuidadosa elaboración e incluye una caricatura de sí mismo, en la
cual se explota hábilmente todo lo que antes había sido objeto de
burla. El sitio anuncia un concurso internacional que estimula la
imitación de los talentos de Brolsma, y promete recompensar al
mejor clip *Numa Numa* con un generoso premio en dólares. Por
supuesto, *usted* está gentilmente invitado a participar. El muchacho cuenta también con un entusiasta club de fans, que mantiene
un sitio dedicado a venerarlo, llamado *Garybrolsma.net* y presentado de la siguiente forma: "Un santuario on-line para Gary
Brolsma, celebridad de Internet, famoso por su *playback* del baile
Numa Numa". Pero eso no es todo: basta con tipear su nombre en

[26] Alan Feuer y Jason George, *op. cit.*

un buscador como *Google* para que aparezcan centenas de miles de documentos que lo mencionan. En síntesis, este caso es un excelente ejemplo de espetacularización de sí mismo a través de Internet: un verdadero montaje del *show del yo*, que ya ha hecho –y sin duda aún hará– mucha escuela.

La popularización de las tecnologías y medios digitales más diversos ayuda a concretar estos sueños de autoestilización imagética: subjetividades alterdirigidas que se construyen frente a las cámaras y se estampan en la pantalla. Las nuevas herramientas permiten registrar todo tipo de escenas de la vida privada con facilidad, rapidez y bajo costo, además de inaugurar nuevos géneros de expresión y canales de divulgación. Los *blogs* y las *webcams* son sólo algunas de estas nuevas estrategias para la autoestilización, así como los sitios de relaciones y los que permiten compartir videos, además de las incontables propuestas que todos los días nacen y se reproducen velozmente en el ciberespacio. En todos ellos resuena esta buena noticia: ahora *usted* puede elegir el personaje que quiere ser, y puede encarnarlo libremente. Después, en cualquier momento y sin mucho compromiso, si se ha aburrido y así lo desea, será muy fácil cambiar y empezar otra vez con un vestuario identitario renovado.

Solamente en este contexto es posible comprender la decisión del australiano Nicael Holt, estudiante de filosofía y surfista de veinticuatro años de edad, que publicó un aviso en el sitio de subastas *eBay* ofreciendo "su vida" a quien quisiera comprarla. "¿Usted quiere ser yo?", anunciaba el joven en Internet. El paquete incluía nombre y apellido, historia personal, amigos, trabajo, ex novias y futuras candidatas a ocupar esa posición, además de un teléfono, su dirección, todas sus pertenencias, la tabla de surf y el derecho a "ser Nicael Holt" formalmente firmado y garantizado por el (ex) propietario. Hubo varios interesados en el negocio, que finalmente se dio por cerrado a un precio de 5.800 dólares, monto que incluía también el imprescindible curso básico de cuatro semanas para aprender a ser Nicael Holt. El comprador de la personalidad en venta no tiene que preocuparse por el futuro, ya que el vendedor declaró que "él puede quedarse con mi vida todo el tiempo que quiera, yo voy a crear una nueva vida para mí si él quiere quedarse con ésa".[27]

Aunque sean menos jocosos o pintorescos, hay otros casos extremos de esta tendencia de intercambio, compra y venta de personalidades de ocasión. Un conjunto bastante elocuente es el de quienes se someten a violentas cirugías plásticas para parecerse a sus ídolos, por ejemplo, especialmente los que se inscriben en los *reality-shows* que venden –y exhiben– semejante promesa, tales como *I want a famous face* o Yo quiero una cara famosa, de la red MTV. También se encuadran en esta tendencia los *reality-shows* de transformación en general, siguiendo el modelo del estadounidense *Extreme makeover* –algo así como *Maquillaje extremo*–, aunque la intención de los candidatos no sea parecerse a nadie en particular, sino tan sólo cambiar. O más precisamente: mejorar. Gracias a una actualización tecnológica radical del aspecto físico, los participantes abandonan su *yo* desgastado y poco valorizado en el mercado actual de las apariencias. En ese proceso, a la vista de todos, cambian su "subjetividad basura" por una flamante "subjetividad lujosa", como diría Suely Rolnik.[28] Los elegidos para participar en esos programas de televisión se someten sin ningún resquemor, no sólo a las cirugías propuestas por el equipo de producción, sino también a una infinidad de otros procedimientos tendientes a modificar diversas características de su *look*, ya sea la forma y el tamaño de sus cuerpos, el color y volumen del cabello, los dientes, la ropa que visten, la decoración de sus casas y sus estilos de vida.

En las múltiples ediciones de este tipo de programas, producidos y transmitidos con bastante éxito en diversos países del mundo, parece haber un constante: la idea de que alterando la propia apariencia es posible cambiar radicalmente y convertirse en otra persona. Al transformar los trazos visibles de lo que se es,

---

[27] Jamie Pandaram y Sarah Allely, "Life for sale, with enemies", en *The Age*, Melbourne, 19 de enero de 2007.
[28] Suely Rolnik, "A vida na berlinda. Como a mídia aterroriza com o jogo entre subjetividade-lixo e subjetividade-luxo", en *Trópico*, San Pablo, 2007.

ocurre un cambio de personalidad. El sujeto deviene otro: se convierte en alguien mejor, al hacer un *upgrade* de la basura al lujo. Porque en todos los casos, la transformación apunta a adecuar los cuerpos desajustados de los participantes para que éstos se encuadren dentro de los estándares de belleza hegemónicos irradiados por los medios de comunicación. Conviene enfatizar, sin embargo, que todos se someten voluntariamente, y con un entusiasmo digno de quien ha ganado el acceso al paraíso. También en todos los casos el final de la historia parece ser feliz, como parodia el título de uno de esos programas: *The swan*, evocando con cierta ironía el clásico cuento *El patito feo*, de Hans Christian Andersen.

El furor activado por esta curiosa moda, que sigue generando transformaciones y audiencia, de algún modo preanuncia la posibilidad de una aplicación cosmética del polémico trasplante de cara, un procedimiento quirúrgico profusamente publicitado en los últimos años. Su primera realización sufrió cierto atraso, sin embargo, a pesar de haberse anunciado como técnicamente viable con varios meses de anticipación. La demora se debió a "problemas éticos y espirituales" relacionados con el hecho de que el rostro –¿todavía?– está fuertemente vinculado a la idea de una identidad inalienable de cada sujeto. Aún así, los primeros tratamientos se realizaron con éxito; hasta ahora, todos fueron reparadores, con el fin de recuperar los rasgos faciales de pacientes que sufrieron accidentes graves o terribles enfermedades. No obstante, vale recordar que fue exactamente así como comenzó la polémica historia de la cirugía estética: a fines del siglo XIX y principios del XX, los procedimientos de cirugía plástica sólo se consideraban éticos en la medida en que apuntasen a reparar deformaciones congénitas o heridas de guerra, por ejemplo. Todas aquellas intervenciones que buscasen alterar las formas visibles de cuerpos considerados normales, persiguiendo apenas los frívolos caprichos de la belleza, se condenaban como inmorales.

De todas maneras, no es necesario recorrer a ninguno de esos casos radicales, pese a que son sintomáticos de este movimiento exteriorizante de una subjetividad basada en el exclusivo valor de las apariencias. Aunque –¿todavía?– se ubiquen en sus extremos,

LA INTIMIDAD COMO ESPECTÁCULO

todos esos ejemplos forman parte de un repertorio técnico y cultural cada vez más familiar, que incluye tatuajes, cirugías plásticas, *piercings*, aplicaciones de Botox, gimnasia y diversas formas de modelación corporal. Todas estrategias a las cuales se puede recurrir cuando se trata de satisfacer un imperativo cada vez más insistente y difícil de alcanzar: la obligación de ser singular, y de que esa originalidad individual esté a la vista. Con ese fin, el propio cuerpo se vuelve un objeto de diseño, un campo de autocreación capaz de permitir la tan soñada distinción exhibiendo una personalidad auténtica y obediente a la moral de la buena forma. Pero eso ocurre, justamente, en una época en la cual la identidad de cada sujeto dejó de emanar de su interioridad, y cuando se está desatando el ancla que solía amarrar los orígenes personales a un pasado enmarcado en las instituciones tradicionales y amarrado a un recorrido existencial único e inmodificable.

A pesar de todas esas complicaciones, ese mandato de ser distinto no suele presentarse como una opción entre otras, sino como una obligación que no puede ser descuidada. Por eso, hay que convertir al propio *yo* en un *show*, hay que espectacularizar la propia personalidad con estrategias performáticas y aderezos técnicos, recurriendo a métodos semejantes a los de una marca personal que debe posicionarse en el mercado. Porque la imagen de cada uno deviene su propia marca, un capital tan valioso que es necesario cuidarlo y cultivarlo, con el fin de encarnar un personaje atrayente en el competitivo mercado de las miradas. Para lograrlo, el catálogo de tácticas mediáticas y de marketing personal a nuestra disposición es, hoy en día, increíblemente vasto, y no deja de ampliarse y renovarse sin cesar.

Esa floreciente riqueza de recursos de espectacularización contribuye también a desorbitar los contornos de la esfera íntima, y en el mismo movimiento acentúa el descrédito con respecto a la acción política. Así, en este curioso contexto, ganan nuevo aliento las "tiranías de la intimidad" denunciadas por Richard Sennett en 1974. Porque ahora no se le pide a la celebridad que su "personalidad artística" produzca alguna obra, o que se manifieste en el espacio público a la vieja usanza. Basta tan sólo con que exhiba un estilo más o menos rutilante y una agitada vida (no) privada. Mientras tanto, los límites de lo que se puede decir y mostrar se ensanchan compulsivamente, invadiendo los terrenos antes relegados a la privacidad y al ámbito público. La noción de intimidad se va desdibujando y se reconfigura: deja de ser un territorio donde imperaban –porque *debían* imperar– el secreto y el pudor de lo que era estrictamente privado, para transformarse en un escenario donde cada uno puede –y hasta *debería*– poner en escena el show de su propia personalidad. Tras esos desplazamientos, las viejas definiciones y distinciones pierden sentido, reforzando la idea de que lo que está sucediendo es un cambio de régimen: una verdadera mutación.

Todo esto ocurre en una época en la cual el "fetichismo de la mercancía" enunciado por Karl Marx en el siglo XIX, como un componente fundamental del capitalismo, se ha extendido por la superficie del planeta, cubriéndolo todo con su barniz dorado y con sus centelleantes maravillas del marketing. Absolutamente todo, inclusive aquello que se consideraba perteneciente al núcleo más íntimo de cada sujeto: la personalidad. Como se quejaba Benjamin al referirse al culto a las estrellas de cine en los años treinta: cuando la industria cinematográfica explotaba "la magia de la personalidad" de los astros de la pantalla grande, ésta se veía reducida "al relámpago putrefacto que emana de su carácter de mercancía".[29] Hoy en día, sin embargo, más de setenta años después de que esa reflexión fuera dactilografiada, el culto a la personalidad según los moldes del estrellato cinematográfico extrapoló el ambiente restricto a las *stars* de Hollywood. La mercancía extendió por todas partes su relámpago putrefacto, hasta tocar con su rayo mágico a las personalidades de cualquiera: *usted*, todos nosotros, las nuevas estrellas de Internet.

En este contexto, las subjetividades se convierten en clones empaquetados de aquellos astros del cine. Para acceder a esa posi-

---

[29] Walter Benjamin, *op. cit.*, p. 180.

bilidad, basta recurrir a las distintas "identidades *pret-a la-porter*" hoy disponibles, que muchas veces se calcan en esos moldes hollywoodenses. Pero son siempre perfiles estandarizados y fácilmente descartables, como bien diagnosticara Suely Rolnik a fines de los años noventa.[30] Así como está ocurriendo con los cuerpos humanos y sus diversos componentes, los modos de ser también se transforman en mercancías: pequeños espectáculos efímeros, lanzados a los nerviosos vaivenes del mercado global. Las personalidades se vuelven fetiches deseados y codiciados, que pueden comprarse y venderse, repentinamente valorizados cuando irrumpen en el espacio visible como lustrosas novedades, y enseguida descartados como obsoletos, pasados de moda, *out*. Por eso la ansiedad llega a los bordes de la exasperación: esos disfraces del *yo* que se adhieren a la piel deben renovarse constantemente, siempre procurando la tan deseada singularidad, autenticidad, originalidad. En fin, lo que se busca desesperadamente es algo que evoque la vieja aura definitivamente perdida.

A propósito, en los *reality-shows* llama la atención la repetida alusión a la autenticidad de los participantes, como un ingrediente de los más preciados en la propia constitución subjetiva. Y, sobre todo, como un requisito para vencer el juego en que se basa el programa. Casualmente, ése es uno de los términos a los que recurre Benjamin cuando intenta definir qué sería el aura, aquella singularidad del aquí y ahora que hacía única a la obra de arte original y la dotaba de cualidades casi sagradas. Esa autenticidad se habría extinguido fatalmente con el desarrollo de la reproductibilidad técnica aplicada a los objetos artísticos. Si la extrapolación es tolerable, sería posible agregar que la autenticidad personal también habría expirado tras el desvanecimiento de la interioridad psicológica que hacía intrínsecamente único a cada sujeto moderno. De modo que el aura personal también se habría apagado

---

[30] Suely Rolnik, "Toxicômanos de identidade. Subjetividade em tempo de globalização", en Daniel Lins (comp.), *Cadernos de Subjetividade*, Campinas, Papirus, 1997, pp. 19-24.

con la proliferación de copias, simulacros y falsificaciones en las subjetividades descartables de la sociedad del espectáculo y su fábrica de personalidades alterdirigidas. De allí proviene la ansiedad actual por rehacer de algún modo el aura perdida, por apropiarse de cualquier cosa que parezca emparentada con aquella aureola de unicidad tan difícil de conseguir hoy en día. De allí también se deriva el desplazamiento del aura, que abandonó la obra de arte pero ahora se la busca con una insistencia creciente en la figura estilizada del autor, o de cualquiera.

En este nuevo cuadro, el cuerpo y los modos de ser constituyen superficies lisas en las cuales todos los sujetos deben ejercer su arte. Todos y cualquiera, siempre que estén convenientemente estilizados como artistas de sí mismos, para poder transformarse en un personaje lo más aurático posible. Un personaje capaz de atraer las miradas ajenas. Por eso es necesario ficcionalizar al propio *yo* como si estuviera siendo constantemente filmado: para realizarlo, para concederle realidad. Porque estas subjetividades alterdirigidas sólo parecen volverse reales cuando están enmarcadas por el halo luminoso de una pantalla de cine o de televisión, como si viviesen dentro de un *reality-show* o como si estuvieran atrapadas en las páginas multicolores de una revista de celebridades, o como si la vida transcurriese bajo la lente incansable de una *webcam*. Es así como se pone en escena, todos los días, el *show del yo*. Al hacer de la propia personalidad un espectáculo, es decir, una criatura orientada a las miradas de los demás como si éstos constituyeran la audiencia de un espectáculo.

"Estamos aburridos de ver actores interpretando emociones falsas", afirmaba el siniestro productor del *reality-show* montado en la película *El show de Truman*. Gran éxito cinematográfico de 1998, este largometraje mostraba la vida de un sujeto adoptado al nacer por una emisora de televisión. Para eso, se contrataron dos actores que interpretaban a los padres de la criatura, cuya vida se desarrollaba en una ciudad escenográfica plagada de cámaras de video que transmitían todo lo que allí ocurría a los hogares del mundo entero. El único que ignoraba esa puesta en escena y la transmisión en tiempo real era el protagonista, Truman Burbank, que pensaba estar viviendo una vida normal y real. A los espectadores les agradaba justamente por eso: porque no era un actor que interpretaba las emociones falsas de un personaje ficticio, sino que simplemente vivía y mostraba sus emociones reales de personaje real, como bien explicara su productor.

Una artimaña cuya seducción Walter Benjamin ya había captado hace varias décadas: no son los personajes ficticios quienes más fascinan al público de los medios audiovisuales, sino las personalidades reales. "La realidad desnuda y cruda –incluso la apariencia de realidad desnuda y cruda, sin dramatización– es más entretenida", constata Neal Gabler, tras comentar el fenómeno de la red Court-TV, una emisora de televisión cuya especialidad consiste en transmitir uno de los espectáculos que el público estadounidense más aprecia: juicios reales. "Drama excelente, sin guión" promete el eslogan de la programación.[31]

Por eso, para ilustrar esta tendencia tan vigorosa en la cultura contemporánea, no es necesario recurrir a la tragedia casi moderna –y al final de cuentas, ficticia– de la película *El show de Truman*, cuyo protagonista se hunde en la desesperación al descubrir que toda su vida había sido un –¿mero?– espectáculo para ojos ajenos. En la realidad, en cambio, se informó que casi treinta mil candidatos se habrían inscripto para participar en un *reality-show* sin previsión de fin, respondiendo a la convocatoria de una red de televisión alemana. Una especie de *El show de Truman* consentido, eterno y realmente real. La decisión de la emisora se habría tomado en función del persistente éxito de la serie *Gran Hermano* en aquel país, cuya edición finalizada en 2005 se mantuvo con altos índices de audiencia durante casi un año. "De ahí la idea de computar el 'breve plazo' de 365 días hasta el vértigo: ¿por qué no crear un *Gran Hermano* que dure décadas, vidas, generaciones enteras?".[32]

[31] Neal Gabler, *op. cit.*, p. 86.
[32] Sergio Correa, "Gran Hermano de por vida", en *La Nación*, Buenos Aires, 8 de febrero de 2005.

Así, se anunció que el resto de las vidas de las dieciséis personas finalmente elegidas por la producción del programa transcurriría en una ciudad escenográfica, con todas sus acciones –e inacciones– constantemente registradas por decenas de cámaras que las transmitirían en vivo por televisión.

Es una relación directa la que existe entre todas estas cuestiones tan actuales y el éxito de las prácticas confesionales que se diseminan por Internet: tanto los *blogs, fotologs, videologs* y *webcams* como *MySpace, Twitter, YouTube* y otros servicios de ese tipo, también intentan canalizar esa insistente demanda actual. Los nuevos medios interactivos permiten que cualquiera se convierta en autor y narrador de un personaje atractivo, alguien que cotidianamente hace de su intimidad un espectáculo destinado a millones de ojos curiosos de todo el planeta. Ese personaje se llama *yo*, y desea hacer de sí mismo un show.

¿Pero qué caracteriza a un personaje? ¿Cuál sería la diferencia con respecto a una persona real? Ana Bela Almeida, crítica literaria de origen portugués, ofrece una respuesta sugestiva: la diferencia residiría en la soledad. Y, sobre todo, en la capacidad de estar a solas. Una habilidad cada vez más rara y sin sentido entre nosotros, como advierte el novelista Jonathan Franzen en su libro de ensayos titulado *Cómo estar solo*. Un síntoma de los tiempos: a pesar de constituir una especie de lamento de la cultura letrada amenazada por los irrefrenables avances de la sociedad del espectáculo, la editorial española que publicó la obra de Franzen, la catalogó apresuradamente como si fuera un libro de autoayuda: "superación personal", resume la ficha bibliográfica, en lo que aparenta ser una lectura demasiado literal del título del libro.

Si a lo largo de los siglos XIX y XX proliferaron ardorosas reivindicaciones de la soledad –ya sea para leer, como lo hiciera Marcel Proust, ya sea para que las damas pudiesen escribir en sus cuartos propios, como propugnara Virginia Woolf– los novelistas de hoy en día también escriben ensayos sobre el tema. Algunos, como Franzen, se preguntan desesperadamente, ya desde el título, cómo estar a solas para leer, para escribir y, sobre todo,

para ser leído. Otros, como Ricardo Piglia, también gritan sus pe-
nurias desde la tapa del libro y dedican sus escritos a *El último
lector*. O, como Alberto Manguel, defienden la lectura como un
postrer acto de rebeldía y resistencia en un ambiente a todas luces adverso.

De todos modos, para regresar a las diferencias entre persona y personaje, al contrario de lo que aún insiste en ocurrir con
los simples mortales, los personajes jamás están solos. Siempre
hay alguien para observar lo que hacen, para seguir con avidez
todos sus actos, sus pensamientos, sentimientos y emociones.
"Hay siempre un lector, una cámara, una mirada sobre el personaje que le quita su carácter humano".[33] En cambio, no siempre
hay testigos de nuestro heroísmo de cada día, ni mucho menos
de nuestras miserias cotidianas. Con demasiada frecuencia, quizás, nadie nos mira. ¿Qué importa, entonces, si en algún momento
somos buenos y bellos, únicos, singulares, casi inmortales? O,
aunque sea, meramente comunes como *usted* y *yo*. Si nadie nos
ve, en este contexto cada vez más dominado por la lógica de la
visibilidad, podríamos pensar que simplemente no lo fuimos. O
peor todavía: que no existimos.

Sería en esa soledad, entonces, en ese aislamiento íntimo y
privado que fue tan fundamental para la construcción de un
modo de ser histórico –el *homo psychologicus* de los tiempos modernos–, donde reside el gran abismo que todavía nos separa de
los personajes. Porque esas figuras casi humanas, los personajes,
que muchas veces también parecen estar en la más completa y terrible soledad, de hecho siempre están a la vista. Todo en la vida
de los personajes sucede bajo los reflectores atentos de la lectura,
o mejor aún: en la vida de esos seres que cualquiera quisiera ser,
todo ocurre bajo las lentes de las cámaras de Hollywood, de la TV
Globo o del Canal 13. O, por lo menos, aunque sea, de una modesta *webcam* casera.

---

[33] Ana Bela Almeida, "Entre o homem e a personagem: uma questão de
nervos", en *Ciberkiosk*, Lisboa, 2003.

Luego de cierta experiencia con los nuevos géneros de no ficción que invadieron las pantallas en los últimos años, la red Globo de televisión editó una norma según la cual los participantes de los *reality-shows* producidos por esa emisora brasileña –tales como el popular *Gran Hermano*– pasarían a ser tratados legalmente como personajes. Su estatuto legal cambió: de allí en más, se equipararían a los héroes o villanos ficticios de las telenovelas, por ejemplo. La nueva regla contradice abiertamente uno de los principios básicos del *reality-show* como género, que supuestamente muestra en la pantalla situaciones reales vividas por personas reales. Pero la norma no fue muy divulgada ni discutida, pasó casi inadvertida pues tenía apenas fines comerciales. El objetivo era prohibir los anuncios publicitarios en los cuales los participantes pudieran sacar provecho de "los personajes que encarnan en la ficción".[34] Lo cual despierta algunas perplejidades, sin duda, ya que no debería tratarse de ficción alguna, puesto que los personajes que estos "personajes" encarnan y muestran en la pantalla son ellos mismos. Al tratar a los participantes de los *reality-shows* como personajes ficticios, sin embargo, la emisora procuró proteger la imagen que la empresa crea de ellos y que considera de su propiedad. Lo que no deja de tener sentido, por supuesto: si es la visibilidad quien les otorga realidad a estas construcciones subjetivas, entonces la televisión es la única propietaria de dichas imágenes. Sin la visibilidad concedida por las cámaras y las pantallas, los personajes de los *reality-shows* simplemente no existirían.

Vale la pena retornar al problema de la soledad, que tal vez resida en el corazón de este anhelo tan actual por la autoconstrucción como personalidades alterdirigidas, subjetividades que se diseñan siguiendo los moldes de los personajes mediáticos. Cuando Walter Benjamin se refería a la extinción de la experiencia en la Modernidad, aludía a las derivaciones del modo de vida instau-

---

[34] Daniel Castro, "Para Globo, 'big brother' é personagem", en *Folha de São Paulo*, San Pablo, 21 de marzo de 2005.

rado por el capitalismo urbano e industrial, que dinamitó las condiciones necesarias para una experiencia colectiva de veras compartida. Aquella tradición fuertemente sedimentada en el grupo se dilaceró y, al mismo tiempo, también se desmoronaron las posibilidades de vivenciar experiencias pautadas por la trascendencia. Ese distanciamiento de las tradiciones comunitarias y del más allá, que alimentó las enormes posibilidades abiertas por el individualismo moderno y contemporáneo, también cerró otras puertas. En ese saldo negativo habría que anotar a la soledad. "Si no hay un suelo común de vivencias, memorias o tradiciones, si nuestra vida es influida permanentemente por los imaginarios puestos en circulación por los medios de comunicación", se pregunta Beatriz Jaguaribe en sus ensayos sobre el renovado auge del realismo en la actualidad, "¿cómo forjar conexiones de significados que rompan la cápsula de la soledad?". Si ese encierro en la propia individualidad se vuelve cada vez más hermético, quizás estas nuevas prácticas podrían proveer un alivio para esa asfixia. Al tornar público lo que es cada uno y, de algún modo, exhibir la propia soledad, ofrecerían una vía para "exponer la experiencia que marca la vida de los anónimos, aunque justamente esa experiencia no posea cargas totalizantes ni colectivas".[35]

Esta sociedad aterrorizada con los peligros y con la (falta de) seguridad en el espacio público, estimula un creciente aislamiento individual, inclusive una verdadera reclusión tras los muros de los barrios privados de las megalópolis y en los refugios virtuales del ciberespacio. Por eso, no sorprende que se multipliquen las invitaciones a acompañar en detalle los aspectos más íntimos y triviales de las rutinas domésticas de cualquiera. Más que una intromisión, en estos casos la mirada ajena puede ser una presencia deseada y reconfortante. Lejos del tan comentado temor a la invasión de la privacidad, se trata de un verdadero afán de evasión de la propia intimidad, un anhelo de superar los viejos límites para

[35] Beatriz Jaguaribe, *O choque do Real: estética, mídia e cultura*, Río de Janeiro, Rocco, 2007, p. 157.

abrir infiltraciones en los antiguos muros divisores. En esta imagen resuenan los deseos de transparencia total de los autores de *blogs* con furor confesional, pero también vienen al caso las reflexiones de uno de los arquitectos de las casas no privadas expuestas en el museo neoyorkino el último año del siglo pasado, que se preguntaba en el catálogo de la exposición: "¿por qué un grupo invisible de personas elegiría vivir atrás de una pared, en vez de revelar sus vidas?".[36] Es una pregunta absolutamente contemporánea. ¿Por qué no?

De modo que esta repentina ansia de visibilidad, esa ambición de hacer del propio *yo* un espectáculo, también puede ser una tentativa más o menos desesperada de satisfacer un viejo deseo humano, demasiado humano: ahuyentar los fantasmas de la soledad. Una meta especialmente complicada cuando florecen estas subjetividades exteriorizadas y proyectadas en lo visible, que se deshacen del vetusto anclaje proporcionado por la vida interior. Porque aquel espacio íntimo y denso que constituía la sólida base de la interioridad, precisaba justamente de la soledad y del silencio para autoconstruirse: debía fortalecerse a la sombra de las miradas ajenas. "No lo hago por dinero, aparecer me hace feliz", cuenta una adolescente que publica sus fotos eróticas en un *blog*. "Todavía no puedo creer que los chicos hablen sobre mí", dice emocionada, refiriéndose a los comentarios que recibe de sus visitantes y espectadores a través de Internet. "¡Es como tener fans!", resume orgullosa. "Estoy todo el día en la computadora de mi cuarto", explica otra chica de trece años de edad. "En el *Messenger* tengo 650 contactos con los que chateo todo el día, además, tengo tres *fotologs* personales, donde subo mis fotos y escribo sobre mi vida", continúa, para finalizar con la siguiente conclusión: "así conocí un montón de chicos".

---

[36] Terence Riley, *The un-private house*, Nueva York, The Museum of Modern Art (MOMA), 1999. Maria Cristina, "Reconfigurações do público e do privado: mutações da sociedade tecnológica contemporânea", en *Famecos*, vol. 15, Porto Alegre, PUC-RS, agosto de 2001, p. 42.

Esta fascinación suscitada por el exhibicionismo y el voyeurismo encuentra terreno fértil en una sociedad atomizada por un individualismo con ribetes narcisistas, que necesita *ver* su bella imagen reflejada en la mirada ajena para *ser*. Esas fuerzas tienden a desgarrar todos los nudos sociales que podrían propiciar una superación de las tiranías de la intimidad. Sin embargo, una eventual reformulación en clave contemporánea de aquellos lazos cortados por la experiencia moderna posibilitaría, quizás, vislumbrar al otro como *otro*, en vez de fagocitarlo en una inflación del propio *yo* siempre privatizante. Algo que solía ocurrir en el antiguo espacio público, por ejemplo, donde no todo prójimo debía convertirse en próximo, ni tampoco era necesario transmutar la mayor cantidad posible de anónimos en amigos para abultar la propia lista de contactos personales.

Con el ejercicio de ese saludable distanciamiento, los otros –es decir, todos aquellos que no son ni *yo*, ni *usted*, ni ninguno de *nosotros*– no sólo dejarían de exigir una conversión necesaria en esas categorías del ámbito íntimo, sino que tampoco se transformarían en mero objeto de desconfianza, odio o indiferencia. Ese movimiento de superación de las tiranías del *yo* permitiría divisar, tal vez, en el horizonte, algún sueño colectivo: una trascendencia de los mezquinos límites individuales, cuya estrechez podría diluirse en un futuro distinto. Algo que, en fin, se pueda proyectar más allá de las avaras constricciones de un *yo* siempre presente, aterrado por la propia soledad e incitado a disfrazarse de personaje visualmente atractivo para intentar apaciguar todos esos temores. Tal vez, incluso –¿y por qué no?–, producir algo tan anticuado como una obra, o inventar otras formas de ser y estar en el mundo.

IX. *YO ESPECTACULAR* Y LA GESTIÓN DE SÍ COMO UNA MARCA

> Esperamos que si la evolución futura del arte y
> de la situación del artista libera a éste de algo, que
> este algo sea la triste obligación de cuidar de su
> individualidad y de su personalidad del mismo
> modo que se cuida una flor de invernadero.
>
> JAN MUKAŘOVSKÝ

> Es difícil traer una celebridad internacional...
> hace un año y medio que estamos intentándolo,
> y ahora que lo logramos es un dolor de cabeza.
> Marilyn Manson quería cuatro camarines sólo
> para él. Nosotros tenemos ocho camarines para
> todos. Quiere seis heladeras, exige alfombras en
> el escenario.
>
> ANA BUTLER

CUANDO Guy Debord publicó su libro *La sociedad del espectáculo*, en 1967, no se preocupó por especificar en qué momento ese nuevo régimen habría comenzado. A lo largo de las doscientas once tesis vociferadas en ese verdadero manifiesto, el fenómeno se presenta como una especie de mutación histórica: un movimiento ligado de manera inextricable al capitalismo y a la cultura de masas, pero también destinado a ser superado gracias a la lucha revolucionaria, cuyo advenimiento parecía tan inminente en aquellos tumultuosos años sesenta como resulta inverosímil en estos inicios del siglo XXI. Sin embargo, varios elementos de ese modo de vida construido en la visibilidad ya estaban presentes al final del siglo XIX, o inclusive antes. Son conocidos los cuadros que pintan las calles de aquellas metrópolis europeas hirviendo de novedades, como escenarios perfectos para la representación cotidiana del espectáculo de la vida moderna. Ya estaban presentes allí, según parece, las primeras euforias del consumo, de la publicidad y los medios de comunicación, así como la proliferación de imágenes y la promoción de una felicidad eminentemente visible. Todo instalándose ruidosamente, tanto en los imaginarios como en las realidades de aquellos sujetos modernos que habitaron el siglo XIX.

¿Eso significa, entonces, que en aquel universo remoto ya operaba algún tipo de espectacularización de la propia personalidad, como ésta que hoy vemos desplegarse por todas partes? A pesar de las evidentes continuidades que de hecho se pueden detectar, la respuesta es negativa. Los fenómenos de exhibición de la intimidad que son tan habituales entre nosotros no habrían sido posibles. ni siquiera imaginables, en aquel cuadro ya bastante lejano. Porque más allá de todos los vértigos y turbulencias de aquellos viejos tiempos modernos, que luego desembocarían en la situación actual, en esos escenarios aún imperaban rígidas separaciones entre los dos ámbitos en que transcurría la existencia: el espacio público y la esfera privada. Las subjetividades modernas se estructuraban, precisamente, en el tránsito de esa frontera bien delimitada entre un ambiente y el otro. De modo que el fenómeno analizado en este ensayo es estrictamente contemporáneo, y por eso tiene tanto que decir sobre quiénes somos todos nosotros. Dice mucho sobre cómo llegamos a ser lo que somos y en qué nos estamos convirtiendo, y también, quizá, sobre algo que es aún más importante: quiénes quisiéramos ser.

Hace cuatro décadas, cuando Debord dio a conocer sus reflexiones, aún estaba delineándose en el horizonte la espectacularización del mundo que ahora vivenciamos con tanto estrépito. Por eso son tan valiosas sus observaciones acerca de las relaciones que se mercantilizan al ser mediadas por imágenes; así como el pasaje del *ser* al *tener*, y desde este último hacia el *parecer*, deslizamientos que acompañan el ascenso de un tipo de subjetividad espectacularizada. El triunfo de un modo de vida enteramente basado en las apariencias, y la transformación de todo en mercancía. No obstante, a pesar de ese aspecto visionario de esos escritos ya históricos, también sorprende constatar hasta que punto nuestro presente fue más allá en la consumación de todas esas tendencias vislumbradas de manera tan perspicaz en los años sesenta.

Lo que ocurrió con el propio Guy Debord puede ayudar a comprender mejor la profundización, en la sociedad contemporánea, de aquellas tendencias que él mismo divisó. Algunos años antes de su suicidio, ocurrido en 1994, el militante situacionista tomó una decisión drástica: prohibió la exhibición de todas sus películas. Cabe destacar que el autor se consideraba, antes de todo y con mucho entusiasmo, un cineasta. No obstante, la decisión de silenciar su obra se encuadra perfectamente en la lógica de su pensamiento, con un grado de coherencia que puede hasta parecer digno de otros tiempos o de otros mundos. Además, Debord jamás había dado una entrevista en vida ni había aparecido en la televisión o en cualquier otro medio de comunicación masivo. Pero el motivo que disparó la decisión de no mostrar nunca más su producción cinematográfica fue el asesinato de Gérard Lebovici, su gran amigo, productor, editor y mecenas. Algún tiempo atrás, Lebovici había comprado una sala de cine en el Quartier Latin de París, exclusivamente dedicada a pasar las películas de Debord día y noche, a lo largo de varios años, sin parar un segundo y sin ninguna expectativa de generar lucros con esa exhibición compulsiva, algo que, sin duda, también parece digno de otros tiempos o de otros mundos. Lo que reviste una actualidad candente, sin embargo, es que la obra completa de Guy Debord acaba de ser editada, ahora, en un lujoso embalaje que no sólo incluye todas sus películas en formato digital, sino también algunos de sus escritos y abundante material biográfico. Documentos sobre los eventos situacionistas promovidos por su grupo e información sobre sus obras, pero además muchas fotos de sus amigos, novias, colegas e inclusive algunas imágenes suyas de niño, fragmentos de sus cartas y otros objetos de ese tipo.

Más allá de la irrefutable oportunidad que ofrece esta edición, al poner nuevamente a disposición del público la obra de este importante artista y pensador del siglo xx, vale cavilar sobre algunas reverberaciones de esta sátira histórica. Lo que sucedió es algo que quizás fuera inevitable: la sutil fabricación del personaje Guy Debord como una mercancía espectacularizada. Porque es eso, sobre todo, lo que se vende en este refinado paquete negro, que incluye cuatro pequeñas cajas para las películas y una bella publicación con material sobre su vida y su trayectoria. Por supuesto que las obras también forman parte del estuche, pero de algún modo parecen un mero accesorio del elemento fundamental ofrecido en este bonito embalaje: la figura de Guy Debord. Su personalidad emerge como un atrayente producto para ser consumido e inclusive imitado, discretamente, claro está, y sólo en lo que respecta al "estilo" y la "actitud". En ese paquete, Debord es retratado como una especie de maldito simpático, de aquellos que ya no se consiguen, y por ende virtualmente anulado en su potencia realmente maldita. Ironías de la sociedad espectacular: su sagaz e iracundo detractor también se transformó en un personaje convertido en mercancía, una imagen llena de brillo, destinada a saciar la sed de algún tipo de subjetividad alternativa. Como él mismo dijo, lúcidamente: "hasta la insatisfacción hoy se convierte en mercadería". Y toda mercadería tiene su *target*, todas encuentran su segmento de público y su nicho de mercado.

Vale rescatar, nuevamente, la célebre frase de Mallarmé: ya se ha dicho que en el siglo xix todo existía para ser contado en un libro, mientras hoy crece la impresión de que sólo existe lo que se exhibe en una pantalla. En este nuevo contexto, aquellos "quince minutos de fama" previstos por Andy Warhol como un derecho de cualquier mortal en la era mediática expresan una intuición visionaria pero todavía atada a otro paradigma: aquel ambiente dominado por la televisión y los demás medios de comunicación bajo el esquema *broadcasting*. Algo similar se puede decir con respecto a la universalización del "derecho a ser filmado" que Walter Benjamin intuyera mucho antes, en los primordios del cine como una industria de masa. Cabe concluir, entonces, para cerrar el recorrido de estas páginas, que las redes informáticas y los medios interactivos estarían cumpliendo esa promesa que ni la televisión ni el cine pudieron satisfacer. A su modo y, quizá, de una manera más radical que ni Warhol ni Benjamin jamás podrían haber previsto, como nos invita el sitio de *YouTube*, de forma tan tentadora como interactiva: *Brodcast yourself!*

Habrá que admitir, sin embargo, que el resultado de semejante conquista puede ser descorazonador. "La vida privada, revelada por las *webcams* y los diarios personales, se transforma en un espectáculo para ojos curiosos, y este espectáculo es la vida vivida en su banalidad radical", constata el autor brasileño André Lemos en un breve ensayo sobre el surgimiento de estas nuevas herramientas de autoexposición en Internet. "No hay historias, aventuras, enredos complejos o desenredos maravillosos; en realidad no pasa nada, salvo la vida banal, elevada al estado de arte puro". Los autores, narradores y protagonistas de esos relatos parecen decir lo siguiente, sin pudores y hasta con cierto orgullo: "mi vida es como la suya, entonces tranquilícese, estamos todos en la banalidad de lo cotidiano". Eso equivaldría a decir algo así como que todo está maravillosamente bien, e incluso *usted* ha sido elegido la personalidad del momento por la revista *Time*… ¡qué honra! No obstante, tal vez sería oportuno invocar aquel espíritu realmente maldito que impregna algunas de las tesis más arteras de Guy Debord, y rebatir: ¿y entonces qué? O, como preguntaría su contemporáneo Gilles Deleuze, que también cometió suicidio a principios de los años noventa: ¿para qué se nos estará usando?

Sería necio negar que la democratización de los medios posibilitada por todos estos dispositivos es una novedad histórica de dimensiones aún inconmensurables, que puede llegar a cambiar la cara del mundo, y que probablemente ya lo esté haciendo. Pero también es difícil negar que buena parte de lo que se hace, se dice y se muestra en esos escenarios de la confesión virtual no tiene ningún valor. Es *digital trash*, un gran género sin pretensiones, como delata su explícita denominación, sobre el cual ya se organizan congresos académicos y cursos didácticos, se escriben tesis, artículos, libros y otras instancias de legitimación oficial. No se trata de obras de arte, no lo pretenden y ni siquiera sueñan con serlo. Se presentan apenas como lo que son: pequeños espectáculos descartables, algún entretenimiento ingenioso sin mayores ambiciones, o bien celebraciones de la estupidez más vulgar.

Vale recordar, no obstante, que no siempre fue un valor incontestable esa tranquilidad conformista que aplaude la propia banalidad. Y, sobre todo, que reconoce esa misma mediocridad en la pobreza de la vida ajena, sirviéndose de esa constatación para apaciguar toda incómoda inquietud y soportar mejor la existencia. Por eso, el fuerte interés que esas pequeñas historias logran despertar tal vez sea la otra cara de un fenómeno muy debatido hace dos décadas: el declive de los grandes relatos que organizaban la vida moderna, así como la caída del peso inerte de las figuras ilustres y ejemplares plasmadas en las narraciones biográficas canónicas. De modo que conviene no olvidarlo: se trata de una cuestión fuertemente política, que contradice otras propuestas históricas a las cuales parece homenajear. La bandera de "la vida como una obra de arte", por ejemplo, se ha levantado de manera inflamada y entusiasta, en condiciones muy diferentes de las actuales y con otros objetivos. Tanto las vanguardias estéticas y políticas, como ciertas corrientes filosóficas que marcaron la Modernidad, proponían este tipo de valores como una forma de cambiar el rumbo de la historia. En lucha activa contra las trivialidades y miserias cotidianas, y en férrea oposición al conformismo de la acolchonada sensibilidad burguesa, proponían la creación de nuevos mundos y nuevas formas de ser.

Está claro que, en las actuales circunstancias, no sólo es sumamente difícil definir qué sería "arte", para pensar en una eventual transformación de la vida según esos parámetros, sino que además proliferan otros espejismos. La comparación entre los modos de subjetivación espetacularizados de hoy en día y los *dandies* de los siglos XVIII y XIX, por ejemplo, es otro desplazamiento anacrónico de ese tipo, que se detiene en las apariencias supuestamente similares de dos fenómenos históricos totalmente diferentes. Aunque sea cierto que el *dandy* de antaño recurría a formas de vestirse y a una autoestilización que hoy podríamos llamar "espectaculares", sus fundamentos y sus objetivos eran muy diferentes de éstos que ahora nos llevan a *usted, yo* y todos *nosotros* a buscar la distinción respondiendo a los conjuros de un eslogan publicitario.

Basta con evocar rápidamente a los personajes históricos que se encuadraban en esa categoría decimonónica del dandismo, desde Lord Byron a Oscar Wilde, pasando por Jules Barbey d'Aurevilly, Jean Cocteau o Charles Baudelaire, y por tantos otros que no tuvieron igual suerte en el reconocimiento de la fama póstuma. Todos ellos, sin embargo, con mayor o menor éxito, apoyaban sus excentricidades en la solidez que implicaba la producción de una obra, además de considerar su actitud como un modo de vida opuesto a las reglas de su época. Al fin y al cabo, se trataba del "último estallido de heroísmo en las decadencias", según la famosa definición de Baudelaire. Ésa era la meta nada modesta, sino bastante excéntrica y megalómana, de ese curioso anhelo de "ser sublime sin interrupción", aún cuando fuera necesaria una disciplina rígida y exigente para alcanzarla.[1]

Una propuesta que se distancia radicalmente de la celebración de "cualquiera" en su trivialidad cotidiana, una moda que hoy triunfa por todas partes. Porque había un objetivo explícito de insubordinación en esa ostentación de extravagancias y sarcasmos individuales de otros tiempos, motivo por el cual el dandismo constituyó "una de las formas más radicales de la revuelta romántica", en palabras de Albert Camus.[2] Su objetivo era escandalizar a la burguesía, *épater les bourgeois*, sin ningún temor de provocar hostilidades y desconfianzas en el *establishment* de la época. Una vocación de crítica insolente, por lo tanto, que con su desdén elegante

---

[1] Charles Baudelaire, *O pintor da vida moderna*, Río de Janeiro, Nova Aguilar, 1995 [trad. esp.: "El pintor de la vida moderna", en *Salones y otros escritos sobre arte*, Madrid, Visor, 1999].

[2] Albert Camus, *O homem revoltado*, Río de Janeiro, Record, 1999 [trad. esp.: *El hombre rebelde*, Madrid, Alianza, 2003].

apuntaba a detonar toda la mediocridad y la banalidad de la vida común. O sea, todo aquello que las nuevas formas de espectacularización de sí mismo pretenden, al contrario, confirmar y festejar; y, en la medida de lo posible, también facturar.

Por eso, es evidente que tanto esos modos de subjetivación como esas voluntades políticas ya pertenecen a otras épocas. Tiempos idos que instaban a la escritura minuciosa de diarios íntimos en la soledad del cuarto propio y al establecimiento de densos diálogos epistolares, alimentados por la distancia y los ritmos cadenciados de otrora. Esos textos solían escribirse y leerse en espacios privados, nítidamente opuestos al mundo público que estaba allá afuera; textos en los cuales la interioridad de los autores era pacientemente vertida, primorosamente cultivada y púdicamente protegida. A pesar de su notable parentesco con esas prácticas ya anticuadas, los nuevos géneros autobiográficos que hoy inundan Internet señalan otros procesos e inauguran otras tendencias. Revelan la emergencia de nuevos modos de ser, subjetividades afines con una sociedad y una cultura cada vez más distante del tiempo en que fuimos y debíamos ser absolutamente modernos.

Hay una pista, entonces, para comprender la fascinación suscitada por esta multitud de historias minúsculas, todos esos minirelatos verídicos que se exponen en las pantallas que iluminan –y encandilan– al mundo contemporáneo. Todo eso quizás derive de la extinción de los grandes relatos que daban sentido a la vida moderna, tanto en nivel colectivo como individual. Así, acompañando los desplazamientos de los ejes alrededor de los cuales se construían las subjetividades modernas, la multiplicación de los emisores posibilitada por los nuevos medios electrónicos permite que cualquiera sea visto, leído y oído por millones de personas. La paradoja es que esa multitud quizá no tenga nada que decir. Se expande, así, esta multiplicación de voces que no dicen nada –al menos, "nada" en el sentido moderno del término– aunque no cesen de vociferar. Todo ocurre como si aquellos grandes relatos que estallaron en las últimas décadas hubiesen dejado un enorme vacío al despedazarse. En ese espacio hueco que restó, fueron surgiendo todas estas pequeñas narrativas diminutas y reales, que muchas veces no hacen más que celebrar y afirmar ese vacío, esa flagrante falta de sentido que flota sobre muchas experiencias subjetivas contemporáneas.

¿Cómo se deben comprender estos procesos? Por un lado, parece haber una liberación. Hay, sin duda, un alivio en ese abandono del peso enorme de las tradiciones, inclusive del propio pasado individual y de toda la carga que implica poseer una verdad hospedada en el carozo de la propia interioridad. Y de la compulsión de tener que descubrirla e interpretarla constantemente, condenados para siempre a detentar una identidad fija y estable que urge descifrar. Hay una liberación con respecto a esa condena, esa obligación de ser para siempre un *yo* que se fue engendrando a lo largo de toda una vida, en la cual hasta el detalle más nimio significa algo.

Por otro lado, paralelamente y en consecuencia de ese múltiple corte de amarras, también es cierto que algo se fragiliza cuando se extravían las referencias y se desvanecen todos aquellos pilares que sostenían a la subjetividad moderna. No se pierden únicamente aquel espacio interior del alma y el espesor semántico del pasado individual, todo ese equipaje capaz de darle inteligibilidad e identidad al *yo* presente. Junto con esos cimientos sobre los cuales se construían las subjetividades modernas, también se desmoronaron otras certezas: el amparo de los sólidos muros de las instituciones modernas, la protección del Estado y de la familia, las paredes del hogar; en fin, toda una serie de lazos y anclajes que se debilitan cada vez más. Buena parte de esas referencias siguen deshilachándose: esas anclas y protecciones que amparaban al *yo* moderno, esas amarras que no sólo lo sujetaban y sofocaban, sino que al mismo tiempo lo protegían y guarnecían de los peligros exteriores. Además de procurarle motivos de sufrimiento, angustias, culpas y otros pesares de época, también le daban sentido.

Al perderse todo eso, sin embargo, se abren las puertas para una liberación inédita de las subjetividades. Pero también es cierto que el desafío puede ser demasiado grande, y que hay que estar a la altura para poder enfrentarlo, algo que, lamentablemente, no siempre sucede. Hay un riesgo considerable de que, una vez

emancipadas de todas esas viejas ataduras, proliferen subjetividades sumamente vulnerables. Si en vez de aprovechar las inmensas
posibilidades que se inauguran para construir nuevos territorios
existenciales –para expandir el campo de lo posible con el fin de
crear nuevos modos de ser y nuevos mundos donde ejercitarlos–,
puede ocurrir que la insaciable avidez del mercado capture esos
espacios que ahora quedaron vacíos y se instale en ellos. En el for-
cejeo de esa negociación, las subjetividades pueden volverse un
tipo más de mercancía, un producto de los más requeridos, como
marcas que hay que poner en circulación, comprar y vender, descartar y recrear siguiendo los volátiles ritmos de las modas. Eso
explicaría la fragilidad y la inestabilidad de ese *yo* visible, exterio-
rizado y alterdirigido; de ahí los peligros que también acechan a
esas subjetividades construidas en la deslumbrante espectacularización de las vidrieras mediáticas.

Al concluir sus reflexiones sobre las mutaciones en el individualismo ocurridas a lo largo de los siglos XVIII y XIX, Georg Simmel afirmó que esas transformaciones probablemente no serían
"las últimas palabras del individualismo", ya que los sujetos no
cesarían de crear "nuevas formas de afirmación de la personalidad y del valor de la existencia".[3] Por lo visto, cien años después
del análisis realizado por el sociólogo alemán, hoy vivenciamos
una nueva transición. Sabemos que no se trata de los primeros
desplazamientos en los modos de producción de subjetividades, y
sin duda no serán sus últimas metamorfosis. Como suele ocurrir
en toda crisis, el momento actual abre las puertas para cambios y
cuestionamientos, de modo que ofrece preciosas oportunidades
que no conviene despreciar.

Como Benjamin había advertido en su bello ensayo *Experiencia y pobreza*, junto con las evidentes nuevas riquezas, un tipo iné-

---

[3] Georg Simmel, "O indivíduo e a liberdade", en Jessé Souza y Berthold
Oëtze (comps.), *Simmel e a modernidade*, Brasilia, UNB, 1998, p. 117 [trad. esp.:
"El individuo y la libertad", en *El individuo y la libertad. Ensayos de crítica de la
cultura*, Barcelona, Península, 1986].

dito de miseria habría emergido con "ese monstruoso desarrollo de la técnica" que se apoderó del mundo occidental en los últimos siglos. En consecuencia, la humanidad ingresó en una nueva barbarie, que según el filósofo alemán exigiría de los hombres una prueba de honradez: admitir y confesar nuestra propia pobreza. Benjamin insinuaba que, a pesar de la catástrofe, esa sacudida también podía implicar un provechoso desafío, pues impelía a comenzar de nuevo a partir de esa *tabula rasa* del patrimonio cultural. Construir algo nuevo en esa tierra brutalmente arrasada, aunque también liberada de todos los lastres que antes había que cargar. Tal vez convenga reivindicar aquí, como lo hizo ese autor hace casi cien años, una saludable desilusión radical con su época, pero al mismo tiempo una total fidelidad con respecto a este siglo, un compromiso radical con el presente y con las posibilidades todavía inciertas que alberga en su seno.

"En la actualidad los seres humanos no se reconocen de buena gana en sus más altas definiciones", afirmó Peter Sloterdijk, tras comentar los idearios vanguardistas que llamaban a convertir a cada hombre en un artista, a disolver el arte en la vida y a cambiar los rumbos de la historia. "Creer en el mundo es lo que nos falta", decía Gilles Deleuze en una entrevista concedida a Toni Negri a principios de los años noventa.[4] "Hay épocas en las que [los seres humanos] han de pensar de forma elevada sobre sí mismos porque en ellos recae algo grande, y otras ocasiones en que se minusvaloran porque algo atroz les desafía", continuaba Sloterdijk sus reflexiones sobre las condiciones de posibilidad de la invención en el mundo contemporáneo, para terminar sugiriendo un discreto repliegue hacia la invisibilidad. Porque la actualidad viene demostrando, con ruidosa persistencia, que "todo aquello que aspira a lo grande, resulta involuntariamente pequeño".[5] Por eso, quizá

---

[4] Gilles Deleuze, "Controle e devir", en *Conversações*, Río de Janeiro, Editora 34, 1992, p. 217 [trad. esp.: "Control y devenir", en *Conversaciones*, Valencia, Pre-Textos, 1996].

[5] Peter Sloterdijk, "El arte se repliega en sí mismo", en *Observaciones filosóficas*, Valparaíso, 2007 (disponible en línea).

la verdadera megalomanía y la mayor de las excentricidades contemporáneas deban encontrar su camino en esa resistencia aparentemente humilde a las tiranías de la exposición, que todo lo degluten para convertirlo en espectáculo. En una sigilosa búsqueda de la riqueza que puede haber en lo indecible y lo inmostrable, y quizá también en otras formas de creación que logren burlar los imperativos de lo exponible, comunicable y vendible. Con esos hallazgos, quien sabe, tal vez sea posible provocar interferencias en esos circuitos que tan seductoramente se nos ofrecen como los más deseables o incluso los únicos imaginables. Generar cortocircuitos capaces de hacer estallar tanta modorra autocelebratoria para abrir el campo de lo pensable y de lo posible, y para crear nuevas formas de ser y estar en el mundo.

Así como Walter Benjamin aludía a las miserias del siglo XX con un optimismo que afloraba de la más áspera melancolía, es probable que jamás hubiera imaginado hasta dónde podría llegar aquella barbarie que tan arteramente identificó, pero tampoco cuán hondo podría clamar su desafío. Porque nosotros también hablamos "una lengua enteramente nueva", y hoy como nunca parece necesario oír esa voz que invitaba a dirigirse "al contemporáneo desnudo, acostado como un recién nacido en los pañales sucios de nuestra época".[6] Ahora se trata de *usted*, *yo* y todos *nosotros*. ¿Y quién dice que el hecho de haber sido elegidos las personalidades del momento no pueda ser, a pesar de todo, una buena noticia? Todo dependerá, probablemente, de lo que decidamos *hacer* con eso.

---

[6] Walter Benjamin, "Experiência e pobreza", en *Obras escolhidas*, vol. 1: *Magia e Técnica, Arte e Política*, San Pablo, Editorial Brasiliense, 1994, p. 117 [trad. esp.: "Experiencia y pobreza", en *Discursos interrumpidos I*, Madrid, Taurus, 1999].

BIBLIOGRAFÍA

ADORNO, Theodor y Horkheimer, Max, *Dialéctica del Iluminismo*, Buenos Aires, Sudamericana, 1987.

ARFUCH, Leonor, *El espacio biográfico. Dilemas de la subjetividad contemporánea*, Buenos Aires, Fondo de Cultura Económica, 2002.

AZEVEDO, Luciene, "Blogs: a escrita de si na rede dos textos", en *Matraga*, vol. 14, núm. 21, Río de Janeiro, UERJ, julio-diciembre, 2007, pp. 44-55.

BARTHES, Roland, "La muerte del autor", en *El susurro del lenguaje*, Barcelona, Paidós, 1987.

BÉJAR, Helena, *El ámbito íntimo: Privacidad, individualismo y modernidad*, Madrid, Alianza Universidad, 1988.

BENJAMIN, Walter, "A obra de arte na época de sua reprodutibilidade técnica" (primera versión), en *Obras escolhidas*, vol. 1: *Magia e Técnica, Arte e Política*, San Pablo, Editorial Brasiliense, 1986 [trad. esp.: "La obra de arte en la época de su reproductibilidad técnica", en *Discursos interrumpidos I*, Madrid, Taurus, 1999].

—, "A obra de arte na época de sua reprodutibilidade técnica" (segunda versión), en Luis Costa Lima (comp.), *Teoria da cultura de massa*, Río de Janeiro, Paz e Terra, 1990 [trad. esp.: "La obra de arte en la época de su productibilidad técnica", en *Discursos interrumpidos I*, Madrid, Taurus, 1999].

—, *Obras escolhidas*, vol. 1: *Magia e Técnica, Arte e Política*, San Pablo, Editorial Brasiliense, 1994.

BERGSON, Henri, *Matéria e memória: Ensaio sobre a relação do corpo com o espírito*, San Pablo, Martins Fontes, 1999 [trad. esp.: *Materia y memoria. Ensayo sobre la relación del cuerpo con el espíritu*, Buenos Aires, Cactus, 2006].

BEZERRA JR., Benilton, "O ocaso da interioridade e suas repercussões sobre a clínica", en Carlos A. Plastino (comp.), *Transgressões*, Río de Janeiro, Contra Capa, 2002.

BLANCHOT, Maurice, "El diario íntimo y el relato", en *Revista de Occidente*, núm. 182-183, Madrid, julio-agosto de 1996.

BORGES, Jorge Luis, *Obras completas*, vol. 1, Buenos Aires, Emecé, 1999.

BOURDIEU, Pierre, "A ilusão biográfica", en Marieta de Moraes Ferreira y Janaína Amado (comps.), *Usos e abusos da história oral*, Río de Janeiro, FG, 1998.

CELES, Luiz Augusto, "A psicanálise no contexto das autobiografias românticas", en *Cadernos de Subjetividade*, vol. 1, núm. 2, San Pablo, PUC-SP, septiembre-febrero de 1993.

CHARNEY, Leo y Vanessa Schwartz (comps.), *O cinema e a invenção da vida moderna*, San Pablo, Cosac & Naify, 2004.

CHARTIER, Roger y Guglielmo Cavallo (comps.), *Historia de la lectura en el mundo occidental*, Madrid, Taurus, 1998.

—, "Las prácticas de lo escrito", en Philippe Ariès y Georges Duby, *Historia de la vida privada*, vol. 5, Madrid, Taurus, 1991.

CHASAN, Emily, "Biografia de garota que cresceu com gangues é falsa, diz editora", *Reuters*, 5 de marzo de 2008.

CORBIN, Alain y Michelle Perrot, "El secreto del individuo", en Philippe Ariès y Georges Duby, *Historia de la vida privada,* vol. 8, Madrid, Taurus, 1991.

DEBORD, Guy, *La sociedad del espectáculo*, Buenos Aires, La Marca, 1995.

DELEUZE, Gilles, "Posdata sobre las sociedades de control", en Christian Ferrer (comp.), *El lenguaje libertario*, vol. II, Montevideo, Nordan, 1991.

—, "Controle e devir", en *Conversações*, Río de Janeiro, Editora 34, 1992 [trad. esp.: "Control y devenir", en *Conversaciones*, Valencia, Pre-Textos, 1996].

DUBOIS, Philippe, "A *foto-autobiografia*: a fotografia como imagem-memória no cinema documental moderno", en *Imagens*, núm. 4, Campinas, abril de 1995.

ECO, Umberto, "Los pesebres de Satán", en *La estrategia de la ilusión*, Buenos Aires, Ediciones de la Flor, 1987.

—, "A diferença entre livro e filme", en *Entrelivros*, San Pablo, noviembre de 2005.

FELDMAN, Ilana, "Reality show, reprogramacão do corpo e producão de esquecimento", en *Trópico*, San Pablo, noviembre de 2004.

FISCHER, Ernst, "El problema de lo real en el arte moderno", en *Realismo: ¿mito, doctrina o tendencia histórica?*, Buenos Aires, Lunaria, 2002.

FOUCAULT, Michel, *Vigilar y castigar*, México, Siglo XXI, 1976.

—, *¿Qué es un autor?*, México, Universidad Autónoma de Tlaxcala, 1985.

—, *História da Sexualidade*, vol. I: *A vontade de saber*, Río de Janeiro, Graal, 1980 [trad. esp.: *Historia de la sexualidad*, vol. 1: *La voluntad de saber*, México, Siglo XXI, 1985].

—, "Sexualidad y soledad", en *Zona Erógena*, vol. 8, Buenos Aires, 1991.

—, *Las palabras y las cosas: Una arqueología de las ciencias humanas*, Buenos Aires, Siglo XXI, 1998.

FRANCO FERRAZ, Maria Cristina, "Reconfiguracões do público e do privado: mutacões da sociedade tecnológica contemporânea", en *Famecos*, vol. 15, Porto Alegre, PUC-RS, agosto de 2001.

—, "Memória, esquecimento e corpo em Nietzsche", en *Nove variações sobre temas nietzschianos*, Río de Janeiro, Relume Dumará, 2002.

—, "Tecnologias, memória e esquecimento: da modernidade à contemporaneidade", en *Famecos*, núm. 27, Porto Alegre, PUC-RS, 2005.

FRANZEN, Jonathan, "Dormitorio imperial", en *Cómo estar solo*, Buenos Aires, Seix Barral, 2003.

GABLER, Neal, *Vida, o filme: Como o entretenimento conquistou a realidade*, San Pablo, Companhia das Letras, 1999.

GAY, Peter, "Fortificación para el yo", en *La experiencia burguesa. De Victoria a Freud*, vol. 1: *La educación de los sentidos*, México, Fondo de Cultura Económica, 1992.

GIOIA, Dana, *Reading at Risk: A Survey of Literary Reading in America*, Washington, National Endowment for the Arts, 2004.

GUMBRECHT, Hans Ulrich, *Modernização dos sentidos*, San Pablo, Editora 34, 1998.

HARVEY, David, *Condição pós-moderna*, San Pablo, Loyola, 1993 [trad. esp.: *La condición de la postmodernidad*, Buenos Aires, Amorrortu, 1998].

JAGUARIBE, Beatriz, *O choque do Real: estética, mídia e cultura*, Río de Janeiro, Rocco, 2007.

LEJEUNE, Philippe, *Le pacte autobiographique*, París, Seuil, 1975.

LEMOS, André, "A arte da vida: diários pessoais e *webcams* na Internet", en *XI COMPÓS*, Río de Janeiro, ECO-UFRJ, 2002.

LICKLIDER, Joseph C. R. y Robert Taylor, "The computer as a communication device", en Paul Mayer (comp.), *Computer Media and Communication: A Reader*, Oxford, Oxford University Press, 1999.

McLUHAN, Marshall, *La galaxia Gutenberg. Génesis del "Homo Typographicus"*, Madrid, Aguilar, 1969.

MUKAŘOVSKÝ, Jan, "La personalidad del artista", en *Escritos de estética y semiótica del arte*, Barcelona, Gustavo Gili, 1977.

NIETZSCHE, Friedrich, *Genealogia da moral*, San Pablo, Companhia das Letras, 1999 [trad. esp.: *Genealogía de la moral*, Madrid, Alianza, 1995].

—, *Ecce Homo: ¿Cómo se llega a ser lo que se es?*, Buenos Aires, Elaleph.com, 2003.

—, *Segunda consideração intempestiva: Da utilidade e desvantagem da história para a vida*, Río de Janeiro, Relume Dumará, 2003 [trad. esp.: *Segunda consideración intempestiva*, Buenos Aires, Libros del Zorzal, 2006].

ONG, Walter, *Oralidad y Escritura. Tecnologías de la palabra*, México, Fondo de Cultura Económica, 2006.

PAULS, Alan, *Cómo se escribe el diario íntimo*, Buenos Aires, El Ateneo, 1996.

PROUST, Marcel, *Sobre la lectura*, Buenos Aires, Libros del Zorzal, 2003.

RIESMAN, David, *A multidão solitária*, San Pablo, Perspectiva, 1995 [trad. esp.: *La muchedumbre solitaria*, Buenos Aires, Paidós, 1971].

RIFKIN, Jeremy, *A era do acesso: A transição de mercados convencionais para networks e o nascimento de uma nova economia*, San Pablo, Makron Books, 2001 [trad. esp.: *La era del acceso. La revolución de la nueva economía*, Barcelona, Paidós, 2000].

RILEY, Terence, *The un-private house*, Nueva York, The Museum of Modern Art (MOMA), 1999.

ROLNIK, Suely, "A vida na berlinda: Como a mídia aterroriza com o jogo entre subjetividade-lixo e subjetividade-luxo", en *Trópico*, San Pablo, 2007.

—, "Toxicômanos de identidade: Subjetividade em tempo de globalização", en Daniel Lins (comp.), *Cadernos de Subjetividade*, Campinas, Papirus, 1997.

RYBCZYNSKI, Witold, *La casa. Historia de una idea*, Buenos Aires, Emecé, 1991.

SAFATLE, Vladimir, "O que vem após a imagem de si?", en *Trópico*, San Pablo, octubre 2007.

SENNETT, Richard, *El declive del hombre público*, Barcelona, Península, 1978.

SIBILIA, Paula, *El hombre postorgánico. Cuerpo, subjetividad y tecnologías digitales*, Buenos Aires, Fondo de Cultura Económica, 2005.

SIMMEL, Georg, "O indivíduo e a liberdade", en Jessé Souza y Berthold Oëtze (comps.), *Simmel e a modernidade*, Brasilia, UNB, 1998 [trad. esp.: "El individuo y la libertad", en *El individuo y la libertad. Ensayos de crítica de la cultura*, Barcelona, Península, 1986].

—, *Sociologie et epistémologie*, París, PUF, 1981.

SLOTERDIJK, Peter, "El arte se repliega en sí mismo", en *Observaciones filosóficas*, Valparaíso, 2007 (disponible en línea).

—, *Regras para o parque humano: Uma resposta à carta de Heidegger sobre o humanismo*, San Pablo, Estação Liberdade, 2000 [trad. esp.: *Reglas para el parque humano*, Madrid, Siruela, 2000].

TAYLOR, Charles, *As fontes do self: A construção da identidade moderna*, San Pablo, Loyola, 1997 [trad. esp.: *Las fuentes del yo*, Barcelona, Paidós, 1996].

VALLE, Agustín, "Los blooks y el cambio histórico en la escritura", en *Debate*, núm. 198, Buenos Aires, 29 de diciembre de 2006.

WARHOL, Andy, *Mi Filosofía de A a B y de B a A*, Barcelona, Tusquets, 1998.

WOOLF, Virginia, *Un cuarto propio y otros ensayos*, Buenos Aires, a-Z, 1993.

ÍNDICE DE NOMBRES

Esta edición de *La intimidad como espectáculo*, de Paula Sibilia,
se terminó de imprimir en el mes de julio de 2009,
en Artes Gráficas del Sur, Alte. Solier 2450,
Avellaneda, Buenos Aires, Argentina.